위례성 백제사 3

한종섭 저

집문당

◖황산 금성분◗

백제 왕도 입구에 길이 770m의 거대한 고분을 조성했다.

세계 최대 규모의 백제 고분으로 백제 왕도의 문전을 지키는 수호적인 상징성이 있는 고분이다.

이곳의 위치는 이성산성과 구산토성 사이로 백제 왕도(하남시 고골 일대)로 통하는 방어선 지역의 입구 벌판에 조성된 고분 지대이다.

《 민둥산 금성분 》

황산고분 인근에 길이 680m의 두 번째 거대한 고분과 수백 미터에 해당되는 고분군 10여 기가 군집을 이루고 있었던 것으로 밝혀졌다.

두 번째로 큰 고분을 위에서 보면 앞쪽은 물고기 꼬리 모양과 닮은 삼각형이고 뒤쪽은 둥근 형태이다.

지금까지 일본 고분시대의 전방후원분이 일본의 고유문화인줄 알았으나 한강권에 거대한 고분들이 10여 기 발견되면서 백제 지역에서 활성화된 대표적인 고분 문화의 묘제임이 밝혀졌다.

◖ 멀리서 본 민둥산 고분 ◗

◖ 토광묘(土壙墓)가 보이는 암사동 금성분의 토층(붉은 점선부분) ◗

❰ 짐승의 머리를 조각한 석수(石獸)유물 ❱

❰ 석수 밑바닥, 하천의 바위를 가공함 ❱

《 유물이 수습된 고분 》

《 수습된 토기편과 철편 》

❰ 북한산성에서 발견된 화원년을사(和元年乙巳 : 서기465) 명문 기와편 ❱

◖ 화원년을사(和元年乙巳) 명문을 탁본한 사진 ◗

책을 펴내면서

본 저서를 발행하게 된 근본은 실증적인 유적을 찾아내어 중국과 일본 사이에 있는 우리나라에서 항상 문제가 되는 역사 왜곡을 막아내고 잘못된 것을 입증하고자 하는 것이다.

필자는 지금까지 남한의 표면화된 고대 국가의 모든 왕도와 왕궁지를 찾아내었다. 마한, 백제, 맥국, 예국과 가야 지역 등 모두 30여 곳에 달하는 왕도와 왕궁지를 비롯한 소경(小京)들을 찾아낸 것이다.

이러한 유적을 찾아내면서 역사에 나타나는 우리의 본질과 우리의 취약한 내적인 문제를 알게 되었다.

본 저서는 우리 자신의 역사 이력서를 바르게 알고 혼을 키우지 않으면 안 된다는 절박함에서 펴내게 되었다.

어떻게 하면 우리의 본질을 알게 하는 유적을 찾아낼 수 있을까 하는 생각에 현장 학문의 연구에 오랫동안 많은 관심을 가졌다.

지금까지 문헌으로 전해지고 있는 내용들은 왜곡되어 버린 내용이 많고 진실을 구분하기 어려울 만큼 잘못이 중첩되어 있다.

장구한 세월 동안 잘못된 내용이 쌓였고 최근에는 발굴이라는 이름하에 수많은 보고서와 논문으로 고착되어 있기에 바로잡기 어려울 정도로 잘못이 굳혀진 상태이다.

눈으로 직접 볼 수 있는 유적을 찾아내지 않으면 잘못된 것을 바로잡을 수 없을 만큼 식민화된 정신을 바탕으로 심각하게 변질・왜곡되어 있다.

그동안 어떻게 하면 올바른 역사를 정립할 것인가에 대하여 연구한 결과, 현장 학문을 정립하여 실증적인 유적을 찾아내는 길 이외는 아무런 대안이 없음을 알게 된 것이다.

또한 저서로 알리는 길 이외는 아무런 통로가 없을 만큼 우리의 내부는 철저하게 식민사학이 장악하고 있다.

진실이 잘못되면 많은 폐단을 초래하기에 역사를 올바르게 바로잡고자 하는 것이다. 그것은 재판에서 판결을 잘못하여 선량한 사람에게 피해를 주고 악을 양성하여 삶의 기준을 흔들어 놓는 병폐와 같기 때문이다.

우리나라에는 지형상 중국과 일본 사이에서 수천 년 동안 끊임없이 다수의 타율성(他律性)과 소수의 자율성(自律性)이 대립해 온 병폐가 있다.

지난 역사를 돌이켜 보면 타율성과 자율성이 대립하고 피를 흘려야 하는 처절함의 빌미로 우선 이용된 것도 역사 왜곡이었다.

국가나 민족의 장래는 장기적인 안목에서 바라보지 않으면 안 된다. 역사는 항상 되풀이되기 때문에 우리의 왜곡된 역사를 바로잡아야 한다.

우리 민족의 우수함과 긍지의 구심점을 찾아내어 분열을 방지하려는 노력을 통해 다시는 동족 간에 피를 흘리는 일이 없도록 최대한 막아야 한다.

역사를 살펴보면, 남의 나라를 침략할 때는 침략국의 정신을 약화시키기 위하여 그 나라의 역사를 왜곡하여 당위성을 구축하려고 하는 것이 앞선다.

국수주의나 왜곡의 병폐는 진실을 오도하는 것이다. 진실이 우선되어야 함은, 진실은 생명력이 있고 마음으로 통하기에 용기도 솟아 나오게 하기 때문이다.

정신적인 바탕이 되는 우리의 역사는 수십 년 사이에 왜곡된 것이 아니라, 천수백 년 전부터 왜곡되어 오다가 현대에 와서 더욱 심하게 왜곡되었다.

왜곡된 것을 굳혀 놓으려는 식민사관의 집단이 오랫동안 중심이 되어 왔던 것이다.

그들의 잘못을 바로잡기 위해서는 무엇보다 실증적인 유적을 찾아서 입증할 수밖에 없다.

문헌이나 어떤 논리로도 바로잡을 수 없을 만큼 식민사관은 거대 조직화되었고 지금도 계속 확대되고 있어, 막아내기 어렵게 되어 있는 것이 현재 역사학문의 구조이다.

왜정시대에 일본이 조선 사람에게 외세의 힘을 빌리지 않으면 안 된다는 식민지 타율성 논리의 역사를 각인시키기 위해서 한사군과 임나일본부라는 학설을 심어 놓았던 것인데 지금도 한사군설을 명확한 근거 없이 고수하는 사람들이 대부분이다.

각 지방의 연혁을 살펴보면 대부분 한사군 지배의 땅이거나 영향을 받았었다는 기록으로 도배되어 있을 만큼 그 병폐가 심하다.

또한 한사군설은 중국 동북공정의 역사 왜곡을 불러들이는 근본적인 원인이 되고 있다. 우리나라는 식민지로 출발하였고 우리 민족은 타율성으로 유지되어 왔으며 고구려는 한사군 지역을 벗어난 적이 없기에, 고구려가 중국 변방의 역사라는 것이 중국의 논리이다.

삼국 초기도 원삼국시대이며 우리나라에 실질적인 국가가 형성된 것은 3세기 말이라는 학설로서, 그 당시 중국은 거대한 한(漢)이 있었고 그 이전에도 중국을 통일한 진(秦)이 있었는데 우리나라만 부족국가로 축소하여 대응할 수 없도록 해 놓았다.

지금은 축소된 우리의 혼을 바르게 볼 줄 아는 안목을 키우지 않으면 안 되는 그 어느 때보다 심각한 상황이다.

우리의 시각이 얼마나 잘못되어 있는가를 알 수 있는 질문을 해 보겠다. 우리나라에서 1,600년 전의 세계 최대 규모의 고분과 2,500년 전의 거대한 바위산 조각상 등이 발견되었다면 믿겠는가? 지금까지 우리가 배워 온 상식으로는 수긍이 가질 않을 것이다. 또한 백제가 중국에 식민지를 두고 오랫동안 다스렸다면? 더욱 믿기지 않을 것이다.

그러나 이 질문들은 어떤 학설이 아니고 엄연히 물증으로 공정하게 지적된 사실인 만큼 이제는 그동안의 잘못된 인식을 수정해야 한다.

남한에서 삼국시대의 유적 지대라면 경주 · 부여 · 공주만 대부분 알고 있지만, 한강권에서 거대한 백제의 500년 왕도가 발견되었고 경주 다음으로 문화재가 많은 곳이 하남시 일대와 서울이라는 것을 아는 사람은 흔치 않다.

왜 이렇게 많은 국민들이 모르고 있으며, 왜 그 사실은 숨겨질 수밖에 없을까? 이러한 현상은 찬란한 우리의 민족사를 홀대하거나 저지하는 거대한 식민세력이 가로막고 있기에 가능한 것이다.

오랫동안 발굴까지 해 놓고도 진실을 숨길 수 있는 식민사학의 거대 조직이 가로막은 채로 건재하여서, 일반 개인으로는 한계가 있어 진실을 밝히는 데 오랜 기간이 소요되었다.

특히 4년간 수집한 중요한 자료가 인계되지 않은 상태에서 자료를 쓰레기로 버리게 된 것이 가장 안타까운 문화재 말살이 되고 말았다.

남아 있는 몇 장의 사진자료로 본 저서를 마무리하게 될 만큼 우리 사회는 민족사를 홀대하고 저지하는 사람이 많다.

그러나 개인이라 할지라도 자연에서 형성된 양심은 배우지 않아도 신(神)이 준 인체 속의 혼이 있기에 불의에 항거하게 된다. 또한 신이 준 양심이 스스로 저항하도록 초대하는 기류를 조성하는 것이 악의 본질이다.

역사를 왜곡한다면 그에 대한 징벌은 부메랑처럼 왜곡한 자에게 되돌아간다는 진리를 본문에서 자세하게 입증할 것이다.

한 나라가 역사를 왜곡하면 국민들에게 나쁜 짓을 해도 된다는 것을 가르치는 것과 같기 때문에, 나라에서 제시한 잘못된 잣대는 그 나라가 스스로 자초하여 무너지는 원인이 된다.

역사 왜곡을 국민에게 가르쳐서 안 되는 것은 나쁜 심성을 길러 준 결과인 해독의 피해를 먼저 당하기 때문이다.

속이면 잊힐 것이라 생각하지만 그렇지 않다는 것을 보다 실증으로 보여주는 것이 본 저서의 내용이다.

2,000여 년 전의 일이라 하여 마음 놓고 왜곡하였고, 왜곡한 것이 탄로가 날 것이라고는 누구도 예측을 하지 않았다. 그러나 우리에게는 하늘과 조상이 내려 준 양심의 유전자가 있다. 이러한 몸속에 있는 천성이 어느 순간 되살아나서 악을 거부하게 된다.

동양에는 악을 거부하는 철학인 삼신사상과 음양오행설의 원류가 있으며, 이러한 천병(天兵)이 역사 왜곡에 저항하고 있는 것을 본 저서에서 밝혔다.

유적을 찾아내기 위하여 동양사상을 적용하였는데, 그 결과로 세계 최대 규모의 우리나라 문화재를 찾아낸 것이다. 30여 곳의 고대 왕도와 치소, 세계 최대 규모의 고분과 바위산 조각 형상들도 속속 발견되고 있다.

3년만 늦었더라도 백제 500년 왕도는 영원히 잊힐 유적이었다. 어쩌면 제일 어려운 입지에서 장벽을 넘어가며 사라져 가는 길목의 순간에서 찾게 된 것이다.

세계적인 고고학자인 독일의 슐리만은 1873년에 지금의 터키 지방에서 트로이 유적을 발견하였고 영국의 외교관이었던 레이어드는 1845년부터 이라크의 메소포타미아 유적에 흥미를 갖고 수많은 유적을 찾아내었다.

이들은 유적을 찾아내었을 때 모두 국가에서 적극적으로 지원을 받았으나 우리는 오히려 국가가 외면하고 방해하며 법적으로 통제하는 가운데에서 유적을 찾아내야 했다. 방해의 장벽과 덫을 넘는 데에 더 많은 어려움을 느끼고 더 많은 시일을 소비하였던 것이 우리의 현실이다.

왜 그토록 방해가 심하였을까? 그 이유는 왜정시대부터 심하게 왜곡된 역사가 고착되어 있고, 거대한 울타리 속에 결집되어 있는 공룡과 같은 식민의 학맥 집단이 형성되어 있기 때문이다.

왜곡된 역사를 결집의 수단과 먹이 사슬로 이용하여 우리의 역사를 왜곡하고자 하는 사람이 대부분이고, 지금도 국가에서 식민사학을 양성하고 있는 현상이 자연스럽게 일어나고 있다.

총체적인 구조에서 문제를 개선하지 않으면 안 될 위험한 단계에 놓여 있다. 지금까지 한강권에서 조사 발굴이 되었던 모든 유적들도 재검토를 하지 않으면 안 될 만큼 고쳐야 할 문제들이 많다.

1,500년 전에 잊어버린 백제 왕도는 필자가 그렇게도 찾아내려고 열망하였던 유적이다. 이 유적은 숨겨진 역사의 비밀은 무엇이며 얼마나 찾기 어렵고 그동안 왜 찾을 수 없었던가 하는 것들로 우리에게 많은 교훈을 준다.

우리에게 어떤 문제가 있었기에 민족에 대한 애정도 없이 자신의 역사를 홀대할 수밖에 없었던 것일까? 그 원인을 살펴보다 보면 얼마나 우리가 외세로부터 많은 시련을 당하였던가를 알 수 있다.

그러나 우리 역사와 민족에 대한 애정이 얼마나 없으면 이토록 철저하게 거대 식민사학의 집단이 형성될 수 있을까 하는 것은 여전히 이해가 되지 않고 의구심마저 든다.

역사를 가볍게 생각할 수 없는 것은 역사는 최후의 심판이며 그것에는 진실의 생명이 포함되어 있고 죽은 자의 염원이 서려 있기 때문이다.

살아 있는 자의 심판보다 더 신중을 기해야 하는 것은 살아 있는 사람은 항변을 할 수 있어 잘못된 것이 있으면 고칠 수 있는 기회가 있지만, 죽은 자는 항변하지 못하여 누명을 쓸 수 있는 억울함이 있을 수 있기 때문이다.

보다 자세한 내용은 전개 과정에서 밝히겠지만 그 줄거리는 다음과 같다.

서양에서 400년 전에 천동설이나 지동설을 두고 논란이 되었던 것과 유사한 사건이 현대에 되풀이되고 있다.

이탈리아에서 벌어진 갈릴레이의 지동설 사건과 같은 것이 현대판으로 재현된 것이다. 지동설은 망원경이 발명된 후 그것을 이용하여 금성을 관찰하면서 입증되었다.

갈릴레이가 망원경으로 금성(金星)을 관측하여 지동설을 입증한 400년 후에, 동양에서는 금성과 관련된 거대한 유적의 출현으로 역사상 또 하나의 획기적인 진실이 드러나고 있다.

지구가 돌고 있다는 사실은 그 당시로서는 정말 충격적이고 혼란에 빠지게 하는 내용이 아닐 수 없었다.

금성이 변화하는 것을 세밀하게 관찰하고 연구한 과정에서 지구가 돈다는 진실을 알게 된 것이며, 금성은 지구인들에게 천문의 진리를 가르쳐 준 셈이다.

갈릴레이가 금성을 보고 진실을 밝혀낸 사건과 같이 금성은 역사 왜곡이 심한 한반도에서 또다시 진실을 가르쳐 주고 있다.

2005년 11월에 KBS 방송에 '초대형 고분발견'이라는 내용의 특종 보도가 여러 번 톱뉴스로 발표되어 세상을 떠들썩하게 하였다.

그 고분을 조사한 결과 금성과 관련된 금성분이 백제에서 활성화되었던 증거가 밝혀진 것이다.

문화재와 관련된 뉴스를 시리즈로 연이어 여러 번 방송한 것은 역사 이래 처음이었고 그 여파가 큰 파장을 일으켰으며 기존 학계의 반발은 극심하였다.

특종 보도의 배후에도 지동설의 발견처럼 금성이라는 별과 관련된 엄청난 내용이 포함되어 있는 기이한 사건이 일어난 것이다.

이러한 보도는 단순 발견으로 갑자기 이루어진 것이 아니었다. 이미 12년 전에 이러한 형태의 고분 일부가 발견되었고, 하남시 이성산성에서 금성분(일명: 전방후원분)까지 발굴되어 관련된 저서를 발간하였는데도 무시되어 버렸었다.

그 이유는 금성분이 발견되었다는 것이 세상에 알려지면 지금까지 왜곡되어 왔던 역사가 막을 수 없이 탄로 나기 때문이다.

또한 그 고분은 단순한 고분이 아니고 동양의 역사를 바로 잡는 충격적인 자료이며, 역사를 왜곡하면 어떤 결과를 가져온다는 것을 보여 주는 신(神)의 메시지와 같은 내용이 내재되어 있는 실증적인 자료이기 때문이다.

백제가 중국의 요서와 진평에 식민지를 두고 오랫동안 다스렸다는 중국 정사의 기록이 있음에도 지금까지 대부분 이를 믿을 수 없는 것으로 무시해 버렸다.

그러나 이러한 기록이 잘못된 것이 아니라 믿을 수 있는 기록이라는 것을 입증하는 1,600년 전 유물이 우리나라에서 발견될 줄이야 누가 상상했겠는가.

일본에서 '구다라'(큰 태양)라고 하는 백제는 동쪽의 금성(일본의 나라지역)과 서쪽의 금성(중국 요서진평)을 거느리는 구조의 식민지를 통치하였다. 일본의 천황들이 모두 금성분에 묻혀 있다는 것에서 태양숭배 제정일치 사회의 제도에서 식민지를 둔 것이 밝혀진 것이다.

전기 대가야의 왕도를 비롯한 마한・맥국 등 고대 왕도가 줄줄이 발견되고 있는 것도 우연이 아니다.

지금까지 지나간 오래된 역사는 규명되지 않는 것으로 잘못 판단하여 국가나 개인에 이르기까지 각자 유리한 방향으로 역사를 왜곡하고 해석・응용하여 왔었기에 그러한 잘못을 심판하려고 유적과 유물이 발견된 것이다.

금성은 치우(蚩尤)의 별이며 전쟁의 신이자 천병(天兵)에 해당되는 무력의 별로, 지금까지의 잘못된 학설을 검증함으로써 반성하게도 돕는다.

우리나라는 물론 중국과 일본에게 경종을 울리는 천신(天神)의 경고로서 겸허히 받아들이지 않으면 안 되는 내용이다.

역사 왜곡은 동양 삼국 간의 싸움이 아니라 하늘의 진리와의 싸움이라는 심각함이 있으며 싸움의 결과까지 정해진 일이다. 왜 지금에 와서 치우(蚩尤)의 화신(化神)이라고 불리던 금성과 관련된 유적이 되살아 나오게 되었는가 하는 것이다.

동양의 선조들이 잘못되어 가고 있는 이 시대의 현상을 보고 후손들에게 계시(啓示)하고자 하는 것이다.

고대 유적과 관련된 이야기에는 왜 신과 혼에 대한 내용이 많을까? 혼이 약하면 이해를 할 수 없고 신의 보살핌이 없으면 길을 안내하여 주지 않기 때문이다.

본 저서에는 남북한 7,000만 민족혼을 양성하기 위한 내용이 있으며, 이 땅에서 부끄러움 없이 살고자 하는 우리의 본질이 배어 있다.

동이족 사상이 세계를 능가하며 세계 최대의 유적들이 속속 발견되고 있기에, 이를 방해하였던 사람들과 동양의 역사를 왜곡하는 것이 얼마나 어리석은지를 알 수 있다.

본 저서에서는 처음으로 밝혀낸 유적의 많은 의문을 해소하기 위해서 이야기와 함께 연구 내용을 나열한 관계로 이해하는 데 다소 어려움이 있을 수 있으나, 의문이 없도록 내용을 자세하게 서술하였다.

하남시에서 백제 왕도가 발견되어도 이를 없애고자 하는 집단이 대부분이며, 최근에는 남한산성에서 발견된 백제시대의 왕궁지를 두고 신라가 당과 싸우기 위하여 왕궁 규모의 무기고(武器庫)를 만든 것이라는 터무니없는 논리를 언론에 방영한 적도 있다.

중국과 일본으로 진출하여 식민지를 두고 통치한 우리 역사에서 가장 찬란한 백제사를 왜곡하는 것은 반민족 행위이기에 가볍게 받아들여서는 안 된다.

2005년에 금성분을 찾아내고 7년이 지난 지금에 와서야 저서를 발행한 것은 그동안 잘못을 깨닫는 기간이 되도록 공백 기간을 두었던 것이다. 그러나 변함이 없기에 본 저서를 통하여 진실을 밝히고자 한다.

필자도 우리나라에 세계적인 거대한 규모의 유적들이 많다는 것을 상상하지 못하였고, 찾아냈으나 본 저서에 담지 못한 많은 유적들은 지면상 차후에 다음 저서에서 발표하기로 한다.

지금까지 이러한 일을 할 수 있게 해 준 가족들과 본 저서가 발간될 수 있도록 도움을 주신 〈사단법인〉 백제문화연구회 임원들과 그 외의 관련된 많은 사람들에게 감사를 드리는 바이다.

차 례

1. 세계 최대 규모의 백제 고분

2. 유물로 본 대륙 백제

3. 고대 왕도 유적 조사

4. 고대사상

1. 세계 최대 규모의 백제 고분

1) 금성분(金星墳, 일명: 전방후원분)과 관련된 지난 이야기

우리나라에 세계 어느 나라보다 규모가 큰 고분이 있다면 믿기 어려울 것이다.

지금까지 세계 최대의 3대 능묘는 이집트 쿠푸왕의 피라미드, 중국의 진시황릉, 일본의 인덕천황릉으로 알려져 있다.

그런데 우리나라에서 이들보다 훨씬 큰 능묘들이 고분군을 이루고 있는 것이 발견되었다고 하면, 사람들은 실감하기 전에 의심부터 한다. 이와 관련된 내용이 2005년 10월 31일에 방송으로 나가기 전(2005.10.27)에 현장을 답사한 기자는 "대백제가 부활하는 소리가 들린다"라는 글을 칼럼에 실었다. 이틀 만에 6,000명 이상이 검색을 하였고 이후에도 2만 명이 넘는 수가 검색을 할 만큼 관심도가 높은 내용이었다.

그동안 우리나라 역사를 오랫동안 취재한 경험과 그만한 판단력이 있는 기자로서, 발견된 전방후원분이 어떤 묘제이며 그와 관련된 문제점은 무엇인가를 KBS 뉴스 기자 칼럼인 "이동식의 동창(東窓)을 열면"란에 쓴 글로서 공개된 내용을 인용하면 다음과 같다.

대백제가 부활하는 소리가 들린다

일본 오사카에 가면 사카이(堺)라는 지역이 있는데 거기에 사진에서 보는 것 같은 대형 고분군이 있다.

사진 중앙에 있는 것이 속칭 '대산릉(大山陵)', 큰 산과 같은 능이란 것이다. 여기에 인덕천황(仁德天皇 서기 313~399)이 묻혀있다고 해서 흔히 '인덕천황릉'이라고 하는데, 사진에서 보듯 크기가 어마어마하다.

이 인덕천황릉은 형태가 '열쇠구멍'처럼 생겼다. 위쪽의 둥근 봉분과 아래쪽의 사각형이 붙어 있는 형상인데 이를 일본에서는 '전방후원분(前方後圓墳)' 곧 앞은 네모요 뒤는 둥근 원처럼 생긴 고분이란 뜻으로 부른다. 일본은 이 고분이 세계 최대의 분묘라고 자랑한다.

제일 긴 쪽의 길이가 486m로 중국의 진시황릉이나 이집트의 쿠푸왕 피라미드보다도 크다는 것이다. 앞쪽 네모 부분의 길이가 300m, 뒤쪽 원 부분의

[사진 1-1] 길이 486m의 일본 백제계 인덕천황릉

직경은 245m에 이르는데, 과연 엄청난 크기인 것만은 사실이다.

1872년 이 고분의 전방부에서 노출된 석관을 넣은 수혈식 석실에서 갑옷과 거울자루 같은 유물이 수습됐는데, 이것과는 별도로 미국 보스턴 박물관에 인덕천왕릉 출토품으로 전해지는 네 점의 유물이 보관돼 있는 것이 1908년에 알려졌다. 이 유물들은 환두대도(環頭大刀)의 손잡이 부분과 수대경(獸帶鏡)이라 불리는 구리거울, 삼환령(三丸鈴) 마탁(馬鐸) 등 네 점이다. 이 유물들을 보스턴 박물관이 소장하고 있다는 사실이 밝혀지자 일본 열도는 발칵 뒤집혔다. 1908년이면 메이지(明治)천황 5년인데 천황의 무덤이 감히 도굴된 셈이므로 이를 인정할 수 없었고, 더구나 천황가의 귀중한 유물들이 유출돼 미국에 가 있다는 사실에 일본인들은 치욕감을 느낄 수밖에 없었다.

이 네 가지 유물 중 '환두대도의 손잡이 부분'은 금 상감으로 장식이 되어 있고 봉황 조각이 금판과 은선으로 둘둘 말려 감싸여 있는데, 신기하게도 우리나라의 무령왕릉에서 출토된 환두대도와 똑같다. 또 여기에서 나온 청동 거울도 무령왕릉에서 나온 청동거울과 크기와 형태뿐 아니라 당시 왕권사상으로 자리 잡은 청룡·백호 등 사신 신앙과 인동초 무늬도 똑같다. 이처럼 무덤에서 가장 중요한 유물들이 판박이처럼 같은 점을 볼 때 결국 이 무덤은(인덕천황의 무덤이라고 본다고 가정하면) 백제인의 왕의 무덤이라고 할 수 있다.

우리가 익히 알다시피 일본의 고대사는 백제와 가장 연관이 깊다. 무령왕은 일본에서 태어나 자란 뒤에 백제에 와서 왕이 되었고, 일본의 천황 가운데에는 백제인으로 볼 수 있는 기록과 흔적이 너무 많다. 특히 이 인덕천황릉에서 보듯 유물까지 백제의 것과 같다는 데서 백제인들이 일본으로 건너가서 천황이 된 것으로 추정할 수 있다. 그런데 이러한 추정을 가로막으면서 고대 일본 역사, 특히 일본 천황가의 실체를 알 수 없게 하는 것이 바로 '전방후원분'이라고 하는 무덤의 형식이다.

전방후원분은 대체로 4세기부터 6세기 말까지 성행한 묘제로 일본에서는 2천 5백기 이상 발견되었는데, 이 시기는 대체로 가야나 백제 등에서 많은 사람들이 건너가서 고대 일본 왕국을 형성한 시기와 겹친다. 이 무덤들은 주인

공들이 누구냐가 최대의 관심사인데 우리로서는 당연히 백제인들로 보고 싶지만 이 무덤의 형식이 이를 가로 막고 있었다는 얘기이다.

이러한 전방후원분이 우리나라에서는 그동안 발견되지 않아 일본 고유의 것으로 해석되었다. 즉 무덤의 유물이나 역사적인 기록 등을 보면 백제에서 온 것이 분명한데, 이러한 전방후원분 형식의 무덤이 백제에는 보이지 않음으로 일본의 천황가는 백제에서 온 백제인들이 아니라 일본에서 형성된 독자적인 왕실이며 백제인들은 단지 일본으로 건너와 이 왕실에 끼어든 세력, 곧 '도래인(渡來人)'이라는 것이 일본의 주장이다.

또 일본에 이처럼 거대한 왕릉이 있다는 점은 그만큼 고대 일본의 힘이 막강했다는 사실을 증명하고 있다는 것이다. 그 말은 야마토 정권이 고대 우리나라의 남쪽에 이른바 '임나일본부' 같은 통치기구를 두어 지배했다는 주장의 근거가 된다는 것이다. 그래서 일본의 역사학자들은 해방 전 김해 등 경상남도와 전라남도 해안 지방을 뒤지며 이러한 일본식의 무덤 찾기에 혈안이 되어 있었다. 만약 이런 일본 고유의 무덤이 발견된다면 고대에 일본이 한반도 남부를 지배했다는 직접적인 증거가 된다는 것이다. 그러나 다행인지 불행인지 해방 전에는 이러한 무덤들이 한반도에서는 발견되지 않았고 임나일본부설은 근거 없는 억측이라는 식으로 밀려나고 있었다.

그러나 해방이후 이러한 전방후원분과 비슷한 무덤들이 우리나라 남부에서 속속 발견되어 역사학계가 골치를 썩고 있다. 1972년 충남 부여군 규암면 합송리 일대 평야 지대를 조사한 황용훈·윤세영 씨는 이 구릉이 일본식 전방후원분인 이른바 장고형 무덤(우리나라의 악기인 장고처럼 잘록한 허리를 가진 무덤)이라며 이를 발굴 조사할 필요가 있다고 신문에 발표를 했다. 당연히 난리가 났다. 당시 이 소식을 접한 문화재 위원회는 수긍할 수 없다며 발굴 조사를 불허했다. 아마도 발굴해서 일본 무덤이라는 것이 확인되면 임나일본부설이 다시 살아날 수 있다는 우려 때문이었을 것이다.

1983년에는 강인구 영남대 교수가 경남 고성의 무기산, 전남 나주의 신촌리 6호분, 경남 함안 말이산 16호 등등의 무덤들이 전방후원분인 장고형 무덤이라고 발표를 해서 우리나라 남부에 전방후원분이 존재한다는 점이 기정 사실화되었다.

보다 결정적으로는 1990년 전남 함평 신덕 고분이 도굴꾼에게 도굴되자 국립광주 박물관이 긴급발굴을 벌였는데 이 고분이 전방후원분 형식으로 조성된 것이 확인되었다. 또 1994년 5월 20일 일본의 아사히 신문이 일면 톱으로 광주시 명화동에서 전방후원분에서만 발견되는 원통형 토기들이 줄시어 있는 것을 보도했다. 그러나 이 고분들은 발굴 후 발굴 조사 보고서도 만들지 않고 쉬쉬하며 지나갔다. 당시 청와대 교육 문화수석이 전화를 해서 왜 발굴 결과가 공개됐느냐며 핀잔을 했을 정도였다. 그 뒤 영산강 유역을 중심으로 이런 전방후원분 비슷한 것이 속속 발견됐다. 현재로는 검토 결과 다른 지역의 것은 자연구릉에 가깝고 영산강 유역의 것은 전방후원분이란 점이 확실해졌다.

경상남도 같은 가야 지역이 아닌 영산강 유역에서 전방후원분이 잇달아 나타나서 이제는 전방후원분의 존재를 우리 학계에서도 인정하지 않을 수 없다. 그렇다면 이 무덤의 존재는 무엇을 말하고 있는가? 그 해석에 골치가 아픈 것이다. 관건은 무덤의 주인이 우리나라인인가 일본인인가였다. 이에 대해서 마한 토착 세력의 수장이라는 설, 영산강 유역에 왜의 무역센터 같은 것이 있어서 그 사람들이 묻힌 것이라는 설, 일본에 갔다가 다시 망명한 사람들이라는 설 등 여러 가지 학설이 나오고 있지만 어느 것이나 속 시원한 설명은 되지 못한다.

우리가 일본의 무덤에 적용하는 상식이라면, 무덤 양식은 그 양식을 쓰는 사람들과 함께 이동한다는 것이다. 즉 일본에 백제의 고유의 무덤이 나온다면 백제인이 거기서 살다가 죽은 것이다. 가야식이 나온다면 마찬가지로 가야인이 살다가 죽은 것이다. 전남 지방에 전방후원분이 나온다면, 그리고 그 전방후원분이 일본 고유의 양식이라면 당연히 일본 사람들이 전남 지방에서 살다가 죽은 것이다. 그렇다면 전방후원분이 일본 고유의 양식인가 아닌가에 문제 해결의 관건이 있다.

과연 전방후원분은 일본 고유의 양식인가?

즉 일본에서 만들어져 우리나라까지 온 것인가?

여기에 대해서도 많은 학설이 있다. 그러나 결론적으로 말하면 전남 지방에서 발견된 전방후원분은 시기적으로 일본보다도 1~200년 늦은 것이라서, 우리 쪽에서 일본으로 건너간 것으로 보기는 어렵다. 다시 말하면 일본에서 우리 쪽으로 건너온 것으로 보는 것이 더 순리적이라는 얘기이다. 일본의 젊은 학자들이 전남 지방에서의 전방후원분 발견에 환호하면서 관심을 기울이는 이유도 바로 이 때문이다. 그들로서는 문헌상에 기록돼 있는 야마토 정권의 한반도 남부 경영설을 뒷받침할 수 있는 증거라고 보고 이를 더 캐고 싶은 것이다.

자, 그럼 여기에서 가정을 해보자. 만약 전방후원분이 일본 고유의 양식이 아니라면 어떻게 되겠는가? 즉 이 무덤의 양식도 백제에서 건너간 것이라면 어떻게 되겠는가?

이 무덤 양식이 백제에서 건너간 것임을 확실히 보여 주려면 적어도 백제의 초기 수도인 서울 한강 근처에서 나와야 한다. 공주나 부여에서 나오면 그것은 일본에서 건너 왔다고 말할 수 있다. 그러나 한강 변에서 나온다면 그것은 시기적으로도 일본에 앞서기 때문에 아주 당연히 일본의 야마토 정권 자체가 백제인이 건너가 세운 것이 된다. 야마토 정권을 백제인이 세운 것이 된다면 일본의 건국 주체도 빼도 박도 못하게 백제인이 된다.

그렇게 되면 한반도 남부를 일본이 지배했다는 이른바 임나일본부설도 아무 의미도 없게 된다. 즉 백제인들이 일본으로 건너가는 과정에서 곳곳에 이런 무덤 양식을 남긴 것이 되고 한반도 남부뿐 아니라 일본까지도 자연스럽게 고대 우리나라 역사의 연장선상에 들어와 버린다.

설혹 시기적으로 일본보다 늦다고 해도 일본에 건너간 백제인들이 남겨놓은 연락 거점이 된다.

전방후원분이 백제 고유의 양식이라면 전남 지방에 대한 해석도 마한이나 그런 것을 떠나서 새롭게 해석되어야 한다. 말하자면 3세기에서 7~8세기 사이 우리나라에서 일본으로 이어지는 고대 역사가 전면적으로 새롭게 쓰여야 한다. 우리나라와 일본은 별개의 국가가 아니라 형제 국가가 된다.

그런 꿈 같은 일이 가능할까?

그것이 꿈이 아니라는 소리가 들린다. 서울 근처에 전방후원분이 있다는 풍문이 들린다. 일본의 인덕천황릉보다도 더 큰 무덤이 있다는 것이다. 그것도 하나가 아니라 곳곳에서 발견된다는 풍문이다.

인덕천황릉보다도 더 큰 전방후원분이 서울 근처에 있다면 어떻게 되는가? 백제라는 나라가 갑자기 엄청난 대국으로 다시 살아나게 된다. 일본의 야마토 정권을 가꾼 무덤보다도 더 큰 무덤을 만들 수 있는 힘이 있는 백제인 것이다.

현재 한강 변을 수도로 한 백제, 곧 한성시대의 백제는 초라하기 그지없다. 수도 자리를 놓고 계속 논란을 벌이고 있지만 풍납 토성설이 확실하다는 주장만 커질 뿐 확신은 없다. 초기 한성백제의 유물도 거의 없다. 국성은 보이지만 왕성이 안 나타나니 국력은 너무 초라하게 평가되고 있다. 그러니 초기 백제가 중국에 요서 · 진평 등 두 군을 경략했다는 설이 맥을 못 추고 있다. 그런데 서울 근처에 일본의 인덕천황릉보다도 더 큰 세계 최대의 무덤을 조성할 정도였다면 그리고 그 무덤이 떼를 이루어 나타난다면, 그 백제는 당연히 중국에 식민지도 거느릴 수 있다. 백제는 일본과 중국에 진출한 동아시아의 대국으로 역사에 새롭게 등장하는 것이다. 백제 멸망 이후 무려 1,400여 년 만에 대백제가 부활하는 것이다. 그런 꿈 같은 일이 과연 일어날 수 있을까? 우리의 가슴을 진정시키며 기다려 보자.

위와 같은 내용의 이야기가 나간 며칠 뒤에 초대형 고분 발견이라는 뉴스가 여러 번 발표되었고, 기존 학계에서는 고분이 아니라고 반박을 하고 시민단체에서는 고분이라고 주장을 하는 분쟁이 일어났다.

세상을 떠들썩하게 하였던 사건으로서, 문화재청은 공식으로 고분이 아니라는 발표까지 하였고 시민 단체에서는 날짜를 정하여 강제 발굴을 하기로 통보를 할 만큼 한발자국도 서로 물러 설 수 없는 싸움을 벌였다.

이러한 내용이 발표되면서 과연 우리나라에서 세계적인 규모의 고분이 확인이 될 것인가에 대해서 모두 궁금해 하지 않을 수 없었다.

이 무렵 중국의 역사 왜곡, 일본의 독도 문제와 교과서 왜곡 등으로 역사의 각축전이 벌어지고 있었기 때문에 일본에서 말하는 전방후원분이 우리나라의 한강권에서 발견된다면 그야말로 충격이 아닐 수 없다. 백제의 발생지인 한강권에서 일본의 전방후원분보다 발생 시기가 올라가는 관련 유적이 발견된다면 일본의 전방후원분은 백제인들의 무덤이라는 것이 입증이 되기 때문이다.

고대 일본은 백제인들이 세우고 전방후원분의 무덤은 백제 양식이며 일본에 묻혀 있는 고분시대 무덤의 피장자는 백제인이라는 것이 밝혀지면 지금까지의 학설을 뒤집는 핵폭탄과 같은 엄청난 충격이 아닐 수 없다.

2) 금성분은 어떤 고분인가

누구나 때가 되면 죽음을 피할 수 없게 된다.

이러한 죽음에 대해 고대인들은 어떤 생각을 갖고 있었으며, 또한 죽은 후에는 어떤 무덤을 조성하여 사후를 대비하였는가에 대해서 수천 년 동안 많은 사람들이 생각하고 고민을 해 왔다.

예부터 지금까지 사람들이 죽음에 대해 심각하게 고민할 수 밖에 없는 것은 죽음처럼 슬픈 것이 없고 많은 죽음들에 억울함과 한이 서려 있기 때문이다.

고분은 단순히 죽은 이를 묻어 놓은 곳이 아니다. 고분의 매장 법에는 고대인들의 죽음에 대한 철학이 담겨 있다.

일본의 고대 무덤인 전방후원분에 대하여 관심을 갖게 된 것은 1992년이었다. 백제 왕도의 거대한 고대도시를 하남시에서 찾아내고 한동안 일본이 자신들의 고유 묘제라고 주장한 전방후원분에 대해서는 답을 내리지 못했다.

한일 학자들 사이에서는 전방후원분이 한강권에는 없다는 것이 정설이 되어 일본의 고유 묘제로 확정되어 있었고, 전방후원분과 같은 모양의 무덤이 어떤 이유에서 조성되었는가에 대해서도 알려져 있지 않고 있었다.

일본 학자들은 전방후원분의 발생 시기를 4세기 중엽부터 7세기 말까지로 정하고 있었다.

이는 백제와 제일 교류가 잦은 시기였고 백제인들이 일본의 고대 국가의 틀을 마련한 시기와 일치되기에 의혹에 싸여 왔다.

일본의 아스카, 오사카, 나라 지방 곳곳마다 백제와 관련된 유적이 산재되어 있는데 유독 고분만이 다르다는 점은 의문이 되었다.

백제가 일본의 고대 국가에 문화를 전수하였다면 당연히 묘제도 같아야 하는데 전방후원분만이 일본과 백제가 다르다는 것은 이해하기 어려운 부분이다.

백제와 일본의 관련성이 약하여 무덤만은 일본의 자생 문화라거나 아니면 무덤도 백제의 영향을 받았다는 것, 두 가지 중에 어느 한쪽을 선택하지 않을 수 없다.

그러나 지금까지 한일 학자들의 공통된 견해는 전방후원분만은 일본의 고유 문화라는 것이었고 그것이 정설화되어 조금도 이의를 제기할 수 없는 고정된 학설이 되었다.

그러나 상식적으로 이해가 되지 않는 것은 일본의 고대 국가가 모든 면에서 백제 문화의 영향을 받았다고 할 수 있을 만큼 밀접한 관계라는 것이다.

일본에는 약 2,500기가 보고된 전방후원분이 왜 백제 초기의 한성 지역에는 없을까 하는 의문은 쉽게 풀리지 않았다.

한때는 일본과 우리나라의 지형과 어떤 문화의 차이가 있어서 그러한 현상이 일어난 것이 아닐까 생각하였지만, 묘제는 죽음에 대한 깊은 생각이 포함되어 있기에 쉽게 변하지 않는 보수성이 있다는 사실을 무시할 수 없었다.

기하학적인 이상한 모양을 한 전방후원분은 많은 사람들이 공감하고 조성하였을 만큼 어떤 철학적인 당위성이 포함되어 있었음을 알 수 있다.

1992년에 백제의 500년 왕도를 하남시에서 찾아낸 이후, 목조 단일 건물지로서는 우리나라 최대 규모인 교산동 왕궁 건물지가 발굴이 되었고 이와 관련된 거대한 도시 규모가 밝혀졌다. 또한 천왕사지에서는 황룡사 목탑보다 더 큰 목탑지가 상하로 겹쳐서 2기나 발굴이 되어 한성백제 왕도의 규모가 얼마나 방대한가를 알게 되었다.

그러나 한강권은 서울의 인근 지역인지라 많은 대학이 조사 연구・발굴한 지역인데 지금까지 전방후원분은 한강권에는 없다는 것이 수많은 조사 연구의 결과였다.

특히 어느 대학이 조사를 하고 그곳에는 어떤 유적이 없다고 결론을 내버리면 다른 대학이 이를 뒤엎는 내용을 발표할 수 없는 구조상 찾지 못한 유적은 영원히 잃어버린 것이 될 수밖에 없다.

우리나라에서 역사학은 경쟁적인 학문이 아니라 서로의 영역을 존중하거나 묵인해 주는 방향으로 되어 있기에, 무서운 결론으로 끝맺음되어 영원히 전방후원분은 없는 것으로 종지부를 찍게 될 판국이다.

그동안 백제 유적이 분포된 하남시와 송파구 사이에 위치한 강동구 지역을 조사하고 발굴한 대학이나 문화재청은 백제와 관련된 뚜렷한 유적이 발견되지 않았다는 결론을 내렸다. 그러나 백제 왕도의 문전이며 유적이 제일 많아야 할 지역에 유적이 없다는 것이 이해가 되지 않았다.

이러한 의혹이 산적되면서 무언가 문제점이 많다는 것을 알게 되었다.

"죽음에 의한 무덤"은 인생에서 가장 가슴 아픈 일이며, 특히 고분은 우리 조상들의 사연과 행적을 많이 담고 있는데 우리가 홀대하고 있는 것이 아닌가 생각되었다.

우선 전방후원분이란 어떤 형태의 묘제이며 왜 이러한 묘제가 발생하였는가에 대해서 알고 있어야만, 유적을 이해하거나 찾을 수 있고 규명이 가능하다.

전방후원분을 두고 일본에서는 일본 열도 기마민족 정복설이 큰 파문을 일으켰다. 일본의 유명한 역사학자인 "에가미 나미오(江上波夫)"가 기마민족 정복설을 주장하여 지금까지 논란이 되고 있다.

고분시대보다 앞선 야요이시대는 거울 칼이 출토되어 상징적이며 주술적인 면이 나타나는 시기로 여겨진다.

이후에 갑자기 거대 고분이 발견되고 부장품으로는 마구와 무기가 등장한다. 왜 급속하게 이러한 변화가 일어났었는가에 대한 의문이 끊이지 않았었던 차에 많은 관심을 불러일으켰던 것은 기마민족 정복설이다.

이 학설이 나오기 시작한 것은 1948년이며 "에가미 나미오"는 2차 세계대전 전까지 북중국과 내몽고 일대의 고고학 연구에 참여하여 기마민족이 중국에 끼친 영향에 관심을 갖고 연구한 것으로 알려져 있다.

에가미 학설의 일본 열도 기마민족 정복설의 내용을 요약해 보자. 서기 300년을 전후한 시기는 중국의 5호 16국(304~439년)이라는 여러 나라가 난무했던 혼란기였다. 5호민－흉노(匈奴), 갈(羯), 선비(鮮卑), 저(氐), 강(羌)－은 화북 지방에서 이동하여 퉁구스계 진(辰)의 지배자가 되었다. 그 밑에 있던 일부가 일본으로 건너와 북규슈를 정복했고 일본의 슈진천황 4세기 말경에 기내 지방을 정복했으며, 그 중심 인물이 오우진천황이라는 학설이다.

대략 이러한 줄거리가 기마민족 이동설로 일본 전역에 크게 이슈가 되어 한때 파문을 일으켰고 지금까지도 논란의 대상이 되고 있다.

일본에서 이 학설에 관심이 많을 수밖에 없는 것은 일본 천황은 당시만 하여도 신성시되어 있었고 일본의 고대 국가는 하나의 계통으로 이어져 온 것으로 알고 있었기 때문이다.

그러나 북방 민족이 내려와 일본 열도를 정복하여 일본의 고대 국가인 야마토(大和) 정권을 세웠다고 주장을 했기 때문에 일본인들로서는 충격이었던 것이다.

그 모든 것은 갑자기 나타난 거대 고분인 전방후원분을 해석하는 차원에서 나오게 된 것이다.

세계에서 제일 큰 무덤을 조성한 고대 집단이 어떻게 갑자기 나타났을까? 그들은 분명 일본의 토착 민족은 아니고, 외형이 거대하고 그 이전까지 없었던 전방후원분이라는 모양의 선진 문화를 가진 기마민족의 칼과 마구류 같은 부장품이 출토되기에 기마민족 정복설이라는 학설이 나오게 된 것이다.

에가미의 학설은 점점 구체적인 논리를 펴면서 발달을 해왔다.

한편 다른 학자들은 3~4세기 무렵에 일본이 출병을 하면서 선진 문물을 가져와 파생된 문화라고 반발을 하였다.

이에 에가미는 1964년에 좀더 구체적인 논문을 발표하였는데 기마민족이 남하하여 한반도에 세운 첫 번째 국가는 진국(辰國)이며, 진국이 4세기경에 쇠퇴하여 마한에는 백제가 진한에는 신라가 건국되었다고 결론을 지었다. 또한 이 무렵 마한의 진왕이 백제에게 밀려 변한에 내려왔다가 일본의 북규슈로 진출하여 왜(倭) · 한(韓) 연합국을 세웠으며 오우진천황 때에 지금의 일본 아스카 지역을 정복하여 나라를 세웠다는 것이다.

기마민족 일본 정복설은 50여 년 동안 파문이 되어 여러 학설이 가지를 치기 시작하였고 한반도 남부 지역에 전방후원분이 발굴될 때마다 더욱 힘을 받기 시작하였다.

최근에는 나주나 영산강 지역에서 전방후원분이나 일본에서 출토되는 유물과 유사한 것이 나올 때마다 일본의 학자들은 임나일본부와 관련된 지역이라면서 자기들이 다스린 땅이라고 주장을 하게 된 것이다.

또한 우리의 학계에는 백제 초기의 한강권에는 전방후원분이 없다는 학설이 고착되었고, 일본의 고유 묘제로 받아들이면서 전라도 지역에서 발견되고 있는 전방후원분은 일본에서 파견된 독립된 세력이 한반도에 존재했음을 보여준다고 주장하는 사람도 있었다.

이러한 사람들의 학설은 어떤 면으로든 임나일본부를 인정하거나 전방후원분을 일본의 고유 묘제로 보는 것에는 변함이 없었다.

에가미의 학설을 차분히 살펴보면 우선 북방 민족이 내려와 일시적으로 한반도에 있다가 일본으로 건너가서 일본 열도를 정복하였다는 것이다.

이들의 주체 세력은 백제와는 관련이 없고 북방 민족이 진국을 세우고 그다음에 백제에 의하여 밀려나 변한을 정복하여 차지하고 있다가 일본 열도로 건너 왔다는 학설이다.

이 말대로라면 만주의 북방 지역에 거대한 전방후원분이 당연히 있어야 한다. 그러나 아직까지 전방후원분이 중국에서 발생하였다는 근거는 없다.

기마민족 이동설이 설득력을 갖으려면 전방후원분이 중국에서 우선 발견되어 일본의 고분시대와 연결이 될 수 있다.

다른 한편으로는 전방후원분은 일본에서 발생한 것이고 기마민족이 이동해 와서 일본의 고유 묘제를 사용했다는 이야기이다.

그러나 에가미의 학설대로라면 북방계로 천황의 지위까지 오른 왕이 일본 고유의 묘제인 전방후원분에 묻혀 있다는 것도 문제가 된다.

하나의 예로 하남시 이성산성에서 우리나라에서는 발견되지 않은 부여족 무덤이 발견되었는데 부여족이 남하하여 백제를 건국하였기에 이들이 죽은 후에도 부여의 방식대로 무덤을 정하였던 것이다. 지금도 중국인들이 죽으면 중국의 묘제로 무덤을 조성하고 있다. 이처럼 사람들은 쉽게 풍습을 떠날 수는 없다. 많은 사람들이 같은 행동을 오랫동안 하려면 어떤 당위성과 명분에서 공감대가 형성되어야만 한다.

일본에 갑자기 거대 고분이 발생하였다는 것은 다른 민족이 이주하여 일본을 정복했기 때문임은 틀림없고, 그들이 이주해 오기 전부터 이미 거대한 고분을 사용한 집단이라는 것을 예측할 수 있다.

처음부터 일본 지역에 생소한 기하학적인 형태인 고분을 쉽게 공감하고 거대하게 조성하기는 어렵다.

특히 무덤은 보수성이 강하고 죽음과 관련된 철학을 포함하고 있기에, 생소한 양식의 무덤은 처음에는 작은 규모에서 서서히 만들어지다가 점차 확대되는 것이다.

북방 민족에 속한다는 오우진천황의 능을 살펴보면 길이가 425m, 후원부 직경이 256m, 높이가 36m에 이를 정도로 규모가 방대하다.

세계에서 규모가 제일 크다는 인덕천황의 능은 486m이고 두 번째로 큰 능이 기마민족 정복설의 주체인 오우진천황의 능이다.

북방에서 일본에 처음으로 진출하여 정복한 기마민족인 왕이 전방후원분이라는 거대한 고분을 사용하였다면 진출하기 전에 있었던 지역에도 이러한 고분이 있어야 한다.

아니면 이보다 훨씬 앞선 시기의 일본 지역에 이와 같은 고분이 많이 있어야만 자생설이 가능하다.

그러나 북중국 일대에도 아직 이렇게 거대한 고분이 발견된 적이 없고 일본의 전방후원분의 발생 시기는 4세기 중엽부터이다. 오우진천황이 죽은 시기 또한 4세기 초로 보고 있기에 거대한 고분은 갑자기 나타난 것이고 일본에서 자생한 무덤이 아님을 알 수 있다.

에가미의 학설대로라면 중국의 북방 민족에서도 이렇게 거대한 고분이 발견 되어야만 북방 기마민족의 일본 열도 정복설과 연결이 가능하다.

또한 일본에서 전방후원분의 발생 과정을 오랫동안 연구하고 수많은 논문을 냈지만 제대로 밝히지 못했던 것은 그 원류가 일본이 아니기 때문이다. 발달 과정과 관련된 유적이 발견되지 않아서 지금까지 밝히지 못했던 것이다.

전방후원분의 성격이나 발생 과정이 명확하게 밝혀지지 않아 고분의 명칭까지 명확하지 않다.

전방후원분이라는 명칭으로 인하여 어떤 학자는 원분과 방분이 결합하여 이루어진 고분이라는 학설까지 냈다.

그러나 방분도 아닌 물고기 꼬리 모양의 다양한 형태가 발견되고 원분도 8각으로 된 것이 발견되어서 고분의 성격과 전혀 맞지 않는 학문 명칭이 되고 말았다.

일반적인 명칭보다 학문적인 명칭은 정확성이 있어야 하는데 지금까지 발생 과정을 몰랐기 때문에 마땅한 명칭 없이 이름 지은 것이다. 국내에서는 장고처럼 생겼다고 하여 장고형 고분이라고도 한다.

최근에는 영산강 유역에서 몇 기가 발견되어 한일 학자들 사이에서 논란이 되어 왔다.

논란의 주제는 일본 학자들이 오랫동안 주장해 온 임나일본부설로서, 그 발견이 삼국 초기에 일본의 고대 국가가 2~3백 년간 한반도 남부 지역을 다스렸다는 임나일본부의 증거라고 강하게 주장을 하게 된 것이다.

실증 위주의 증거를 제시하는 만큼 국내에서는 그 학설을 뒤엎을 수 있는 유적이 없고, 지금까지 발견된 전방후원분은 일본의 초기 전방후원분보다 시기적으로 뒤떨어졌기 때문에 일본 학자들이 임나일본부의 증거라고 몰아붙일 수 있었던 것이다. 지금까지 임나일본부설에 반론을 제기하여 왔던 사람들로서는 여간 난처한 일이 아닐 수 없었다.

지금까지도 식민사학자들은 대부분 백제가 건국한 이후에도 수백 년간 마한이 영산강 유역에 자리 잡고 있었다는 학설을 주장하고 있다. 그러므로 왜국과 교류가 있었던 독립된 집단이 영산강 유역에 거점을 두고 오랫동안 존재하였다는 학설까지 나오게 되었다.

삼국사기 초기 기록에는 백제 시조인 온조왕의 통치 26년(서기 8년)에 마한을 멸망시켰다고 되어 있으나 이를 부정하면서 마한이 5세기까지 영산강 유역에 있었다는 학설을 꾸준히 주장해 왔던 것이다.

이러한 학설을 바탕으로, 전방후원분이 발굴되자 일본과 왕래한 백제와 관련 없는 새로운 독립된 집단이 존재하였다는 새로운 주장까지 나올 만큼 상황이 심각하다.

게다가 지금까지 백제 초기는 원삼국시대로, 백제가 삼한과 함께 부족국가로서 2~3백 년간 공존하였다는 학설이 고착되어 하나의 정사로 굳어진 상태이다.

이러한 학설은 김원룡이 주장하였는데 그의 제자들에게 전수되고 맥을 이뤄 복잡한 문제가 발생하기 시작했다.

그보다 앞서 대표적인 식민사학자인 이병도는 백제의 엄밀한 건국 연대를 삼국사기의 고이왕 27~28년(서기 260~261년) 경으로 보면서 여러 가지 논리를 전개하였고 뒤이어 삼국 초기는 원삼국시대라는 학설을 고착하는 데 일조하였다.

백제의 실질적인 건국을 삼국사기 기록보다 2~3백년 뒤에 이루어진 것으로 본래 맞지 않은 뼈대를 맞게 하려고 하는 과정에서 첫 단추를 잘못 끼면서 복잡한 문제가 발생한 것이다.

삼국 초기의 부족국가설은 일본이 삼국 초기의 기록은 신빙성이 없다고 하고 그 위에 국내 학자가 삼국 초기는 부족국가라는 논리를 펴서 원삼국이라는 이름으로 축소시켜 놓았던 것이다.

일본은 임나일본부설을 주장하는 데 걸림돌이 되는 백제사를 축소하지 않으면 안 되었는데 그들의 주장이 국내의 식민사학자들에 의하여 전수되면서 변할 수 없게 고착되어 있는 상태이다.

어느 교수가 자신의 학설과 틀린 제자의 논문을 인정하겠는가? 학맥의 병폐가 계속 전수되어 끝이 보이지 않는다.

국민의 세금으로 국가가 식민사학을 양성하고 있는 실정이 되고 있는 슬픈 현실이다.

최근에는 영산강 유역에 전방후원분이 발굴되면서 일본 학자들의 임나일본부설 더욱 가속이 붙었다.

그러나 이러한 전방후원분에서 출토되는 부장품은 백제와 관련된 유물이 많다. 무덤의 내부에서 백제와 관련된 부장품이 출토된다는 것은 백제와 어떤 경로로든 연관이 있었다고 보지 않을 수 없고, 과연 일본에서 발생한 고유 묘제인가를 깊이 생각하게 한다.

[사진 1-2] 하남시 이성산성 8각지

전방후원분의 조성 근거와 과정을 알고 있어야만 발생 근원지를 밝힐 수 있을 것이다.

어렵겠지만 이러한 묘제가 발생하게 된 근본을 알게 되면 조성된 위치와 시기 경로를 추적할 수 있을 것이라는 생각으로 우선 성격을 규명하지 않으면 안 되었다.

뚜렷한 축조 근거가 있었기에 전방후원분과 같은 형태의 고분이 발생하게 된 것이다.

하남시 이성산성에서 발굴된 여러 건물지에서 특이하게도 다른 지역에서는 볼 수 없는 다양한 건물지가 밀집된 것을 발굴하였는데 그중에는 다각형인 8각, 9각, 12각지가 있었다.

그동안 이성산성 다각형 건물지를 두고 하늘과 땅에 제사지내던 건물이라고 대부분 막연하게 평했다.

그러나 하늘과 땅이라는 폭넓은 대상을 신앙으로 삼았다는 것은 잘못된 판단이다. 신앙의 대상이라기에는 불분명하고 포괄적이기 때문이다.

불분명하고 포괄적인 대상은 종교의 구심이 될 만한 상징성이 약하며 고대인들이 수천 년 동안 자연을 숭배하여 왔기 때문에 논리성이 약하다.

숭배의 대상을 불분명하게 정할 만큼 고대인들이 발달하지 못했다고는 볼 수 없기 때문에 좀더 구체적으로 접근을 하지 않으면 안 되었다.

(1) 8각의 비밀

하남시 이성산성에는 8각, 9각, 12각지가 있으나 이 건물들이 고대에 어떤 용도로 사용되었는가를 명확히 밝혀내지 못하였고 이성산성의 성격조차 20여 년 가까이 발굴을 하면서 신라 아니면 고구려라는 논리성이 없는 결론으로 일관해 왔었다.

다각형 건물이 일본의 유적에 얼마나 적용되었는가에 대한 자료를 일본에서 수집하는 중에 전방후원분의 후원분 쪽이 8각으로 된 고분이 일본에서 10여 기가 발굴되었다는 점에 많은 관심을 갖게 되었다.

전방후원분은 분명히 8각과 관련이 있는 고분이었다. 결국 8각이 무엇을 의미하는가를 알게 되면 고분을 어떤 뜻으로 조성하였는가를 알게 되는 것이었다.

(2) 일본 금성분, 내부 유물과 외형의 차이점

거대한 일본의 전방후원분 내부의 부장품 중에는 백제와 관련된 유물이 많다. 세계에서 제일 크다는 인덕천황릉을 비롯하여 후나야마 고분과 후지노끼 고분들이 전방후원분이면서도 내부의 부장품은 백제의 유물이다.

결국 지금까지의 해석으로는 고분 내부의 유물은 백제의 것이고 겉모양은 일본의 고유 문화라는 결론이다.

무덤의 문화가 겉과 속이 다르다는 점은 이해하기 어렵고 이것을 다수가 의심을 하지 않았다는 것도 상식에서 어긋난다.

고분은 보수성이 강한 장례의식이 포함되어 있기에 내부와 외부가 다르다는 것은 해석상 이해하기 어려운 면이 되었다.

3) 금성분 조성 시기의 백제와 왜

전방후원분 발생 시기의 백제와 일본의 관계는 어떤 관련성이 있는가를 살펴볼 필요가 있다.

일본에서 전방후원분의 발생 시기가 4세기 중엽부터 7세기 말까지라는 학설이 우세하다.

그런데 『일본서기』에 이 시기는 백제와 교류가 제일 많았고 왜(倭)의 야마토 정권이 백제에 의하여 강성해지고 있었던 것으로 기록되어 있다.

백제의 선진 문물이 들어와서 일본 열도를 깨우치고 있는 시기에 유독 정신 문화의 핵심이 되는 고분 문화가 백제의 영향을 받지 않고 일본에서 자생적으로 발생하기는 어렵다.

일본에서는 별것 아니거나 좋지 않은 것에 대해 "구다라나이"라고 한다. '구다라'는 큰 나라라는 우리말로 백제를 가리키며 '구다라나이'는 '백제 것이 아니다'라는 말이다. 이 말의 어원에서도 백제의 문화가 얼마나 일본에 영향을 미쳤는가를 알 수 있다.

일본 지역에 전방후원분이 발생한 시기는 많은 백제인들이 왜로 진출하였던 전성기라는 것이 밝혀지고 있다.

지금까지 발굴된 많은 백제 문화와 유물의 고고학적인 성과로 볼 때 백제와 문화를 달리하는 묘제가 일본에서 발생하기 어렵다는 것도 이를 뒷받침한다.

또한 전방후원분의 모양과 매장 방법이 다른 묘제와 달리 특수성이 있다.

문화는 단순한 것에서 시작하여 여러가지가 부가되어 점점 복잡해진다. 단순한 원분이나 방분이 갑자기 복잡한 모양으로 변한 것은 그만한 당위성이 있었기 때문이며 이러한 변화는 장기간에 걸쳐 일어난 것이다.

전방후원분은 원형에 물고기 꼬리 모양을 달아 놓은 모양이며 주위에 물을 채우는 기하학적인 형태로서, 쉽게 발생할 수 있는 묘제가 아니다. 이러한 묘제는 형성 기간과 적용 범위가 길고 폭넓게 응용이 되었을 것이다. 무덤은 보수성이 강하여 복잡한 전방후원의 형태를 적용하기까지 공감대가 형성되려면 상당한 기간과 시행 과정을 거쳐야만 사용이 가능하기 때문이다.

묘제에 이러한 형태를 적용하였다면 고분 이외의 다른 면으로도 적용되었을 가능성이 있다. 관련성이 있는 것이 무엇인가를 먼저 알아야만 고분의 성격을 알 수 있다.

묘제는 무엇보다 이승과 저승을 이어 주는 죽은 자의 집에 해당되기에 발생 과정에도 깊은 의미가 있는 만큼, 고도화된 사상과 많은 사람들의 공감에서 형성이 되어 기본적인 바탕이 깊고 폭이 넓다는 것을 예상할 수 있다.

4) 한성백제 지역의 금성분

한성백제 지역의 유적에서는 작은 규모의 전방후원분이 이미 오래전부터 몇 개 발견되었다.

하남시 산곡동 동수막의 토성 성벽에 작은 전방후원분이 1994년에 이미 발견이 되었고 이성산성에서 8각으로 된 고분도 발굴되어 한성백제에 이러한 묘제가 있었다는 것은 사전에 충분히 감지되었다. 산곡동의 전방후원분은 돌로 덮여 있는 작은 규모이지만 그 당시에는 원형이 잘 보존되어 있었다.

백제 초기에 이미 전방후원분을 사용하였다는 것이 밝혀지고 있으나 발굴된 것은 규모가 작고 거대한 백제의 500년 왕도가 발견되어 발굴하여도 은폐하였던 터라, 작은 규모의 고분을 두고 거론을 하여도 관심을 가질 이유가 없었고 오히려 은폐를 하는 데 함께 휩쓸려 버릴 우려가 있었다.

고분이라는 말을 함부로 말을 할 수가 없는 것도 문제이지만 이를 발굴하여

[사진 1-3] 이성산성의 8각 금성분(돌을 줄지어 8각단을 지은 것이 발굴에서 확인되었다)

확인하고자 하는 사람은 물론 발굴을 허가해 줄 사람도 없기에 철저히 봉쇄된 것이 더 큰 문제이다. 온조왕릉이 파괴되어 언론에 보고되어도 이를 보존하거나 발굴 조사하려 들지 않고 오히려 방치하여 세상에 알려지는 것조차 차단하였던 것이다. 작은 규모의 전방후원분이 한성 왕도 주위의 일정한 구간에 발견・발굴되었어도 여태껏 은폐를 해 온 집단들이 있기에 여간 조심하지 않을 수 없었다.

5) 금성분 시원 초기의 다양성과 지금까지의 보수성

금성분이 발생한 초기에는 다양한 형식의 무덤 양식이 시도되었을 것이다.

구조가 복잡한 모양이 처음 시도가 될 때는 보다 사실성 있게 조성하지만, 점차 조성과 관리가 쉬운 형태로 변화되고 보편화되는 과정을 거치게 된다. 처음에는 다양한 모양으로 조성되었다가 어느 단계에 이르러서는 조성・관리가 편리한 형태로 간소화되는 과정을 거쳐 정형・보편화되어 가는 것이다.

결국 변화 과정을 많이 시도한 곳일수록 금성분의 발생 과정을 알 수 있는 시원의 문화 지대이다.

한강권에는 다양한 모양의 금성분이 조성되었다. 머리와 꼬리가 변형된 것으로 보이는 고분 형상이 발견되고 있으며 물고기 모양과 비슷한 형태도 발견되고 있다. 앞으로 이에 대한 조사와 연구가 있어야 한다.

산을 뜻하는 '뫼'라는 고어와 비슷한 무덤을 뜻하는 '묘'라는 말도 자연 지형을 이용한 무덤의 초기 모양에서 유래가 된 것으로 보인다.

정형화된 금성분이 조성되기 오래전에 정신적인 바탕은 이미 형성되었을 뿐 아니라, 실행하고 공감을 갖는 데까지도 상당한 세월이 소요되었을 것이다.

일본의 전방후원분은 정형화되기 전인 초기의 다양화된 형식이 발견되지 않고 있다. 이는 일본의 전방후원분은 다른 곳에서 유입되었다는 것을 알려준다.

우리나라에 금성분의 꼬리 모양은 지금까지도 흔적으로 남아 있다. 오늘

[사진 1-4] 금성분과 같이 꼬리가 있는, 지금 조성하고 있는 우리나라의 민묘(民墓)

날에는 일반적인 봉분에도 원분에 꼬리와 같은 형태가 붙어 있게 조성하는 전통이 남아 있는데 금성분에서 전해진 흔적임을 알 수 있다.

또한 이는 무덤의 보수성과 전통성은 쉽게 없어지지 않는 것을 보여 준다. 그리고 고분은 민족성을 잘 보여 준다.

중국 지역에는 금성분이 발견되지 않고 있는데 금성분이 거대해지고 활성화된 지역은 백제 지역임이 밝혀지고 있나.

6) 금성분 모양의 백제 무령왕릉 숟가락

무령왕릉에서 출토된 숟가락은 금성분과 모양이 같다.

백제 무령왕릉에서 출토된 숟가락이 밥 먹기에 불편할 정도로 자루가 넓은 삼각형인 것은 금성을 상상한 도형과 같기 때문이다. 금성은 태양을 호위하는 것처럼 주위를 운행한다. 그래서 지상의 태양인 왕이 먹는 밥숟가락을 금성을 상징하는 모양으로 만든 것이다.

왕의 생명과 관련된 숟가락은 금성의 사상을 본받아야 한다는 것이다.

하늘의 태양과 같은 왕을 지켜주는 금성과 닮은 도형의 숟가락을 사용했던 것처럼 우리가 먹는 밥은 하늘이 내려 준 자연으로 천문과 관련이 많다. 고려

[사진 1-5] 무령왕릉에서 출토된 금성분 모양의 숟가락

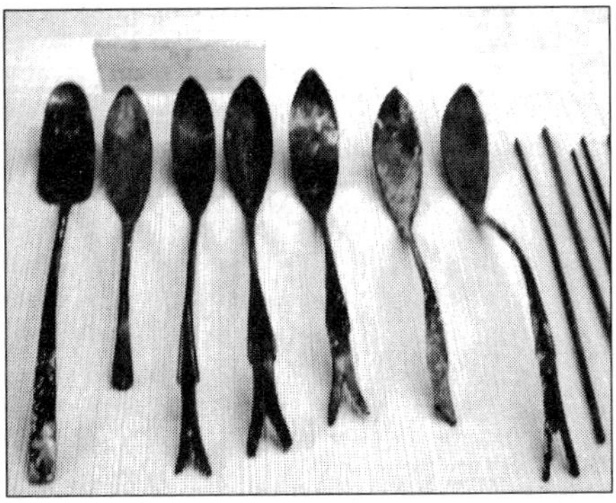

[사진 1-6] 북두칠성 모양의 곡선을 이룬 고려시대의 숟가락

시대의 숟가락은 불편할 만큼 굽어 있는 북두칠성 모양이었다.

북두칠성은 생명을 관장하는 별자리로 우리가 죽으면 칠성판 위에 시신을 안치하는 것과 같은 천문사상과 관련 있다.

일반인은 북두칠성으로 태양을 상징하는 왕은 금성이 보좌한다는 뜻으로 각각 닮게 만든 것을 보면, 숟가락까지도 상징성이 있게 만든 것을 알 수 있다.

7) 일본과 중국에 금성제국을 세울 수밖에 없는 태양제국 백제

하남시 이성산성에서 8각, 9각, 12각의 건물지가 발굴되었는데, 각각 백제시대 하늘에서 제일 밝았을 금성, 해, 달의 신전 건물임을 알게 되었다.

이성산성과 동일한 신전배치는 마야 문명에서도 발견할 수 있는데, 배치 구조와 형태에서 다각형 건물의 용도에 대한 실마리를 풀 수 있다.

이성산성은 주봉에서 뻗어 내려온 3개의 줄기 능선이 있는데 제일 높은 줄기의 위쪽에는 8각지가 있고 그 아래에 9각지가 있다.

두 번째 줄기에는 12각지가 있으며 제일 낮은 줄기에는 성혈이 있는 바위와 함께 16개의 성혈이 새겨진 거북 형태의 바위도 발견되었다.

거북 바위와 성혈이 있는 바위가 여러 개 발견되어 세 번째 능선은 별의 능선이라는 것을 알게 되었고 두 번째 능선에 있는 12각지는 1년인 12개월을 연상시키므로 달과 관련된 능선이라는 것을 예측할 수가 있다.

첫 번째 능선에 있는 9각지는 태양과 관련된다. 9는 단일 숫자 중에서 제일 큰 숫자이기 때문에 고대에 왕을 상징했다. 자연을 숭배하였던 고대 사회에서 왕을 태양으로 표현하였던 것은 둘 다 만물의 생명을 관장하는 역할을 한다고 여겼기 때문이다.

문제는 9각지와 같은 능선에 조성된 8각지이다.

9각지는 동쪽에 있고 9각지보다 약간 높은 서쪽에 8각지가 있다.

9각지를 태양으로 보면 배치 구조상 8각지는 태양 주변에 있는 별이라는 것을 알 수 있는데, 그 별은 태양을 항상 따라 다니는 금성이다.

태백성(금성)은 삼국사기에도 관측된 기록이 자주 등장할 만큼 중요시되었던 별이다.

금성은 공전 주기가 8년이며, 금성이 오늘 뜬 자리에 다시 돌아오려면 8년이 걸린다. 이러한 금성의 주기를 알게 된 고대인들은 금성과 8이라는 숫자를 결부하여 왔던 것이다.

8이 하늘의 별과 관련이 되었다는 것은 7을 보면 알 수 있다. 북쪽 하늘에 7개의 별이 줄지어 있는 북두칠성의 모양이 아라비아 숫자 7자 모양과 같은데 그 모양을 본떠서 일곱이라는 숫자를 나타내는 문자로 사용하게 된 것이다.

고려시대의 숟가락이 북두칠성 모양과 같은 것은 생명을 이어준다는 뜻이 있었기 때문이다. 그처럼 고대에는 하늘과 관련된 사상이 모든 생활에 적용되었다.

아라비아 숫자 8의 모양은 어디서 따온 것인가? 8각이 금성과 관련이 있다면 8도 7처럼 별과 관련이 있지 않을까 생각해 본다.

금성이 운행하는 5가지 궤적의 유형 중에는 8자형으로 회전을 하는 형태가 있다. 금성의 궤적 8자 모양과 운행 기간 8년이 결합이 되어 아라비아 숫자 8이 탄생하게 된 것이다.

한자 '八'도 금성의 5가지 궤적 중 하나의 유형에 속하는 형태이다. 중국에서는 숫자 중 8을 제일 선호하며, 일본에서도 8을 성수(聖數)로 생각을 하고 신사(神社)의 명칭도 8번신사(八幡神社)가 많다. 또한 일본의 전방후원분에 8번신사를 설치한 곳이 있어 그곳이 금성분임을 입증하고 있다.

우리말에 인생살이 팔자가 어떻다는 말이 있는데 이때의 팔자도 금성의 운행에서 나온 말이다.

올라갔다 내려오기도 하고 회전도 하는 등 일정하지 않은 금성의 운행처럼 인생살이도 기복이 심하다는 뜻에서 팔자라는 말이 생긴 것이다.

인체 중에서 제일 자유자재로 움직일 수 있는 것은 팔인데, 이 말도 금성에서 따온 것이다. 또한 흔히 잘하는 노래를 해 보라고 할 때, 18번 노래를 해 보라고 한다. 10은 완성된 묶음 단위를 말하며 8은 금성의 운행과 같은 재주를 말하는 것으로, 18번은 완성된 재주 또는 잘하는 재주를 뜻한다. 이처럼 금성을 상징하는 숫자 8은 여러 면으로 적용이 되었다.

금성은 다음과 같은 뜻으로 변화・적용되었다.

금성 = 운행주기 8년 = 제각기 다른 5가지의 궤적에서 5행의 근원 = 운행의 궤적에서 8과 八 따옴 = 8각의 도형 = 태양을 호위하듯 운행하는 모습이기에 호국과 전쟁을 상징 = 운행의 형태 때문에 재주로 표현됨

금성이 8각과 결부되어 있다는 것을 입증할 수 있는 기록도 있다. 지금 경주의 분황사 우물은 8각으로 되어 있는데 이와 관련되어 전해 오는 이야기는 다음과 같다.

왕이 즉위한 지 11년 된 을해(乙亥: 서기 795)년에 당의 사신이 서울에 와서 한 달을 머물러 있다가 돌아갔는데, 하루 뒤에 두 여자가 내정(內庭)에 와서 아뢰었다.

"저희들은 동지(東池)와 청지(靑池)에 있는 두 용(龍)의 아내입니다. 그런데 당의 사신이 하서국(河西國) 사람들을 데리고 와서 우리 남편인 두 용(龍)과 분황사에 있는 우물의 용까지 모두 세 용을 작은 고기로 변하게 해서 통 속에 넣어 가지고 돌아갔습니다. 바라옵건대 폐하께서 그 두 사람에게 명령하여 우리 남편들인 나라를 지키는 용을 여기에 머무르게 해 주십시오."

이 말을 듣고 왕은 하양관(河陽館)까지 쫓아가서 친히 연회를 열고 하서국(河西國) 사람들에게 명령을 했다.

"너희들은 어찌해서 우리나라의 세 용을 잡아 가지고 여기까지 왔느냐. 만약 사실대로 고하지 않으면 반드시 사형에 처할 것이다."

그제야 하서국 사람들이 고기 세 마리를 내어 바치므로 세 곳에 놓아주자 각각 물속에서 한 길이나 뛰고 기뻐하면서 가버렸다.

당 사람들은 왕의 명철(明哲)함에 감복을 하였다.

『삼국유사』 권2 원성대왕(元聖大王)편

『삼국유사』의 이야기에 따르면 분황사의 우물에는 호국용이 살고 있다고 여겨졌다. 그런데 그 우물이 8각으로 조성되어 있으니 숫자 8과 호국은 관련이 있음을 알 수 있다.

또한 용・금성・우물이 서로 관련 있음을 알 수 있는 내용도 『삼국유사』에 기록되어 있다.

태양과 금성의 관련성은 고대사에 많은 영향을 끼쳤다. 동양에서는 용봉사상의 근원이 되었고 서양과 남미에서는 독수리와 뱀이 되어 나타나고 있다(차후 발간될 저서의 용봉편 참조).

항상 태양을 따라 다니는 특성에서 금성은 나라(고대어 태양)를 호위하는 별로 표현되었다.

이성산성에서도 태양을 상징하는 9각 건물 옆에 금성의 8각 건물을 배치하여 태양과 금성이 함께하는 신전으로 조성한 것이다.

태양을 호위하는 모양으로 운행하는 금성을 호국적인 상징으로 이용해 8각으로 만들었음을 알 수 있으며, 이와 관련된 8각 우물・8각 탑・8각 건물・8각 묘제까지 적용하였다.

본 조사에서 하남시 민둥산 고분과 황산 고분을 1966년의 항공사진으로 검토한 결과 8각의 흔적이 일부 남아 있다.

무덤의 발생이 금성과 관련되었다는 것이 여러 면으로 밝혀지면서 학명이 '금성분(金星墳)'으로 지칭되었다.

고대사상에서, 일본에 조성된 거대한 금성분은 동쪽의 샛별 즉 아침에 떠오르는 모닝 스타(morning star)를 뜻한다. 그리고 중국 요서 지역에 설치된 백제군은 이브닝 스타(evening star)로서 백제의 제후국을 설치한 위치도 이러한 사상과 일치한다.

또한 태양숭배에서 동쪽과 서쪽은 해가는 길인 성지이기에, 백제 왕도에서 그 방향에 해당되는 일본의 아스카와 중국의 요서 지역은 진출을 하지 않으면 안 되는 곳이었다. 즉 태양인 백제는 금성을 거느려야 하기에 일본과 중국에 식민지를 두었다. 그러므로 일본의 왕들은 금성분에 묻히게 되었다.

8) 세계 제일 큰 고분 2기와 고분군의 발견

이집트 쿠푸왕의 무덤인 피라미드는 한 변이 230.4m, 높이가 146.6m이고 중국 진시황의 무덤은 밑변이 350m, 높이가 76m이며 현재까지 제일 큰 무덤으로 알려진 일본의 인덕천황릉은 전체 길이가 486m, 원부 직경이 245m, 방형의 폭이 305m에 달한다.

결국 지금까지 백제계의 인덕천황릉이 세계에서 제일 큰 능묘이다.

그러나 백제의 문화를 전수받은 일본에만 이러한 거대한 금성분이 있고 백제 500년 왕도인 한성 지역에는 없다는 점은 이상하게 생각 하지 않을 수 없다.

개발되기 전의 항공사진을 살펴보면 앞쪽은 8각의 흔적이 남아 있는 거대한 금성분이 조성된 것을 알 수 있으며 지금의 고덕천과 망월천 사이에 조성되어 있었던 구릉 지대는 모두가 금성분 집단 지역으로 조성되어 있었다 하여도 크게 틀리지 않아 보인다.

금성분은 고도로 발달한 천문학과 관련이 있기 때문에 쉽게 발생할 수 있는 묘제가 아니다.

뿌리 깊은 천문 사상이 오랫동안 다른 유적에도 유사하게 시도되면서 공감대가 형성되었기에 보수성이 강한 묘제에까지 적용되었던 것이다.

지금까지 한강 변에는 금성분이 없다는 것이 정설이었으나, 금성분은 백제의 고분 문화로서 전성기를 이루었던 것이다.

일본이 백제를 '구다라' 즉 우리말로 '큰 나라'라고 칭할 정도로 모든 면에서 거대한 국가라고 여겼다면 고분만 예외로 작게 생각했다고 볼 수 없다. 고

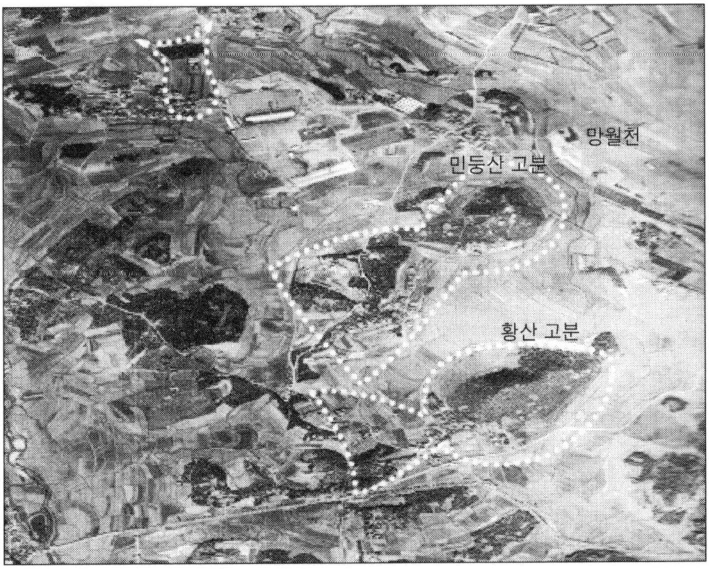

[사진 1-7] 1966년 망월천 주변의 금성분

대의 능묘는 조상신의 제사처로서 신앙적인 면과 국력을 상징하고 국가의 위세를 표상했기 때문이다.

그러나 지금까지 일본 학자들 대부분은 영산강 유역에서 발견되고 있는 금성분이 일본과 관련된 것이라고 주장하며 한반도 남부 지역을 삼국 초기에 다스렸다는 임나일본부 학설을 뒷받침한다고 주장해 왔던 것이다.

한성시대에 거대한 금성분이 발견되지 않는다면, 일본 고유 묘제이거나 일본에서 발달한 무덤이라는 주장을 받아들일 수밖에 없고 심지어 임나일본부설도 인정해야 할 단계에 놓여 있다.

그러나 발견된 금성분을 통해 삼국시대에 백제가 이미 세계에서 제일 큰 고분을 여러 기 조성할 정도였음이 밝혀진다면 중국의 동북공정에 대응하고 일본을 세운 것이 백제라는 것을 밝혀 역사 침략에 직접적으로 대응할 수 있는 자료가 된다.

금성분은 백제에서 활성화된 고분으로 백제의 고유 문화이다. 또한 금성은 동양에서는 치우(蚩尤)의 별로 알려질 만큼 군사 문화의 구심이 되어 왔던 무력의 별로서 신성시되었다.

일본에서 규모가 제일 큰 인덕천황릉과 응신천황으로 보는 능은 5세기 중엽 이후에서 5세기 말엽 사이에 축조된 것으로 보고 있다.

이 시기는 백제와 교류가 활발한 백제의 한성 시대(기원전 18~서기 475년)로서 한성백제의 도읍지에서 거대한 금성분이 발견되었다는 것은 일본의 전방후원분에 묻혀 있는 천황은 모두 백제인이라는 것을 입증한 것이다. 또한 거대한 금성분 묘제와 함께 금성과 관련된 유·무형 문화재가 확인되면서, 금성의 문화가 제일 발달한 곳이 한반도임이 입증되고 있다.

9) 고대 천문학에서 발생한 금성분

금성분은 단순한 형태가 아닌 기하학적인 모양으로서 쉽게 응용 할 수 있는 것이 아니라 오랜 역사·문화의 바탕 위에서 이루어진 것으로, 일본 현지에서 어느 날 갑자기 나타날 수는 없는 묘제이다.

게다가 당시 일본 고대의 문화는 천문부터 문자에 이르기까지 한성백제시대에 백제의 많은 학자들에 의해서 일본의 고대 국가에 전수되었다.

금성분에서는 8각으로 조성된 고분이 발굴되었는데, 8각은 금성(金星)과 관련된 사상과 관련되었으므로(『백제역사 문화자료집』, 97쪽, 백제문화연구회 발행) 금성분은 천문의 학식이 없으면 조성할 수 없는 묘제이다.

실제 한강권을 조사해 보니 여러 곳에서 금성분이 발견되었지만 정식 발굴에서 발견된 것은 백제 왕도의 제사처인 이성산성뿐이었다. 그런데 다행히 그곳에서 원분이 8각으로 되어 있는 금성분이 발견되어(『위례성 백제사 2』, 261쪽) 한성시대에 금성분의 묘제가 있었다는 것이 실증되었다.

백제는 황산과 민둥산 같은 거대한 고분과 그 주변에 수많은 고분군들을 조성했던 것으로 조사되고 있다.

당이 백제를 견제할 만큼 백제의 국력이 컸음을 금성분의 크기에서 알 수 있다.

고구려 광개토대왕이 북중국 일대는 차지하면서도 할아버지인 고국원왕을 죽인 백제를 정복하지 못한 것만 보아도 백제의 강성했던 국력을 알 수 있다. 고구려 장수왕 때에 백제의 국력을 탕진시킨 후에야 한성 지역을 함락했다는 기록도 있다.

현재 강동구 금성분이 있는 일대는 개발될 위치라서 보호하지 않으면 식민사학에 의하여 무방비로 파괴될 위험이 있다. 기존 학설을 고수하기 위해서 소극적으로 대처하여 파괴되도록 놔둔다면 세계적인 문화유산이 소멸될 것이다.

식민사학자들이 백제의 거대한 왕도를 발굴하면서 은폐·조작하였던 사건이 되풀이되지 않도록, 접근을 차단하고 중립적인 발굴단을 조성하면서 사회단체와 함께 감시를 철저히 하지 않으면 역사의 진실을 규명하기 어려운 현실이다.

10) 능골 1호분 발굴 조사에서 밝혀진 내용

2005년 11월 27일에 시민들이 암사동의 금성분을 강제로 발굴하여, 논문으로 발표한 내용대로 유적임을 확인할 수 있었다.

이 사건이 발생하기 전에 사회단체가 먼저 문화재청에 의뢰하여 조사해 줄 것을 요청하였으나, 문화재청은 유적이 아니라는 언론 발표와 함께 정식 공문으로도 고분이 아니라고 단정을 지어 버렸다. 그러자 사회단체에서는 유적을 보존하기 위해 도로 개설로 없어질 위기에 처한 암사동 금성분을 발굴한다는 통보를 하고 강제 발굴을 하게 된 것이다.

또한 암사동 고분의 일부 유적을 남겨 두어 재발굴을 한다면 확인될 수 있는 고분으로 두었다.

[사진 1-8] 금성분 조성 당시에 층층이 단계를 구성한 것이 능골 1호분 발굴에서 나타났다.

이 사건이 있은 얼마 후, 강동구 강일동의 능골 1호분을 발굴한 것을 알고 현장을 가보았는데 사진 1-8과 같이 금성분을 조성한 흔적이 발견되었다.

우선 인위적으로 산의 흙이 아닌 개흙(하천의 점토)과 메흙(모래와 검은색의 흙이 섞인 밭 흙)으로 매립한 곳이 있었으며 돌출된 암반층을 깎아서 평탄하게 정리한 표면도 나타났다.

전체적으로 고분을 조성하기 위해서 다듬은 흔적이 나타났으며 일본의 전방후원분에서 나타나고 있는 분묘 조성 당시 계단 모양으로 3~4단계를 이룬 층위가 이곳에서도 발견되었다. 단단한 석비레 층에는 일정한 간격을 두고 사진 1-8과 같이 층위가 남아 있었다. 이것들은 고분을 조성할 당시의 흔적으로, 일본 전방후원분을 조성할 때와 같은 방법으로 표면을 다듬은 것이 밝혀진 것이다.

그러나 암사동 금성분은 도로를 확장하면서 남은 흔적까지 파괴되고 말았다. 우리의 현주소를 그대로 보여 주는 일이 아닐 수 없다.

11) 인천 장구산 금성분

한강권 일대 금성분이 다른 곳에서도 있을 것이라는 생각으로 현재까지도 완벽한 형태로 남아 있는 금성분을 찾아냈다.

본 유적은 오순제 교수와 함께 찾아낸 유적으로, 마을 이름 자체가 남쪽에서 흔하게 발견되고 있는 장고산 고분의 명칭과 같은 장구미라서 조사하게 되었다.

위치는 인천 서구 감포 2동으로 그 마을 앞에는 장구산이라는 작은 야산이 있었다. 그 야산의 한쪽은 8각으로 다듬은 흔적이 있었고 한쪽은 삼각의 꼬리가 조성되어 있어 전형적인 금성분의 모양을 띠었다. 또한 산 아래 주위에는 지금도 호(壕)를 판 흔적이 남아 있다. 산의 한쪽 면은 그 당시에 삭토(削土)되어서 단단한 석비레 층이 돌출되어 있어서 8각 형태임을 알게 되었다.

남쪽이 8각이며 북쪽이 꼬리로 조성되어 있으며 벌판에 독립되어 있는 작은 야산이었다.

[사진 1-9] 인천 서구 감포 2동 장구미 마을의 금성분과 주위의 해자

세밀한 조사는 하지 못하였으나 틀림없이 금성분임을 알게 되었으며, 한강권에는 이러한 고분이 많이 있었으나 개발 관계로 훼손되어 없어진 것이 많다는 것을 알 수 있었다.

작은 금성분은 오랜 세월로 인하여 모양이 변형이 되어 구분하기 힘들 정도이며 큰 것도 세밀한 조사를 하지 않고서는 알 수 없을 만큼 변화되었다.

지금까지는 금성분이 한강권에 없는 형식의 고분인 것으로 알고 있었으나, 전국적으로 백제 문화권에는 초기부터 이용된 고분 문화로서 중요한 곳마다 있었다는 것이 최근에 밝혀지고 있다. 또한 최근에는 가야 지역에서도 이 묘제가 적용되었다는 것이 밝혀지고 있다. 제대로 발굴하여 찾아낼 생각을 않고 일본의 고유 묘제라고 결론짓는 우를 범하게 되었던 것이다.

이 무덤은 일반적인 사람보다 나라를 위해서 일하였던 수장 급에 해당되었기에 백제의 특정 지역에 조성했다.

전남 화순군 능주면의 백제 치소(영벽정 건너편)의 지석강변에서도 거대한 금성분이 발견되었으며 그 위에는 강돌의 즙석으로 표시한 금성분이 발견되었다.

특히 능골 1호분 같이 기존에 있는 산을 다듬어서 조성한 무덤이 많이 있는 것으로 조사되고 있다.

앞에서 밝힌 것처럼 우리말에서 산(山)의 어원은 '뫼' 이며, 무덤의 '묘'는 '뫼'와 유사한 음이다. 무덤을 산소라고 하고 오늘날 봉분에 꼬리가 달린 무덤을 조성하는 것도, 금성분의 잔재가 남은 것으로 보인다.

금성분은 우리 민족의 고유 묘제라는 것이 밝혀지고 있다.

한강권에 거대한 금성분이 발견되자 금성분에 묻혀 있는 피장자의 주체가 어느 부류에 속하는 인물인가에 대한 관심이 집중되고 있다.

태양을 호위하는 금성을 상징하는 분묘라는 점에서 본다면 왕보다 장군이나 귀족일 가능성이 있으며, 신라의 문무대왕릉처럼 일부에는 왕이 매장되었을 가능성도 있다.

[사진 1-10] 인천 서구 감포 2동 장구산 고분의 원경

[사진 1-11] 8각 일부가 발굴된 제명천황릉

일본에서는 왕들이 묻혀 있다고 보는데, 백제의 제후국 즉 동쪽의 샛별인 금성이라는 상징성에서 조성한 묘제인 것이다. 서쪽의 저녁별은 중국의 요서

지역이다.

사상에 따른 이러한 구조로 형성하는 것이 고대의 통치제도였다. 이를 입증하는 유물은 제후국에 하사한 칠지도에서도 입증되고 있다.

즉, 큰 태양인 '구다라' 백제의 동쪽에 샛별로 지칭되는 거대한 금성분을 일본에 조성함으로써 일본이 백제의 제후국이었음을 밝힌 것이다.

최근 이를 입증하는 유적이 일본에서 발굴되었다.

서기 660년에 백제가 멸망하자 그 이듬해에 4만 5천명에 이르는 대규모 구원군을 조직한, 일본 여왕(제명천황(齊明天皇), 재위 655~661년)의 8각 무덤이 2010년 12월에 발굴되어 화제를 모았다.

이 여왕은 군대를 몸소 이끌고 오늘날의 후쿠오카까지 갈 정도로 백제를 되살리기 위해서 애를 썼으나, 백강전투에서 당 군대에게 참패를 당하면서 백제 부흥은 끝나고 말았다.

제명천황의 무덤을 발굴한 결과, 한강권에서 발견되고 있는 8각분과 동일하다는 점에서 제명천황이 백제인이라는 것이 밝혀지고 있다.

이와 함께 8각은 금성을 뜻하고 금성은 태양을 호위하는 역할로서 일본은 큰 태양인 '구다라' 백제의 식민지임이 고분에서 입증되고 있다.

12) 우리나라의 금성(金星) 문화

동양사상의 뿌리가 되었던 음양오행의 오행설이 금성과 관련되어 있는 만큼, 금성 문화를 알지 못하면 고대의 사상을 이해할 수가 없다.

우리는 예부터 야외에서 음식을 먹을 때 '고수레' 외치면서 의식을 행해 왔으나 그 내용이 무엇인지는 지금까지 알 수 없었다.

이와 함께 강강술래의 뜻과 음력 5월 5일의 단오 등이 그동안 뜻을 알지 못하였으나 모두 금성과 관련되어 있음이 밝혀지고 있다.

단오는 금성과 관련된 날이다. 우리나라의 삼대 명절은 설날과 팔월 한가

위와 단오 절기인데, 각각 해・달・금성이라는 하늘에서 제일 밝은 천체와 관련된 제의에서 유래되었다.

단옷날을 수릿날이라고 하는 것은 금성과 관련이 있다는 표현이다. 이와 어원이 유사한 수레바퀴의 수레, 야외에서 음식을 먹을 때 하는 의식인 고수레의 수레, 남해안 지역의 부녀자들이 하는 강강술래 수릿, 수레의 술래 등은 모두 금성을 표현한다.

금성과 관련된 문화의 종류와 내용을 간단하게 살펴보면 다음과 같다.

금성에서 발생한 문화의 종류

문 화	내 용	표현된 문화성
1. 오행사상	금성의 제각기 다른 5가지 운행이 오행사상의 기초가 됨	동양의 음양오행사상은 태양은 음양으로 금성은 오행으로 운행하는 천문에서 발생함
2. 군사 문화와 올림픽	금성은 항상 태양 주위를 호위하는 것처럼 운행하므로 호국의 별로 보게 됨	전쟁의 신(神)이자 호국적인 상징으로 각종 군사 제도에 금성의 5가지 운행과 공전 주기인 8년을 상징하는 8이 적용되었고, 올림픽에 5종 경기가 생겼음, 초기 올림픽은 8년마다 개최됨, 거북선 제작의 기본 사상
3. 생활 문화(단오제)	금성의 5가지 운행과 5월 5일은 금성 제의에서 시작됨	단옷날을 수릿날이라 하며, 이날 쑥으로 만든 음식을 수리취(戌衣翠)라 함. 택견, 씨름, 그네뛰기, 창포머리 감기, 수신제 등
4. 용(龍), 도깨비 문화	금성이 물처럼 하늘과 땅으로 오르내리며 운행하고 때로는 보이지 않는 것에서 물의 신(神) 용과 도깨비로 상상하게 됨	용과 관련된 각종 해자(垓字)와 하천과 연못 등의 명칭과 용왕제 등 방대한 용신 사상과 도깨비 문화로 발달
5. 팔작지붕과 오색단청	격이 높은 건물에 적용된 팔작지붕과 오색단청 문화	신전 건물에서 시작된 우리나라의 건축 문화
6. 철과 관련된 치우 문화	금성의 회전하거나 보이지 않는 다양한 운행 때문에 군사의 별로 보면서, 무기로 사용된 철과 관련된 군사 문화에 적용	군사와 관련된 치우 문화로서 병기인 철과 관련된 문화, 고분 벽화의 대장장이 신(神)과 무기류의 철기 문화
7. 탄생(誕生)의 연관성과 승리의 여신(女神) 상(像)	금성은 아침별과 저녁별로 각각 263일간 떠 있는데, 사람의 수태기간인 266일과 유사하므로 탄생과 관련됨	고대 지모신(地母神)과 다산(多産)의 사상, 이성산성 정상의 8각 내부의 탄생 조형물, 수레바퀴 토기의 새순 모양의 형상 등. 서양에서는 여성의 별인 비너스로 여김

8. 8각의 각종 문화재	금성의 공전 주기인 8년에서 8각의 문화가 형성됨	8각 우물, 8각 무덤(금성분, 일명 전방후원분), 8각탑, 8각 건물
9. 놀이 문화	남해안에서 성행한 여자들의 공동적인 놀이로서 밤에 거행하며 군사적인 내용이 결부되어 전해지고 있음	강강술래
10. 자유자재의 움직임과 회전(回傳) 행동	제각기 다양한 금성의 5가지 운행에서 군사 제도, 병법 무술, 무기와 생활에 적용	고분 벽화의 수레바퀴의 신과 가야의 수레바퀴 토기 등
11. 금성을 상징하는 어원과 문자	금성이 운행하는 모양이 아라비아 숫자 8 또는 한자 八모양이기에 회전하는 수레바퀴와 인체의 팔로 표현함	일본의 8번 신사, 고려시대의 팔관회, 팔과 관련된 지명 등
12. 금성 관련 어원의 종류	수라상, 수라간, 아수라, 수릿날, 수리취, 고수레, 강강술래, 인생살이 팔자, 잘하는 재주의 18번 등	고대 지명과 군사적인 용어 등이 많음
13. 오행점술과 삼강오륜	화・수・금・목・토를 상생・상극 등으로 구분하여 점괘를 얻어내는 오행점	오행은 방대한 많은 분야에 적용한 행동의 기본으로 다양하게 적용됨
14. 오행치수법(五行治水法)	물 수(水) 변의 갈 거(去)자로 형성된 법(法)이라는 한자는 호국의 상징이자 물의 신(神)인 금성을 바탕으로 하늘의 법을 정한 것	세계 최초의 치수법을 창안, 모든 법(法)의 기초가 천한수(天漢水)사상에서 발생함
15. 무궁화 꽃	중앙 꽃술은 태양이며 꽃잎 5개는 금성을 표현함	무궁화 꽃은 금성과 태양을 종합 상징한 소도(蘇塗)에 심은 전통의 꽃

위와 같이 간단하게 열거하였으나 사실 그 내용은 더욱 방대하다. 유물로는 쌍어문(雙魚文)과 무령왕릉의 숟가락 등에 이르기까지 다양하게 나타나고 있어 금성학이 얼마나 방대하고 비중이 큰가를 알 수 있다.

고수레라는 표현의 '고'는 고구려라는 나라명에서도 알 수 있듯이 높다는 뜻이다.

『삼국사기』에 이르면 고구려 유리왕 31년(서기 12년)에 중국의 한이 고구려왕을 하구려후(下句麗侯)라고 낮추어 지칭하자 한을 자주 침범하였다고 한다.

'고'가 높다는 뜻이므로 고수레는 높은 수레의 의미이다. 군사의 신(神)인 금성에게 제물을 바치는 의식이 고수레인 것이다.

치우는 전쟁의 신으로 지금까지도 기와의 용머리에 붙이는 귀면(鬼面)으로 잘 알려져 있다. 귀면 기와의 형상은 용을 정면으로 바라본 것으로 물을 막아내는 기와의 속성에서 용과 치우는 같은 계열임을 알 수 있다. 금성은 바로 이 치우의 별이다. 또한 맹수에 속하는 용 문화와 관련해서도 전쟁의 신이 되어 적을 막는 해자(垓字)에는 용의 이름을 적용한 예가 많다.

위의 내용에서 의문이 되는 것을 상세하게 설명한 것은 다음과 같다.

(1) 강강술래

함께 손잡고 줄지어 서서 즐기는 여자들의 놀이 문화인 강강술래가 대중들에게 파급되고, 지금까지도 공감·정착될 수 있었던 것은 이러한 놀이를 하지 않으면 안 되는 특성이 있었기 때문이다.

강강술래는 어떤 특성이 있었기에 발생하였으며 지금까지 전해지고 있는 내용은 무엇인가.

① 서남해안에서 성행하였으며, 바다와 여자들과 관련이 많은 놀이로 지역적인 특성이 있다.
② 서로 손을 잡고 추는 원무(圓舞) 또는 나선무(螺旋舞)로, 둥글게 돌고 나선으로 회전하며 움직인다.
③ 세시 풍속의 일종으로 고유 전통이 배어 있다.
④ 여럿이 손을 잡고 줄을 지어 하는 놀이로서, 개인적인 놀이가 아닌 단체로 하는 놀이이다.
⑤ 이순신이 해전을 할 때 동원된 놀이로 알려지고 있다.
⑥ 영어의 D와 e자 모양으로 돌고, 춤사위는 왼발부터 시작하며 놀이 중에 거북등타기가 있다.
⑦ 술래라는 말에는 돌아다닌다는 의미와 마차 바퀴의 수레의 의미가 담겨서 돌아다니거나 돈다는 의미가 있다.
⑧ 거북선과 남생이 놀이에서의 거북은 음양을 교차하는 곳에 사는 동물

로서 고대로부터 수신과 관련되어 있다.

⑨ 강강술래는 단옷날에 하는데, 단오는 금성과 관련된 명절이다. 조선시대의 단오와 관련된 전통을 살펴보면 다음과 같이 강강술래와 관련된 수레의 내용이 있다.

> 단오를 속된 이름으로 수릿날(戍衣日)이라 한다. 수리의 우리말은 수레(車)이다. 이날 쑥으로 떡을 만드는데 수레바퀴 모양으로 만들어 먹는다. 그러므로 수릿날이라 한다.
>
> 『경도잡지』 단오편

(2) 술래

술래라는 말이 어디에서 유래되었는가를 살펴보자.

임금이 먹는 밥을 '수라'라고 하는 것은 금성을 지칭하는 수레와 같은 맥락임을 알 수 있다. 그래서 무령왕릉에서 발굴된 왕의 숟가락이 금성분 모양과 같은 것이다.

단옷날을 수래와 관련된 수릿날이라고 한다는 점에서 강강술래라는 말도 금성과 관련이 있다. 단옷날은 금성과 관련된 제사와 축제가 명절로 이어진 것이며 강강술래는 금성과 관련된 놀이 문화임을 어원에서도 알 수 있다.

이순신 장군은 물의 사자(使者)인 거북이 모양을 본뜬 배를 건조하고, 하늘의 용신인 금성과 관련된 강강술래를 해서 전쟁의 신이 보호해 주기를 기원하는 주술적인 유희를 열었던 것이다. 하늘의 용·금성을 숭배하는 군사 문화에도 모두 같은 뜻이 들어 있다.

결국 강강술래는 밤하늘의 수레 놀이로서 군사의 별인 금성의 치우신(蚩尤神)을 불러 적을 물리치고자 하는 주술적인 뜻이 배어 있으며 하늘의 뜻이 포함되어 있는 놀이이다.

동양에서는 금성을 음(陰)의 별이라 하며 서양에서도 미의 여신인 '비너스'라는 이름으로 부르는 데에서 알 수 있듯 금성은 여성과 관련되어 있다. 여성과 관련된 놀이와 부합되는 것이 금성 문화인 것이다. 금성은 아침별로 263일, 저녁별로 263일간 운행을 하는데, 이는 여성의 평균 수태기간(약 266일)과 같다. 그래서 금성을 여성의 별로 보게 된 것이다.

강강술래를 살펴보면 금성의 운행 궤적(軌跡)과 같이 손잡고 빙빙 도는 수레 형상으로 놀이를 전개한다.

강강술래 중에 영어의 D자나 e자 모양으로 도는 것은 금성의 운행 궤적과 같아 금성의 놀이 문화임을 입증한다.

이렇듯 강강술래와 관련된 여성, 군사, 밤, 회전하는 수레 등은 모두 금성의 특성을 표현한 것이다.

강강술래는 여성의 군사 놀이 문화로서 천한수(天漢水, 금성이 유영하는 하늘의 은하수를 말함(韓: 은하수 한))와 관련된 놀이이며, 달과 금성이 연계된 밤하늘의 축제이다. 감강은 어두운 밤의 강과 관련된 것으로 감강술래가 원어인 듯하다. 검, 감, 곰 등은 성스러움과 어두움 등으로 표현되는 만큼 강강술래를 신(神)과 관련된 주술적인 무희 놀이로 본다면 그 시작의 근원은 신시시대로 올라갈 만큼 오래된 풍속이다.

금성이 수레처럼 돈다고 하여, 금성이 태양을 보좌하는 역할을 하기에 임금이 먹는 밥을 만드는 부엌을 수라간이라 하고 임금의 밥상을 수라상이라고 하는 것이다.

'수라'라는 뜻은 금성의 대명사로서 태양인 왕을 보좌하는 역할로서 우리가 흔히 쓰는 아수라(阿修羅)장이 되었다고 하는 수라(修羅)는 싸움 잘하는 용맹스러운 귀신의 이름으로 군사와 관련된 명칭임을 알 수 있다.

고대에 천문이 발달했던 우리나라는 금성과 관련된 오행치수법(五行治水法)을 최초로 창안했으며 제일 규모가 큰 금성분을 만드는 등 금성 문화가 생활 곳곳에 적용되어 있었다.

(3) 팔작지붕과 오방색의 단청

우리나라에는 세계에서 보기 드문 팔작지붕이 있는데, 그 지붕이 조성된 건물들은 다른 건물과 달리 다음과 같은 특이점이 나타난다.

① 부속 건물보다 권위적인 중심 건물이며 정전(正殿) 건물이다.
② 다른 건물과 달리 건축 과정이 복잡하고 비용이 많이 드는 고급 건물에 속한다.
③ 다른 건물에 없는 풍판이라는 바람이 통하는 창이 조성되어 있다. 이는 일반적인 건물이 아님을 나타낸다.
④ 팔작(八作)이라는 명칭에서 8각 탑, 8각 우물, 8각 무덤과 같이 8과 관련된 상징성이 있다.
⑤ 지붕 구조에 용마루, 용두 등 용과 관련된 내용이 포함되어 있다.
⑥ '팔'의 의미는 금성의 공전 주기인 8년이며 한자 '八'의 모양은 금성의 운행 궤적(軌跡)과 같은 것으로, 금성과 관련된 뜻이 포함되어 있다.
⑦ 하남시 이성산성에서 금성의 신전 건물이 8각으로서 금성과 관련된 문화를 건축에도 적용하였던 것이다.
⑧ 오방색(빨강, 파랑, 노랑, 흰색, 검은색)을 사용한 단청은 오행의 문화로서 금성의 오행에 근원을 둔 건축물이다.
⑨ 용마루라는 명칭에서 지붕은 비를 막는 물의 신(神)인 용과 관련되어 있음을 알 수 있는데, 용 문화는 금성과 관련되어 있다.

위의 내용을 살펴보면 팔작과 오방색은 금성의 공전주기 8년과 금성 궤적 5가지를 뜻함을 알 수 있다.

동양의 오행설이 건물의 팔작지붕과 단청에도 적용되었던 것이다. 용을 상징하는 용마루와 하늘과 통하는 풍판 등도 금성 문화에서 발달한 것이다.

음양오행과 관련된 것이 동양의 생활 문화에 깊숙이 배어 있는데 그중에서도 우리나라에 더욱더 적용되어 있음이 밝혀지면서 오행 문화의 발생 지역이 한반도라는 것이 입증되고 있다.

(4) 수레바퀴 토기

수레바퀴가 달린 토기가 가야 지역의 여러 무덤에서 발굴되고 있다. 지금까지 이에 대해 망자가 수레를 타고 저승으로 가도록 인도하는 제사용 토기라고 해석해 왔다.

그러나 조사된 바에 의하면 하늘로 인도하는 사자는 대부분 새로, 용궁으로 인도하는 것은 거북이로 묘사되었다.

수레바퀴 토기는 회전과 물이라는 뜻이 함께 포함된 토기이다.

단오를 수뢰(水瀨)날로 표현하는 것과 같이 물과 소용돌이에 해당되는 금성의 속성을 빌려 제를 올렸던 토기였다.

그러므로 이 토기가 출토된 무덤은 왕이나 그 측근에 해당되는 지체 높은 주인의 것임을 알 수 있다.

(5) 고수레

일본에서는 병을 물리치는 약을 구스리라고 하는데 부정한 것을 방지하고 막는 것이 약이기에, 하늘의 군신(軍神)인 금성을 표현한 것이다.

금성은 수레처럼 회전하는 군신(軍神)으로 추앙받는 높은 신으로, 고수레는 이 금성의 신에게 제물을 바치는 풍속이다.

즉 치우신(蚩尤神)인 금성에게 재앙을 물리쳐 달라고 제물을 바치는 고사로서, 고수레라고 하였던 것이다.

이성산성 정상에는 8각의 도형 속에 벌레와 같은 모양의 상징성이 있는 조형물이 발견되어 다양한 신(神)을 숭배하여 왔던 것으로 보인다.

탄생과 관련된 보이지 않은 작은 미물까지도 금성과 관련 있는 것으로, 지금의 병균과 같은 부정함이 없도록 고수레 신에게 제물을 바쳤던 것이다.

고수레는 높이 있는 수레로서 육안으로 보기에 하늘에서 수레처럼 회전하면서 운행하는 금성은 부정함을 막는 치우신으로 숭배되어 왔던 것이다.

(6) 도깨비 문화

수막새 기와 중에는 귀면와(鬼面瓦)라고 하는 도깨비상의 기와가 있다.

지붕 기와에는 물을 막는 상징성이 있는 형상을 새겨 넣는다. 그래서 용과 관련된 형상을 새긴 막새기와를 용마루 끝에 붙인다.

도깨비 역시 물과 관련된 상상의 귀신상이다.

금성이 때로는 보이지 않다가 새벽별 또는 저녁별로 나타나기도 하고 자유자재로 움직이기에, 고대인들의 관념에서 도깨비라는 해학의 상징으로 많은 이야기 소재가 되었던 것이다.

갑자기 보이지 않다가 동에 번쩍 서에 번쩍 하고 괴상하게 운행을 하는 금성을, 일반적인 무서운 원귀들과 달리 해학적이고 소원을 들어주는 도깨비로 본 것이다.

(7) 쌍어문(雙魚文)

TV 공영방송은 김해 가야의 수로왕릉에 새겨진 쌍어문을 두고 인도에서 전해진 것이라고, 잘 모르는 사람들이 오판하도록 방영한 적이 있다.

쌍어문과 관련된 문양을 두고 다양한 설이 있으나, 이는 천문과 관련된 것으로 전세계적으로 나타나는 고대의 문양이다.

쌍어문은 금성이 천한수(天漢水)에서, 새벽별과 저녁별로 나타나는 현상을 표현한 것이다. 금성이 물고기처럼 운행을 하기에 금성분(金星墳) 주위에 물을 채우는 것과 같다.

극동 지역에 있는 우리나라가 나라 이름으로 쓴 조선(朝鮮)이라는 글자의 선(鮮)에도 물고기와 관련된 뜻이 포함되어 있다.

물고기를 뜻하는 어(魚)자가 포함되어 있고 양(羊)자는 대개 짐승인 양으로 보지만 노닐다 · 별 양(陽)자와 동일한 뜻도 있다.

조선(朝鮮)이라는 나라 이름은 아침에 태양 주위를 노닐고 있는 물고기, 즉 금성(金星)을 표현한 것이다. 즉 조선은 '아침(朝)에 태양 주위를 도는 물고기인(鮮) 샛별(금성)이 떠 있는 위치에 있는 나라'라는 뜻이다.

금성은 음(陰)과 관련되어 있고 운행하는 모양이 물고기와 같기 때문에 고대인들은 금성을 천한수의 물고기로 표현하였던 것이다.

지금까지 식민사학자들은 어떤 특이한 것이 있으면 대부분 다른 나라와 결부하여 수입된 것으로 여겼다. 그러나 금성 문화가 그 어느 나라보다 다양하게 발달한 우리나라는 자생적으로 쌍어문과 관련된 문화가 발생할 수 있는 곳이다.

금성과 관련된 극동 지역이며 물고기와 같은 세계 최대의 금성분 주위에 물을 채운 유적을 지닌 나라의 쌍어문이, 다른 지역에서 유입된 문화라고 단정짓는 것은 얼마나 즉흥적인 판단인가.

우리나라 고대 문화의 다수는 떠오르는 태양과 금성과 관련된 문화로서 그 중에서도 금성의 문화가 수적으로 우위를 차지하고 있다.

동방과 관련된 극동에 속하는 위치이기에 필연적으로, 떠오르는 태양과 새벽별인 금성과 관련된 문화가 다른 나라에 비해 발달한 것이다.

위에서 열거한 내용 이외에도 많은 부문에서 금성과 관련된 문화를 연구하고 있다. 달과 북두칠성 또는 다른 별들과 관련된 문화도 연구되고 있으나 금성이 가장 오랫동안 연구 과제가 되어 왔다.

수천년 동안 우리 문화의 중심이 되었던 천문사상은 1,600년 전에 유입된 불교와 조선시대에 번성한 유교에 의하여 점차 소멸되고 말았다. 그러나 과거에는 우리 민족이 세계 어느 민족보다 금성과 관련된 사상이 깊었고 그것을 다양한 문화에 적용했다는 것이 밝혀지고 있다.

우리의 민족은 떠오르는 태양과 희망의 샛별을 보다 더 동경해 온 것이다.

13) 백제의 해자(垓字) 조성과 수전 재배

고대에는 전쟁 때 적의 침입을 막아내기 위해서 성을 쌓고 황참(隍塹)이나 해자를 파기도 했다.

지금의 창녕에는 가야시대에 비화가야의 왕도를 보호하기 위해서 우포늪을 인위적으로 조성한 것과 영산의 유동·번개·장척과 같은 거대한 늪지를 조성한 것으로 밝혀지고 있다.

백제 지역에도 평지에서 적을 막기 위해서 이러한 늪지를 조성하였다는 것이 여러 유적에서 발견되고 있다.

일본 정부는 백제가 멸망한 후에 신라와 당의 침입에 대비하여 수성(水城)을 쌓았는데, 그 규모는 전장 1.2km, 기저부의 폭 80m, 높이 14m로 인력으로 쌓은 토성이다.

위치는 일본의 복강현(福岡縣: 후쿠오까) 대야성시(大野城市)로서 수성(水城: 미즈기) 가운데에는 어립천(御笠川: 미카사가와)이 흐르고 있다.

수성이란 이름은 바다 쪽으로 향해 있고 폭 60m, 깊이 4m의 호를 파서 물을 저장했기 때문에 붙인 것이다.

수성은 백제인들이 주축이 되어 쌓은 성이다. 이러한 거대한 해자를 조성한 백제인들이라면 한반도의 백제 지역에서도 이러한 구조의 해자가 발견되어야 한다.

이제 백제 지역에 조성된 수리 시설로 전해지는 유적을 검토해 보고자 한다.

지금까지 고대의 성곽에 대해서는 알고 있었으나 일본의 수성과 같이 평지를 막아서 해자를 설치하거나 연못을 조성하는 것에 대한 연구는 깊이 있게 한 적이 없었다.

최근 연구에 의하면 물을 이용한 운하(運河), 해자(垓字)와 농업용의 물길 등이 구분하기 어려운 상태에서 잘못 알려진 내용이 많다.

저수지는 산에서 내려오는 물을 저장하기 위하여 산의 계곡을 막아서 물을 저장하여 아래로 내려 보내는 것으로 물을 농업용으로 활용하는 면에서 보다 유리하다. 즉 높은 곳에서 아래쪽의 논이나 밭에 급수하는 것이 정상이며, 저수지에서 산의 계곡을 막는 것이 보다 쉬운 댐 조성 방법이다.

그런데 지금까지 고대 저수지로 알려진 곳 중에는 넓은 평야 지대를 막은 곳들이 있어 많은 의문이 생긴다. 무엇보다 벌판을 가로막아 거대한 저수지를 조성하는 공사에는 저수량과 침수면적 등 여러 가지 문제가 있기에 이해하기 어려운 내용이 많다.

벌판에 만들어졌는데도 예부터 저수지로 알려진 곳들의 축조 배경이 무엇인가를 살펴보자.

① 황등제: 전북 익산시 황등면 황등리(요교 주변), 만경강 지류의 탑천을 막아서 저수지를 조성한 곳이다. 〈바다까지 직선거리 약 12km〉

② 벽골제: 전북 김제시 부량면 신용리, 원평천을 막아서 저수지를 축조한 곳이다. 〈바다까지 직선거리 약 7km〉

③ 눌제(訥堤): 전북 정읍시 고부면 관청리, 고부천을 막아서 저수지로 축조한 곳이다. 〈바다까지 직선거리 약 16km〉

황등제, 벽골제, 눌제 모두 부안군을 중심으로 새만큼 간척지로 이어지는 강과 연결되어 있다.

이러한 군사적인 중심지가 되었다는 것은 그 일대가 백제의 큰 세력권이 형성된 곳임을 입증한다.

이들은 익산을 비롯한 전주와 완주 지역을 보호하는 해자로서 고대에 이 지역이 얼마나 중요한 곳인가를 알게 해 주는 보호 설비이다.

이들의 공통점은 다음과 같다.

① 하천 좌우를 막아서 해자를 설치한 구조이다.

② 바다에서 하천을 통하여 들어오는 길목에 설치되어 있다.

③ 세력권이 형성된 위치로 일본의 수성처럼 해자가 조성되어야 할 곳에 있다.

④ 바다에서 7∼16km 떨어진 내륙에 조성되었다.

위의 내용을 종합하면, 조수 간만의 영향을 받는 위치를 벗어나고 바다에서 들어오는 일정 거리를 두고 위치를 정하였다.

3곳 모두 바다에서 하천을 따라 배가 들어오는 장소를 막은 것으로 해양 통로와 관련이 있는 해자임이 드러난다.

이것은 일본의 수성과 같은 구조이며 백제 문화권에 조성된 수리 시설들과 일본 수성과 비교를 하면 다음과 같다.

일본 수성은 바다에서 직선거리로 약 13km 정도 내륙에 들어온 위치로서 황등제, 눌제와 유사한 거리에 해자를 조성하였다.

벽골제, 왕등제, 눌제 모두 일본 수성의 원류임을 알 수 있는 유적으로 백제 지역에서 동일하게 나타나고 있는 수리 시설이다.

다만 국내에서는 수리 시설을 모두 농사용으로 보고 있으며 일본에서는 수성의 둘레에 호를 조성한 것이 남아 있다.

국내의 수리 시설도 원래 조성할 당시에는 해자였으나 이를 농업용 물길로도 사용할 수 있기 때문에 변화가 되거나 경제성이 낮은 관계로 없어지기도 하였던 것이다.

특히 벽골제는 돌로 만든 수문이 여러 곳에 조성되어 있기 때문에 저수지로만 사용하였던 것으로 보았다. 그러나 원래는 해자로 조성하여 하천과 벌판을 막는 것이 주목적이었지만 후일에 부분적으로 물길을 이용하여 벼농사에 사용하였던 것이다. 그러다 저수지로서는 경제성이 없어 조선시대에는 모두 사용하지 않았다.

사진 1-12의 지도에서 태재부의 수성을 살펴보면 수성(水城: 미즈기) 가운데

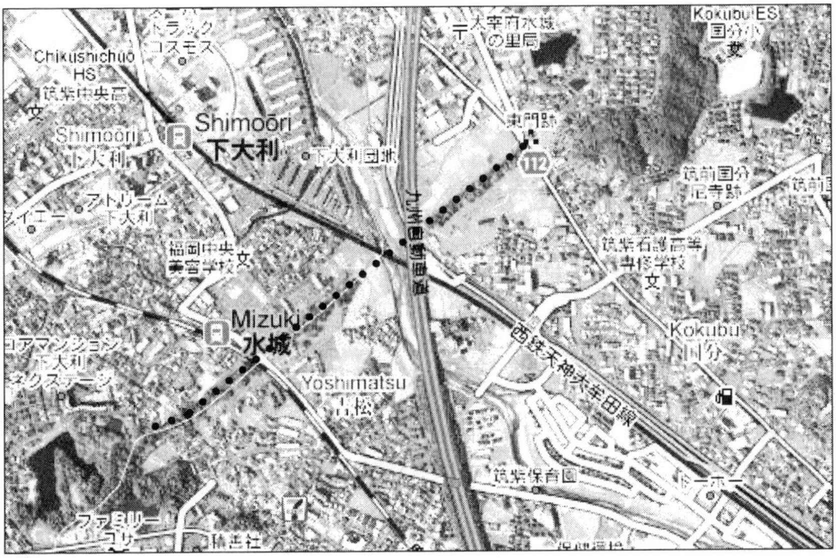

[사진 1-12] 백제인들이 조성한 일본 태재부의 수성(벌판을 막은 나무 심은 위치)

에는 어립천(御笠川: 미카사가와)이 흐르고 이를 가로막아(나무 심은 곳, 사진의 점선 참조) 수성을 축조하였다.

또한 일본 수성은 벌판의 하천을 막은 구조도 우리나라의 해자와 동일하다.

즉 황등제와 눌제 등은 일본 수성의 원류로서 백제인이 조성한 해자임을 알 수 있다.

정읍시에 조성한 눌제는 사진 1-13에서 보이듯이 야산 사이로 흐르는 고부천을 가로 막아 벌판에 조성한 해자이다.

벽골제는 동서로 흐르는 원평천을 남북으로 막아서 조성한 제방이다.

황등제 역시 탑천을 남북으로 막아서 조성한 제방으로 바다에서 하천을 따라 들어오는 길목을 차단하였던 해자라는 것을 알 수 있다.

평야 지대를 막아서 농업용 저수지로 조성하는 것이 합리적이지 못한 것은 침수면적이 넓어 경제성이 떨어지기 때문이다.

그래서 많았던 평야 지대의 해자들은 모두 매립 · 폐기되어 후대까지 보존

[사진 1-13] 고부천을 막아 조성한 정읍의 눌제(동서 방향으로 막은 해자)

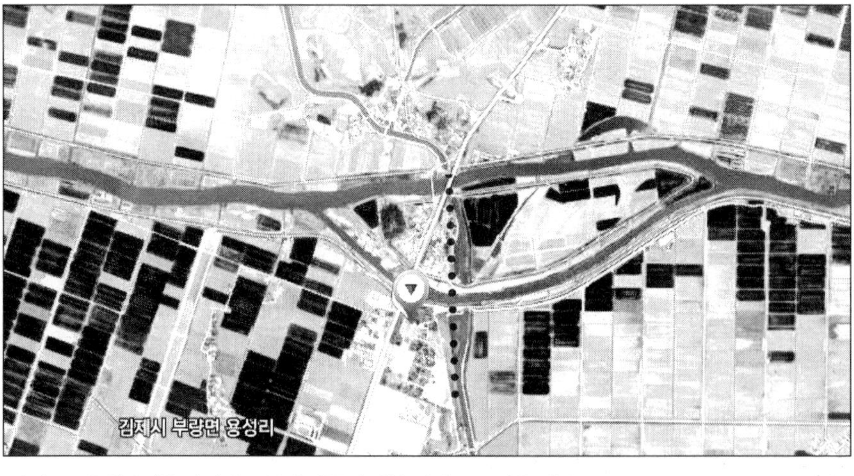

[사진 1-14] 원평천을 막아서 조성한 벽골제(남북 방향으로 막은 해자)

되지 않았던 것이다.

지금까지 일본 수성까지 4곳의 수리시설은 하천이 흐르는 길목의 평야 지대에 백제인들이 조성한 것으로 모두 해자로 사용한 수리 시설임을 여러 면으로 밝혔다.

전주・완주・익산 지역을 보호하기 위하여 바다에서 들어오는 물길의 하

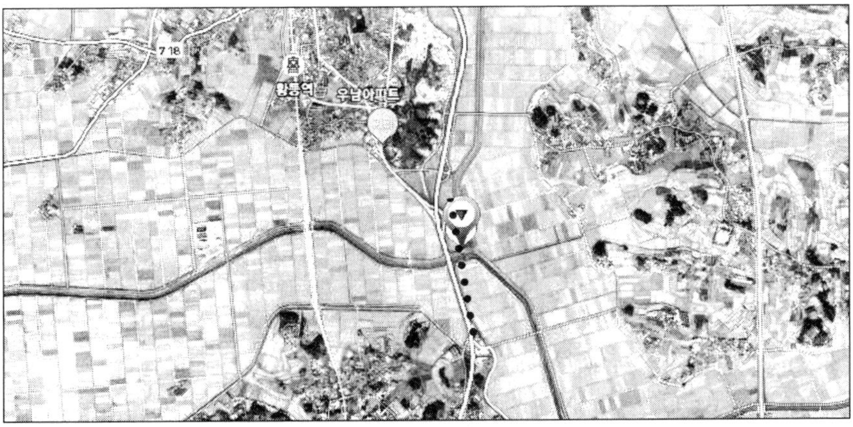

[사진 1-15] 탑천을 남북으로 막아서 조성한 황등제

천을 차단한 해자 시설을 조성하지 않으면 안 되었던 이유를 살펴보면 알 수 있다.

백제가 한성 지역에서 고구려와 싸울 때 고구려 수군이 한강으로 배를 타고 들어 왔었다는 기록이 있는데, 이를 통해 당시에는 강이 침입의 통로가 되었던 것을 알 수 있다.

또한 당이 13만 대군을 거느리고 바다를 건너 왔었다는 기록에서 당시 해상 활동이 얼마나 활발하였는가를 알 수 있다.

백제는 중국에 거점을 두고 군사 활동을 하였다는 수많은 내용들이 중국의 정사에 나타날 정도로, 항상 바다 쪽을 경계해야 했던 국가였다.

고대에는 보급물자를 선박으로 운송하지 않으면 전쟁을 할 수가 없었기 때문에 물길을 중요시하였던 것이다.

방어를 위한 해자와 늪지가 많이 조성되면서 논농사도 발달하게 된다.

(1) 수많은 해자와 늪지 조성으로 인한 수전(水田)의 발달

우리나라는 열대 지방이 아닌데도 벼농사가 발달하게 된 원인은 무엇일까? 특히 봄철 모내기는 저장된 물이 없으면 하기 어렵다.

왜정시대 만주로 이주한 우리 민족은 중국인들이 농사를 짓지 않는 늪지나 저습지를 개간하여 논농사를 짓게 되면서 만주 지역에 처음으로 수전인 논농사를 보급시켰다. 중국인들과 영토 분쟁이 일어나지 않았던 것도 저습지나 물기가 많은 못 쓰는 땅을 논으로 개간하였기 때문이라고 한다.

> ① 백제 다루왕 6년(서기 33년): 2월에 나라 남쪽의 주(州) 군(郡)에 처음으로 벼농사를 짓게 하였다.
> ② 고이왕 9년(서기 242년): 남택(南澤)을 개척하여 논을 만들고 벼를 심었다.
>
> 『삼국사기』

백제는 국가 단위에서 벼농사를 처음으로 권장하였다. 그만큼 벼농사가 발달한 곳이 백제였다.

고구려가 자리 잡고 있었던 만주 지역은 벼농사가 발달하지 않았고, 백제와 가까운 산동반도 지역도 수전 농업은 없었다.

백제와 교류가 많았던 남중국의 남송과 양의 장강 변에 있는 남경이 수전 농업을 했고 적의 침입을 막는 해자가 많이 조성된 운하도시였다.

백제는 외침을 막기 위해서 늪지를 조성한 시설이 많았고 삼국사기에서도 확인할 수 있듯 이러한 늪지에 대대적으로 벼를 심도록 권장하였다.

벼 수전 재배의 발달은 군사용 늪지 조성에서 놀고 있는 수전을 활성화 시키면서 가능해졌고, 그런 대대적인 벼농사를 국가에서 권장한 것은 백제 초기부터라는 것이 기록에서도 밝혀졌다.

벼는 백제 이전에도 재배하였으나, 보다 활성화되었던 것은 백제시대였다.

백제 지역은 하천 변의 평야 지대가 많아 벌판에 해자를 조성하면서 수전 재배의 면적이 넓어지면서 논농사가 고구려나 신라보다 빨리 발달하게 되었던 것이다.

하천의 변화 과정은 다음과 같다.

자연적인 하천 → 군사용 해자나 운하(삼한, 삼국시대) → 농경용 하천(고려, 조선) → 산업용(근대)

하천의 명칭에서도 위와 같은 과정을 입증할 수 있다.

(2) 개울과 못이라는 우리말의 시원

'못'은 물이 고여 있는 웅덩이를 말하며 나무를 고정시키는 쇠못이나 나무못도 못이라 한다. 또한 못 들어오게 하다, 못 하다 등의 못은 '정지, 고정'의 뜻이 있다. 그러므로 연못에서의 못은 외침을 막는 군사 저지용 웅덩이에서 시작된 명칭임을 알 수 있다.

이와 함께 모내기, 모판 등의 말로 미루어 보아 논농사는 군사용 못에서 시작된 농사임을 알 수 있다.

하천의 물이 군사용이었던 것은 개울이라는 용어에서도 알 수 있다.

개울은 열려 있는 울타리라는 뜻이다. 여기에서 '개'는 윷놀이 용어인 도・개・걸・윷・모 뜻에서 아침에 어둠이 밝음으로 '개는' 시각으로 우리말 '열리는' 뜻과 같다. 그리고 '울'은 막는 울타리와 같은 뜻이다.

열려 있는 울타리라는 뜻의 개울은 어원상 외부를 막는 군사용으로 구성되었다는 점에서 적을 막는 군사용 하천이 많이 조성되었음을 알 수 있다.

우리나라는 좁은 지역에 많은 소국들의 심한 각축전으로 군사용 늪지를 많이 조성하면서 이른 시기에 수전 농업이 발달하게 되었던 것이다.

특히 규모가 작은 국가를 오랫동안 유지한 가야 제국에 이러한 늪지가 많았다는 것이 최근 조사에서 밝혀지고 있다.

(3) 하천과 물을 그 어느 민족보다 지혜롭게 이용하였다.

우리 민족이 지금까지 역사에서 하천을 이용한 시설들을 살펴보면 다음과 같다.

① 교통: 하천을 이용한 운하 시설로 교통에 많이 이용하였다.

② 군사: 군사용으로 늪지나 해자를 조성하여 외침을 막는 데 하천을 적극적으로 활용하였다.

③ 농업: 하천과 물을 이용한 수전이 발달하였다. 백제가 국가 차원에서 논농사를 장려한 것이 동양에서도 제일 앞선 수전 농업 정책이었다.

④ 왕도와 무덤: 하천을 하늘의 은하수와 같이 여겨 왕도나 거대한 무덤을 하천 변에 조성하였다.

⑤ 하천 경제: 세계에서 제일 오래된 8천 년 전의 통나무배가 낙동강 변인 창녕에서 발굴되어 하천 물길을 이용한 경제 활동을 하였음이 밝혀지고 있다.

⑥ 하천 에너지: 물을 동력으로 이용한 물레방아를 사용하였다.

⑦ 신앙적인 시설: 하늘과 통하는 시설로서 도시 가운데에 거대한 연못을 조성하였다(예: 한성백제시대의 궁남지와 부여 사비시대의 궁남지 등).

⑧ 용 문화: 하천과 관련된 용(龍)과 관련된 문화가 발달하였다.

⑨ 철, 토기: 사금(砂金)・사철(砂鐵) 등의 금속과 토기의 제작이 일찍이 하천변에서 발달하였다.

⑩ 고려시대에 거북선과 관련된 사상이 하천에서 발달하기 시작하였다. 태종 13년(서기 1413년)에 왕이 임진강 나루를 지나다가 거북선과 왜선으로 꾸민 배가 서로 해전 연습을 하는 것을 구경하였다고 쓰인 『태종실록』의 기록을 통해 하천에서 이미 거북선과 관련된 사상이 발달하였음이 드러난다.

2. 유물로 본 대륙 백제

1) 경화원년을사(景和元年乙巳) 명문과 중국 대륙의 백제 식민지

백제 역사에서 대외 진출에 관한 것은 논란거리이다. 그중에서도 중국의 사서에 기록된 백제가 요서 진평에 식민지를 두었다는 내용은 가장 논란이 많다.

그 기록이 제일 먼저 나타나는 문헌은 『송서(宋書)』인데 그동안 『송서』의 기록을 얼마나 신뢰할 수 있는가가 오랫동안 논란의 쟁점이 되어 왔다.

지금까지 우리 학계에서는 『송서』의 기록이 잘못되었고 그 이후의 기록들은 『송서』를 답습하여 잘못된 것이 계속 이어져 온 것으로, 신뢰할 수 없다는 주장이 우세하다. 가까운 중국 북조와 우리나라의 사서에는 나타나지 않고 거리가 먼 남조계의 사서에서만 기록으로 전해지고 있기 때문에 믿기 어렵다는 것이다.

또한 정설이 되고 있는 백제의 실질적인 건국은 3세기 말이며 그 이전은 원삼국시대라 하여 삼한과 삼국이 함께 소국을 이루고 있었기에, 백제의 식민지는 상상조차 할 수 없다는 것이 지배적인 논리이다.

한편으로는 고구려를 백제로 잘못 알고 기재하였거나 무역 정도의 교류가 일어난 것을 잘못 기재한 것으로 치부한다. 어떻게 백제가 바다 건너 머나먼 중국 땅에 식민지를 두고 다스릴 수 있겠느냐는 것이다.

특히 그 일을 제일 먼저 기록한 유송(劉宋: 후기 송과 구분하기 위해서 유송이라함)의 도읍지는 지금의 남경에 해당되는 곳인데 어떻게 그토록 머나먼 곳에서 백제의 정보를 제대로 알 수 있으며 전해질 수 있겠느냐는 것이다. 그래서 『송서』의 기록은 조선시대부터 이해할 수 없는 내용으로 부정되어 왔다.

그러나 일부에서는 『송서』나 『남제서』 등은 당대의 사가에 의해서 기록되었고, 백제 내에서는 기록할 수 없는 내용들이 많기에 사료를 부정할 수 없다고 주장한다. 기록 전체를 살펴보아도 상세한 면이 있어 믿을 수밖에 없는 기록이라는 반론이다.

문제의 핵심은 유송과 백제의 관계이다. 과연 양국관계가 어땠기에 문헌 기록이 제대로 전해질 수 있었는가 혹은 잘못 알고 있었는가 하는 것을 밝히지 못하면 풀 수 없는 내용이 되고 만다.

양국이 서로 밀접한 사이로서 빈번하게 왕래를 하면서 정보를 정식으로 공유하였는가 아니면 일 년에 한두 번 정도의 사신이 왕래하는 수교 관계였는가를 알게 된다면 문제를 해결할 수 있는 실마리를 잡게 되는 것이다.

결국 당시의 정치적인 교류와 관계된 확고한 증거물이 있어야만 논란이 종식될 수 있다.

지금까지 남조와 백제의 문화적인 관계를 알 수 있는 단편적인 유물은 많이 출토되어 어느 정도 교류가 있었다는 것을 알 수 있으나 나라와 나라 사이의 정치적인 것을 입증할 수 있는 유물은 아직 발견되지 않았다.

특히 1,600년 전 백제와 유송이 어떤 관계인가를 알 수 있는 유물이 발견되지 않았기에 문헌 기록의 신뢰성을 입증할 수 없었던 것이다.

이 문제를 풀어내고자 많은 조사 연구를 하는 과정에서 2005년도에 세계에서 제일 규모가 큰 백제의 금성분(金星墳)을 발견하면서 백제의 고분 양식이 일본으로 건너간 것임을 알게 되었다.

세계에서 제일 큰 고분을 조성할 정도라면, 중국에 진출하고 그들을 능가할 만한 힘을 가졌을 가능성이 크다.

앞 장에서 이미 밝혔듯이 일본에 조성된 금성분은 새벽별인 긍성을 상징한다. 그리고 백제의 서쪽인 중국의 요서 지방에 저녁별인 금성을 조성한 것이 자치 백제군(自治 百濟郡)이다.

일본의 아스카(새벽별 금성), 우리나라의 하남시 왕도(태양), 중국의 요서(저녁별 금성)를 연결하면 동서로 일직선이 된다.

백제는 태양숭배사상으로 일본의 아스카 지방과 중국의 요서 지역에 진출한 것이다. 이 시기에는 백제가 동양 최강의 국력을 갖고 있었다는 것이 밝혀지고 있다.

필자는 천도교 발생지인 북한산성 주변에 대한 학술조사를 의뢰할 요청이 있을 것이라는 소식을 들어 처음으로 북한산성이 어떤 성격의 유적인가를 기초 조사하던 중에 대동문 밖의 등산로에 와편이 산재되어 있는 것을 발견했다. 왜 성 밖에 건물이 있었을까 이상하게 생각하여 살펴보았다.

검은색 경질의 기와 조각에 글자들이 써 있기에 조선시대의 유물로 대수롭지 않게 생각하였으나 위치가 무언가 심상치 않아 수집하게 되었다.

얼마 후에 그 글자들을 찾아보니 '和元年乙巳'(화원년을사)라는 내용이었으며 '和'자 위에는 '小'자만 보이고 그 위는 결손되어 알 수가 없었다.

또한 '乙'자는 '巳'자 비슷하게 생겼으나 자세히 보니 나무에 각자를 하는 과정에서 비슷해진 것으로, 자형이 곡선을 이루고 있기에 '巳'자와는 다른 '乙'자임을 알게 되었다.

연호와 간지가 적혀 있는 와편으로, 기와를 제작한 연대를 알 수 있는 해당 연호 · 연도 · 간지 3가지가 동일한 때는 서기 465년에 해당되는 경화(景和)였다.

경화는 송(宋) 폐제(廢帝) 을사(乙巳)년인 서기 465년 8월부터 11월까지 단 3개월 간만 사용된 연호이다.

와편에서 '和'자 위쪽에 일부 결여된 글자와 景(경)자의 아래에 있는 '小'자도 동일하니 명확하게 입증이 된 것이다.

[사진 2-1] 화원년을사(和元年乙巳) 명문 와편

백제시대의 유물인 이 기와는 『송서』를 기록한 유송과 백제의 교류 사실을 알게 해 주는 유물인 것이다.

그리고 백제는 서기 465년 한성시대에 남조 유송의 연호를 사용하였다는 것을 알 수 있다.

왜 백제가 남조의 연호를 사용하였을까? 간단한 예로 지금은 세계 전체가 서기 연호를 사용하는 것과 같이, 국제적으로 통용했던 시대적인 단위로 보면 무리가 없다.

백제와 유송은 서로 동맹 관계로서, 백제 관리들의 관직을 유송에 추인해 줄 것을 요청하고 중국에서 활동했다는 기록으로 보아 교류가 많았음을 알 수 있다.

그렇다면 이 와편이 우리에게 주는 역사의 뜻은 무엇인가?

(1) 와편의 역사적 중요성

① 유송(劉宋)과 동맹 관계로서 송서(宋書)에 기록된 백제 관련 내용을 신뢰할 수 있는 증거물이다.

와편이 발견되면서 무엇보다 중국 대륙 내에서 대립이 심할 무렵인 남북조시대에 백제가 남조(南朝)·유송(劉宋: 서기 420~478년)의 연호를 사용하였다는 것이 입증되면서 남조와의 관계가 단순한 것이 아닌 동맹 관계로서 밀접한 교류가 있었음을 알 수 있다.

백제가 중국 지역인 요서와 진평에 식민지를 두고 군사 활동을 전개하였다는 『송서』의 기록을 입증한다.

② 유송과 백제는 군사적으로 빠르고 정확한 통신망으로 연결되어 있었다.

남조가 경화 원년(서기 465년)의 연호를 사용한 것은 8월에서 11월로 단 3개월이었다.

또한 기와에 새겨져 있다는 점에서 시기를 분석해 본다면, 북한산은 해발이 높은 산으로 음력 10월에는 결빙기가 시작되므로 겨울에는 집을 지을 수 없기에 연호가 제정된 지 길어야 2개월을 넘지 않은 시점에 기와가 제작되었다는 것을 알 수 있다.

또한 기와를 제작하는 데 소요되는 기간은 기와를 빚고 음지에서 15일간 건조하고 가마에서 굽는 것까지 합하면 약 20일이다.

유송의 왕이 교체된 것을 1개월 정도의 기간 내에, 높은 북한산성에 주둔하고 있는 군사 집단이 알고 그 연호까지 사용하였다는 것은 군사적으로 빈번한 왕래가 있었다는 것을 증명한다.

특히 지식층이 아닌 기와를 만드는 노동자까지 남중국의 연호가 교체된 것을 알고 사용할 정도라면 유송과 수시로 연락망이 형성되어 있었음을 알 수 있다.

③ 『송서』는 백제를 잘 알고 기록한 사료이며, 그 이후의 남제서의 문헌 기록도 백제와 밀접한 교류에서 편찬한 사료이다.

와편의 발견으로 백제는 남조와 가까운 사이라는 것이 밝혀졌고 유송은 물론 그 뒤를 이은 제(齊: 서기 479~502년)와 양(梁: 서기 502~557년)까지도 백제를 잘 알고 있었기에 기록을 남겼던 것이다.

그러므로 『송서』, 『남제서』, 『양서』에 기록된 백제의 중국 진출 내용은 신뢰성이 높다.

와편은 백제가 요서 진평 지역에 식민지를 두고 다스렸다는 문헌 기록이 믿을 수 있느냐 없느냐 하는 논란을 불식시킬 수 있는 결정적인 자료가 되고 있다.

『송서』나 『남제서』 등 백제와 관련된 중국 정사의 기록은 백제와 교류가 많은 동맹국으로서 서로 잘 알고 백제사를 저술한 것이다.

백제와 유송 사이에 일어난 기록은 믿을 수 있는 내용의 역사서라는 것이 본 유물로 인하여 명확하게 입증된 것이다.

④ 백제가 유송의 연호를 사용하게 된 배경과 해상 세력이 막강했음을 알려 준다.

서기 465년의 송 도읍지인 건강(建康)은 지금의 남경(南京)이다. 백제는 머나먼 송의 연호를 사용할 만큼 해양 세력이 강했고 진출의 폭이 넓었다는 것을 알 수 있다.

특히 다른 나라의 연호를 사용한다는 것은, 우리가 단기(檀紀)를 사용하다가 지금은 서기연호를 사용하는 것처럼 백제가 남조(南朝) 중국과의 국제적인 교류가 활발하였던 나라였음을 알 수 있다.

백제는 이 무렵 일본에도 식민지를 두었고, 중국 대륙에도 진출을 하였던 만큼 국제적인 국가로서, 자국의 고정된 연호를 사용할 수 없을 만큼 대외 진출이 많았다.

백제의 통치 체제인 22담로와 분봉 통치 체제를 보아도 대외 진출이 많은 국제적인 국가였음을 알 수 있다.

즉 중국과 일본에 진출하기 위해서 백제가 자국의 연호보다 가까운 연맹국의 연호를 사용했던 것은, 현재 우리가 음력을 이용하지 않고 양력을 사용하는 것과 같은 일이었다. 대외 진출을 하려는 실리적인 목적에서 남조의 연호를 사용했던 것이다.

⑤ 백제시대 북한산성의 중요성이 입증되었다.

북한산성을 백제시대에 이용했다는 명확한 자료가 없었으나 연대가 정확한 와편이 출토되어, 북한산성이 백제시대에 성으로 사용되었다는 삼국사기의 문

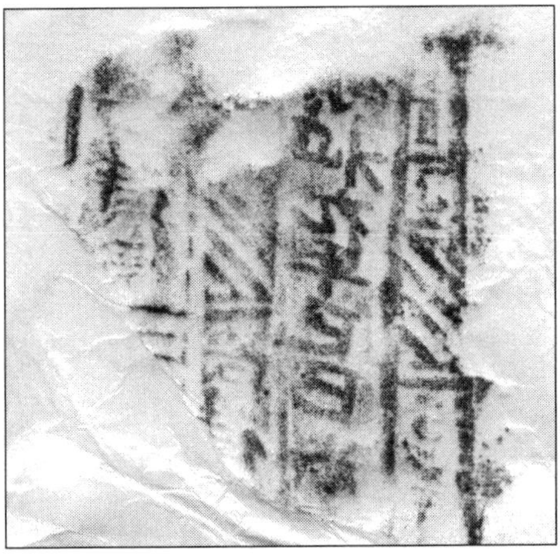

[사진 2-2] 탁본한 명문. 목각의 글자를 바로 새겨서 찍은 것으로, 반대로 보면 바르게 보인다.

헌 기록과 대조해 볼 수 있게 되었다.

또한 북한산성의 백제 군사 집단이 남조와 교류가 빈번했었다는 것은 백제가 중국 대륙으로 군사 진출을 했었다는 것을 입증하는 것이다.

지금까지 하남시 왕도와 풍납·몽촌 등 수많은 백제의 도성을 대대적으로 발굴하였으나 유송과 교류한 흔적은 발견한 적이 없었다(지금까지의 한강권 발굴은 신뢰성이 없는 발굴이 대부분이다).

그러나 드디어 북한산성은 유송과 군사적으로 교류가 잦은 성이라는 것이 이 와편으로 입증된 것이다.

⑥ 삼국 초기를 원삼국사로 축소시킨 학설이 잘못되었음을 입증하는 자료이다.

중국 대륙에 진출하여 식민지를 두고 다스렸을 만큼 백제는 국제적인 교류가 잦았던 국가이며 하남시에서 발견된 거대한 백제 왕도와 함께 세계 최대 규모의 고분인 금성분을 조성할 만큼 막강한 국가였다.

⑦ 송의 연호가 있는 기와는 연대가 정확한 것으로 삼국시대 기와의 연대를 설정하는 기준이 된다.

지금까지 삼국시대 기와의 연대를 알 수 있는 정확한 유물은 발견되지 않았기에 기와를 보고 연대를 구분하는 데는 어려움이 많아 역사 왜곡을 쉽게 할 수 있었다. 그러나 이번에 발견된 와편이 표본이 되어 보다 쉽고 정확하게 연대를 구분할 수 있게 되었다.

기와는 물이 새지 않도록 하는 것으로 발견된 명문의 기와는 지금 기와보다 더 단단하다.

물이 쉽게 베어드는 연질의 기와는 모두 서기 465년 이전의 유물이라는 것을 입증하므로 역사 왜곡을 막을 수 있다.

서기 465년 백제시대의 기와가 지금보다 더 강도가 강하고 소성(燒成, 구운 정도)도가 높은 점에서, 지금까지 한강권에서 발견된 소성도가 낮은 연질의 와편은 모두 한성백제시대이거나 그 이전의 유물로 밝혀지고 있다.

특히 남한산성의 대형 기와를 비롯한 수많은 연질 기와는 모두 백제시대의 기와라는 것이 본 유물로 인하여 입증되었다.

지금까지는 연질 기와가 발견되면 막연히 그 지역은 신라나 고구려라고 왜곡하였으나, 이제는 연대를 설정하는 삼국시대의 경질 기와가 발견되어 역사 왜곡을 막을 수 있는 기준이 되었다는 점에서 와편은 중요한 자료이다.

⑧ 백제의 해양 진출과 관련된 자료를 폭넓게 재조명해야 한다.

백제가 중국 대륙에 식민지를 두고 다스린 것이 명확하게 밝혀지면 지금까지 등한시하였던 백제의 대외 진출과 관련된 자료를 적극적으로 조사하고 연구할 계기가 마련되었다.

중국 현지의 유적을 조사하여 백제가 진출한 거점 지역이 어디인가를 찾아내지 않으면 안 되는 시기가 된 것이다. 백제가 유송의 연호를 사용했을 정도였다면 두 나라는 일반적인 관계가 아니라 서로 밀접한 동맹 관계였음을 알 수 있다.

동맹 관계는 서로 관심을 갖고 빈번히 교류하며 군사적으로 연합되어야만 유대를 유지하면서 서로 빠르게 정보를 교환하게 된다.

그렇게 교류가 빈번하였기 때문에 유송의 사서에 백제가 중국 대륙에서 활동한 내용이 자세하게 기록되었고, 북한산성에는 유송의 연호가 빠르게 전달되었던 것이다.

백제가 중국 대륙에 진출하여 식민지를 두었다는 것이 입증되고 있으므로, 이제는 빠른 시일 내에 백제의 중국 진출 지역을 찾아내어야 한다.

(2) 『삼국사기』와 중국 사서에 나타난 백제와 유송의 관계

『삼국사기』에서도 북한산성은 북방을 견제하기 위해 군사들의 집결지로 사용한 곳으로 기록되어 있다. 지금의 군 사령부와 같은 한강 이북의 요새였던 것이다.

특히 백제 왕도의 북쪽과 한강으로 통하는 수로 길목의 중심 지대에 위치했으며 중국으로 통하는 군사 기지였다.

북한산성은 중국과의 군사 교류가 많은 곳으로 백제가 통치한 중국의 식민지에서 일어난 일에 대해서 전달받거나 직접적인 인적 교류가 많았던 곳으로 볼 수 있다.

경화 원년은 북한산성이 고구려와 치열한 전쟁을 하였을 때로 북방의 전투 사령부와 같은 역할을 하였던 것으로 나타난다.

서기 465년은 백제가 한강권에서 공주로 천도(서기 475년)하기 10년 전이다. 이 무렵의 백제와 유송의 관계를 알려 주는 기록은 『삼국사기』와 중국 측의 『송서』에 잘 나타나 있다. 북한산성과 송의 관계를 알 수 있는 『삼국사기』의 내용들은 다음과 같다.

① 327년(비류왕 24년): 9월에 내신좌평 우복이 북한성에 의거하여 모반하므로 왕은 군사를 내어 토벌하였다.

② 395년(아신왕 4년): 11월에 왕은 패수(浿水)의 전역(戰役)에서 패한 보복을 하고자 친히 군사 7천 명을 거느리고 한수(漢水)를 지나 청목령 밑으로 진격하였으나, 때마침 폭설이 내려 군사들이 많이 얼어 죽으므로 군사를 되돌려 한산성(漢山城)에 이르러 이들을 위로하였다(고구려와의 전투).

③ 469년(개로왕 15년): 8월에 왕은 장수를 파견하여 고구려의 남변을 침공하였다. 10월에 쌍현성을 수리하고 청목령에 대책을 설치하고 북한

산성의 군사들을 나누어 수비하였다.

『삼국사기』 백제본기

위의 기록에 따르면 465년은 백제가 고구려와 치열하게 전투를 전개할 때이며, 북한산성은 백제 군사의 중심 주둔지로서 지금의 보충대와 같은 군사 집결지였음을 알 수 있다.

또한 남조의 정보가 빠르게 전달되었다는 점에서 중국으로 통하는 군사 파병의 집결지로도 볼 수 있다.

465년의 4년 후에 고구려의 남변을 침공하고 쌍현성과 청목령에 북한산성의 군사들을 나누어 수비하도록 하였다는 것은 그만큼 북한산성이 군사의 집결지였다는 것이다.

경화 원년의 와편이 제작할 당시에 백제와 유송의 관계를 알려 주는 문헌 기록은 또 있다.

① 고구려는 요동을 백제는 요서를 침략하여 차지하였다. 백제가 통치한 곳은 진평군 진평현이다.

『송서』 백제국편

② 대명 2년(서기 458년)에 여경(餘慶: 백제 개로왕(서기 455~475년))이 사신을 보내어 표문을 올려 말하기를 "신의 나라는 특별한 은혜를 입고 문무의 훌륭한 신하들이 대대로 조정의 관직을 받았습니다. 행관군장군(行冠軍將軍) 우현왕(右賢王) 여기(餘紀) 등 11명은 충성스럽고 부지런하여 높은 지위에 나아감이 마땅하오니 엎드려 바라옵건대 가엾게 여기시어 모두 관직을 내려 주십시오"라고 하였다.

이에 행관군장군 우현왕 여기를 관군장군(冠軍將軍)으로 삼고, 행정로장군(行征虜將軍) 좌현왕(左賢王) 여곤(餘昆)과 행정로장군 여훈(餘暈)을 모두 정로장군(征虜將軍)으로, 행보국장군(行輔國將軍) 여도(餘都)와 여예(餘乂)를 모두 보국장군(輔國將軍)으로, 행용양장군(行龍驤將軍) 목금(沐衿)과 여작(餘爵)을 모두 용양장군(龍驤將軍)으로, 행영삭장군(行寧朔將軍) 여류(餘流)와 미귀(糜貴)를 모두 영삭장군(寧朔將軍)으로, 행건무장군(行建武將軍) 우서(于西)와 여루(餘婁)를 모두 건무장군(健武將軍)으로 삼았다.

『송서』 만이열전 백제국편

③ 488년: 위(魏)에서 군사를 파견하여 침입을 하였으나 우리 군사에게 패하였다.

『삼국사기』 백제본기

④ 490년: 북위 오랑캐가 또다시 기병(騎兵) 수십만을 동원하여 백제를 공격하여 그 지경에 들어가니, 모대(牟大: 백제 동성왕)가 장군 사법명(沙法名), 찬수류(贊首流), 해례곤(解禮昆), 수간나(水干那)를 파견하여 무리를 거느리고 북위 오랑캐 군을 기습·공격하여 그들을 크게 무찔렀다.

『남제서』 동남이열전 백제국편

⑤ 신라의 최치원이 중국 유학 시절 알게 된 내용을 적은 문집의 상대사시중장(上大師侍中狀)에는 '고구려와 백제가 전성시에는 강병(强兵) 백만으로, 남으로는 오월(吳越)을 침해하고 북으로는 연(燕), 제(齊), 노(魯)를 위협하여 중국의 거적(巨敵)이 되었습니다'라고 적혀 있었다.

『삼국사기』 최치원전

⑥ 백제는 송(宋)의 원가력(元嘉曆)을 사용하였다.

『주서(周書)』, 『북사(北史)』, 『수서(隋書)』

*원가력: 송의 문제(文帝) 20년(서기 443년)에 하승천(何承天) 등이 선정하여 2년 후(서기 445년)부터 널리 사용된 달력으로 무령왕 매지권에서도 원가력을 사용한 것으로 확인되었다고 한다.

위의 기록 이외에도 중국 측의 사서에는 백제와 관련된 많은 기록이 있으나, 와편이 제작된 시기의 중요한 내용만 살펴보았다.

『송서』는 심약(沈約)이 서기 488년에 편찬한 것으로 편찬 범위는 420~479년으로 와편의 465년과 제일 연관이 많은 기록이다.

또한 『송서』나 『남제서』는 당대의 사가들이 기록한 것으로 결코 정보에 어두운 상태로 썼다고 할 수 없을 만큼 정확성이 있는 사서들이다.

게다가 무령왕릉 발굴 결과 『삼국사기』의 기록이 얼마나 정확한가도 입증되었다.

신라의 최치원도 백제와 교류한 왕도인 중국 남경의 현지에서 겪은 이야기를 적은 것이고 그의 인품을 고려해 보아 허황된 이야기를 기록했다고 볼 수 없다.

백제가 유송의 원가력(元嘉曆)을 오랫동안 사용하였다는 점에서도 유송과 교류가 얼마나 밀접했는가를 간접적으로 알 수 있다.

신뢰성이 높은 『송서』에 백제가 요서 진평을 차지하고 다스렸다는 것이 처음으로 기록되었고 또한 이를 보완하는 정보를 지닌 유물이 백제의 성터에서 발견되어, 백제와 유송이 정보의 교류가 활발하였음이 밝혀졌다.

백제와 유송이 관련된 기록은 416년에서 471년까지의 『삼국사기』와 『송서』에 18번 나온다. 조공이 8번, 책봉이 5번, 관칭이 2번, 견사(遣使)가 1번, 기타 2번으로 당에 대한 27번의 기록과 수에 대한 18번의 기록에 비해 보아도 적지 않다. 직접 싸운 당 다음으로 중국 관련 사료와 관련되어 있음을 알 수 있다.

지금까지는 지리적으로 가까운 북조에는 백제와 관련된 기록이 왜소하여 백제의 대외 활동을 의심하였지만, 뱃길로는 남조가 북조보다 가까운 곳임을 감안하지 않았던 것이다.

또한 북조와는 서로 적대적인 관계이기에 다른 면으로 기록되었을 가능성과 백제와 관련된 기록이 누락되었을 가능성이 있다.

사실 지리적으로도, 백제가 일본으로 건너갈 정도면 중국으로 건너가는 것이 오히려 가깝고 쉬웠을 것이다.

(3) 백제 북위와의 전쟁과 관작 청구

위의 인용구 중 3번과 4번의 북위와의 전쟁과 2번의 관작은 무엇을 뜻하는가.

당시 유송과 북위는 적대국으로 지금의 제남(齊南)에서 황하 주변을 경계로 대치하며 치열한 전쟁을 벌이고 있었다.

위 인용구와 연계해 본다면 고구려가 요동으로 진격을 하자 백제는 요서를 차지하여 서로 대치했으며, 그 이후 백제는 북위와 전쟁을 하게 된 것이다.

북위와 유송은 남북으로 대치하여 치열한 전투를 벌이고 있었다.

사진 2-3은 당시의 상황을 잘 보여 준다. 이 지도는 중국사 고지도집(中國史稿地圖集(상권), 1985, 상해 중화인쇄)으로, 발견된 경화 원년 기와의 연도보다 1년 앞선 경계를 보여 주는 지도이다.

지도에서 산동반도는 유송의 영토로 그려져 있는데 백제의 요서 진출이 반영되지 않았기 때문이다. 산동반도는 백제의 진출기지로서 유송의 정보가 빠

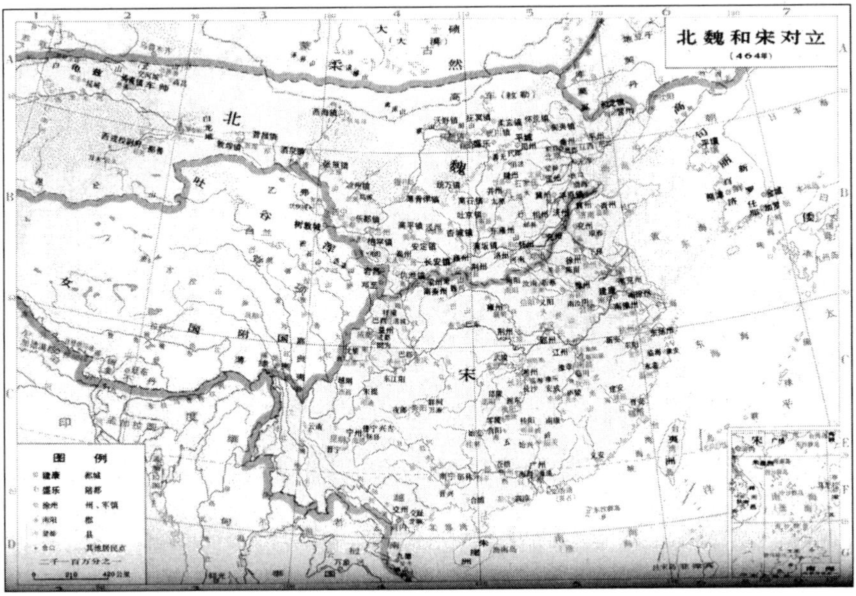

[사진 2-3] 남송과 북위가 대립하고 있을 당시를 나타낸 지도(서기 464년)

르게 백제로 전해질 수 있는 길이 된 곳이다.

이보다 앞선 시기에 정복한 백제 군사들의 관작을 청구하는 『송서』의 내용이 이를 입증하고 있다. 경화 원년의 와편과 『송서』의 기록과 당시의 북위와 유송의 위치를 그려 놓은 지도가 일치한다.

또한 『삼국사기』의 고구려사에는 그 무렵 고구려가 북위와 친밀한 관계로서 수시로 사신을 보낸 기록이 나타난다. 이 무렵 백제와 고구려는 남북으로 치열하게 대립하던 관계였으며, 바다 건너 중국에서는 유송과 북위가 남북으로 대립해 동일한 상황이 일어나고 있었던 것이다.

이러한 내용을 종합해 보면, 백제는 유송과 연합되어 있었고 북위는 고구려와 우호관계였다는 것이 분명해진다. 유송의 북방을 차지한 백제가 북위와 대규모 전쟁을 한 내용들이 중국의 정사에 기록되어 있는 것도 이 사실을 입증하고 있다.

이 전쟁에서 백제의 왕이 승전한 백제의 장군들에게 관작을 내려주고 이를 승인할 것을 유송에 요구하게 된 일부의 기록이 송서에 나타나게 된 것이다.

백제는 양면 공격을 당하지 않기 위해서 유송과 연합하여 고구려의 측면을 노렸던 것이다.

당시 북위의 도읍지는 평성(平城)인데 지금의 산서성 대동(大同)으로 북경의 서쪽에 해당되는 해안선에서 거리가 먼 곳에 있었던 것이다.

유송이 북위와 치열한 영토 분쟁을 하던 시기에 백제가 유송의 변방을 차지하고 있었다는 것은, 유송이 우방국인 백제와 외교상으로 긴밀한 관계를 유지할 수 있었다는 것을 의미한다.

또한 『남제서』 백제편에도 이와 같은 기록들이 있으므로 백제의 중국 대륙 진출은 엄연한 사실이며, 유송의 도읍지인 남경에 유학하였던 최치원의 문집에서도 이를 확인할 수 있다. 최치원이 신라인으로 적대국이 되었던 백제를 높이 평가한 것은 사실이기 때문이었다.

백제는 일찍이 중국 대륙에 진출하여, 4세기 동진(東晋)의 전문자기(錢文磁

器)가 백제 지역의 여러 곳에서 발견되고 백제의 금동향로에는 열대 지방의 코끼리가 조각되어 있다.

무령왕릉의 묘제가 남조의 형식이라는 점과 『일본서기』에 나타나는 백제의 대외 진출 기록을 통해도 백제의 중국 대륙 진출은 엄연한 사실이며 남조의 사서에 기록된 내용들은 믿을 만하다.

명문이 새겨진 와편의 발견으로 유송은 물론 그 뒤를 이은 남제(南齊: 서기 479~502년)와 양(梁: 서기 502~557년)에 이르기까지 백제와 관련된 많은 사료의 신뢰성이 높아졌다.

특히 약 1개월 이내에 산골인 북한산성에까지 빠르고 정확하게 유송 조정의 정보를 입수한다는 것은 외교 관계가 긴밀하였음을 알게 한다.

또한 경화(景和) 연호가 새겨진 와편은 백제의 다른 지역이 아닌 북한산성이라는 험준한 군사 지역에서 발견되어, 유송과 군사적으로도 밀접한 관계를 가졌던 것이 드러났다.

중국 남경에서 요서로 이어지는 군사적인 교류가 있었기에 공인적인 국가기관을 통해서 급속히 전해졌던 것이다.

지금까지 백제 초기의 해양 기지인 인천 영종도의 해상 기지, 고흥 바닷가의 유적, 순천의 검단산성 등의 해양 통로를 지키는 유적 등이 발견되었다. 서기 465년 이전의 유물들이 대부분으로 백제의 해상 세력이 일찍이 강대하였음을 알 수 있다.

공주의 무령왕릉은 왕의 이름이 새겨진 지석만 없다면 중국계의 무덤이라고 할 만큼 국제적인 묘제이다. 백제가 국제적인 국가로서 동아시아를 지배할 만큼 해양 진출이 활발한 국가였음을 입증하는 유물이 되고 있다.

나당(羅唐) 연합군과 제왜(濟倭) 연합군이 동양 최초로 국제전을 전개할 수 있었던 이유가 밝혀지게 된 것이다.

당이 신라와 연합을 해서 백제를 공격한 것은 백제의 중국 진출을 막기 위한 계략으로 결사적으로 저지하려던 탓이다.

당은 백제를 공략하기 위해서 산동반도의 내주(來州)를 출발하여 인천의 덕적도를 경유했다.

덕적도의 원래의 이름은 덕물도로서 물을 저장할 수 있는 거대한 저수지가 조성되어 있는 것을 발견하였다. 당의 13만 군대가 이곳에 저장된 물을 사용하였을 것으로 보이며 이곳은 백제시대부터 물의 공급지로 이용되었다.

당의 장군인 소정방이 들어온 해로 역시 백제가 왕래하던 길로, 백제가 요서 지역에 식민지를 두었을 때 산동반도를 점거하고 있었던 것이다.

백제는 중국 대륙에 빈번하게 왕래하였을 뿐 아니라 465년 이전에 중국보다 더 먼 일본으로 왕인 박사 등 많은 학자들을 수시로 파견하였다.

백제의 거대한 금성분이 일본으로 전해진 시기는 4세기 중엽이니 그 이전부터 해양 진출은 빈번했을 것인데, 일본보다 가까운 중국에는 진출하지 않았다면 오히려 믿기지 않을 것이다.

어수선했던 5호 16국시대(서기 302~433년)에는 백제가 중국 지역으로 진출하기 쉬웠으며, 백제는 만주 부여에서 내려와 원정 건국한 국가이기에 거리 감각의 폭이 넓어 중국을 보다 가깝게 여겼던 것이다. 또한 단 몇 명이 원정하여 나라를 세우는 것에 익숙하였던 국가였다.

『송서』의 기록과 유송과 북위의 경계선이 그려진 지도와 465년의 '경화원년을사'의 명문 기와의 뜻이 모두 일치하므로 백제가 요서 지역에 식민지를 두고 백제군이라는 대규모 군사 활동을 전개하였음이 명백하게 드러난다.

(4) 남조(南朝) 양(梁)의 화공과 백제 불상

하남시 교산동 선법사에는 보물 제981호로 지정된 태평 2년 마애약사불좌상(太平二年 磨崖藥師佛 坐像)이 있다.

이 불상은 마애불과 관련된 책의 표지에 나올 만큼 미술적으로도 아름다움이 인정된 것으로서 조성 시기에 대한 논란이 있어 왔다.

지금까지 이 불상에 대해서 안내문에는 고려 초기에 조성한 것으로 기록되

[사진 2-4] 불교 유입 초기에 조성된 백제시대의 약사불

어 있었다. 이것이 잘못되었다는 것을 오래전부터 지적해 왔는데, 그 이유를 살펴보자.

불상 옆에는 조성 시기를 알 수 있는 다음과 같은 글이 새겨져 있다.

태평이년 정축칠월이십구일 고석불재여사을 중수위금상황제 만세원(太平二年丁丑七月二十九日古石佛在如賜乙重修爲今上皇帝萬歲願)이라고 적혀 있다.

이를 풀이하면 '태평 2년 정축년 7월 29일에 옛 석불이 있었던 것을 중수하오니, 금상황제의 만세를 기원합니다'라는 뜻이다.

지금까지 이 불상을 놓고 태평 2년이 어느 때인가가 논란이 되었는데, 안내문에는 태평흥국(太平興國: 북송의 연호, 서기 976~983년)으로 여겨 977년의 고려 경종 2년인 고려 초에 중수한 것으로 적혀 있다.

그러나 태평 2년이지 태평흥국은 아니라며 태평 연호는 그보다 앞선 시기인 남조 양(梁)의 연호(서기 556~557년)로서 557년으로 보는 사람들도 있어서 논쟁이 되었다.

그들은 백제의 불교는 남조의 동진(東晋: 서기 317~420년)에서 384년에 들어온 것으로 동진을 이은 것이 양이기에 양의 화공이 중수한 것으로 보는 것이다.

『양서(梁書)』의 백제전의 '중대통 6년(中大通 6년: 양무제의 연호(서기 534년)), 백제에서 공장(工匠)과 화사(畵師)를 구하므로 보내어 주었다'는 기록에서도 교류가 있었음을 알 수 있다.

또한 이 불상은 백제 왕궁지 동쪽에 있어서 약사불은 동쪽에 배치한다는 이치와 부합하며, 왕궁지 서쪽에는 미래불인 미륵불의 흔적이 남아 있어 불상이 동서로 일직선으로 배치되어 있음을 알 수 있다. 이는 신성선(神聖線)으로, 동쪽에는 약사불이 중앙에는 왕궁지가 서쪽에는 미륵불이 있으므로 모두 백제시대의 불상임이 입증된다.

덧새김 중수한 흔적이 있고 덧새김 할 당시(태평 2년: 서기 557년)에 고석불이라고 하였기에 백제가 그곳에 도읍지를 정하고 있을 시기인 불교 초기의 불상이다. 양의 화공이 경제(敬帝) 황제의 만세를 기원하면서 불상을 중수하였던 것이다.

또한 선법사 노필 주지 스님의 증언에 의하면 선법사를 짓기 전에도 그곳에는 많은 옛 기와편이 산재되어 있었다. 지금까지 남아 있는 유물을 조사한 결과 백제시대의 사찰이 있었다.

백제에서 일본에 보낸 칠지도에 새겨진 태화 4년(太和四年: 서기 369년)도 동진(東晋)의 연호를 사용했다. 백제가 끊임없이 중국의 남조와 군사 동맹 관계였음을 알 수 있다.

무령왕이 일본에서 태어나 관을 일본에서만 생산되는 금송으로 만들었을 뿐, 무덤 형식은 양의 지배 계층 무덤의 형식과 같은 것으로 평가되고 있다.

왕릉 내부의 부장품에서 중국 양나라 무제 때 서기 523년에 주조된 오수전과 남조의 자기와 청자가 출토되었다는 점에서도 백제가 남조 지역으로 끊임없이 진출하였음을 알 수 있다. 또한 무령왕릉의 지석에 영동대장군이라고 기록된 것은 중국의 동쪽 해안을 평정한 군사적인 칭호였다.

한강권의 많은 역사 자료들은 식민사학자들에 의해 왜곡되어 왔다. 그들은 백제 문화를 말살하려고 발굴이라는 이름으로 하남시에는 백제의 유적이나 유물이 전혀 없다고 발표할 만큼 민족의 역사를 축소시켜 왔던 것이다.

(5) 경화 원년의 경질 와편의 발견으로 알게 된 잘못된 발굴

지금까지 한강권 발굴에서 우리가 깊이 생각을 해야 할 것은 연질 기와가 발굴되면 정확한 근거 없이 고구려 유적이라고 단정한 유적이 얼마나 많은가 하는 것이다.

아차산 발굴에서 연질 토기와 와편이 출토되었음에도 고구려 유적이라고 주장한 것은 잘못된 발굴의 표본이 되고 있다.

고구려가 남하하기 훨씬 이전의 연질 토기와 기와가 아차산에서 출토되었다. 아차산 출토 유물은 백제 초기에 말갈, 낙랑 등과 치열하게 전쟁을 하였을 시기를 전혀 생각하지 않은 왜곡된 발굴이 되었다. 삼한시대의 유적에 연질와편과 토기가 많다는 것을 전혀 감안하지 않은 결과이다. 식민사학자들은 삼한시대의 역사 유물은 아예 거론조차 하지 않는 발굴 보고서를 작성한 것이다.

고구려가 한강권에 남하한 시기는 5세기 말이고, 유물은 경질의 토기와 기와이다. 지금까지 기준 없이 연질 토기와 기와를 무조건 고구려의 유물이라고 주장한 것이 얼마나 잘못되었는가를 알 수 있다.

한탄강과 임진강 유적들도 아차산 유적과 유사하다. 특히 호루고루 유적의 유물은 연질 와편과 토기로서 고구려와는 관련이 없는 것이 대부분이다. 또한 고구려는 장기적으로 기와집을 짓고 있을 수 없었다. 백제는 근초고왕 26년(서기 371년)에 평양성까지 쳐들어가 고구려의 왕을 죽일 만큼 강성했기 때문이다. 이는 연질 와편의 출토는 고구려와 아무런 관련이 없는 시기임을 입증한다.

남한산성의 유적은 백제 유물이 많다. 연질 와편과 토기가 많고 거대한 기와가 발견된 건물지는 백제의 왕궁임이 밝혀지고 있다.

이외에도 지금까지 연질 와편과 토기편이 출토된 수많은 발굴 지역을 고구려나 신라의 유적이라고 한 것은 발굴 전체가 잘못된 것이다.

식민사학의 병폐가 얼마나 큰가. 그들은 역사를 왜곡하기 위해서 유물의 연대를 제대로 설정하지 않았다.

삼국 이전의 삼한시대의 유적은 아예 거론하지 않고 백제 초기는 축소하여, 우리나라는 식민지로부터 출발하였다는 왜정시대의 조선사편수회의 학설을 유지한 채로 발굴하고 학생들을 가르치고 있으니 심각한 일이다. 백제 왕도를 발굴해 놓고도 이를 숨기려 하다 보니 그 이전의 역사는 더욱 숨기지 않을 수 없기에 이러한 현상이 지속되고 있다.

마한의 왕도나 삼한 소국의 도읍지 유적 조사에서 발견되고 있는 유물을 비교해 보면, 삼한시대에 경기 중부 지역에서 각축전이 심했다는 것이 밝혀진다.

연대 추정의 명확한 기준이 없으므로 지금까지 발굴한 모든 유적들을 재검토하지 않으면 안 된다. 식민사학으로 결집되어 견제 받지 않고 장기간 성장한 단체는 썩을 수밖에 없다.

2) 북한산

서울을 에워싸고 있는 북한산은 어떤 산이며 그 역사성은 무엇인가를 살펴보면 2,000년 전부터 우리 민족에게 끼친 영향력은 지대한 것으로 밝혀지고 있다.

지금까지 서울을 600년 도읍지로만 알고 북한산에 내재되어 있는 잠재력과 역사성에 대하여 심층적인 연구 조사를 하지 않았다는 것은 참으로 부끄러운 일이다.

1992년도에 백제 초기 도읍지인 하북 위례성을 도봉구 방학동에서 찾아내면서, 북한산성과 도봉산으로 이어지는 이 일대가 백제 초기 때부터 건국의 요람이 되었다는 것을 알게 되었다.

졸본 부여에서 남하한 소서노 일행이 처음으로 이 지역을 도읍지로 선택하여 십제국(十濟國)을 세웠기에 많은 문화 자원이 포함되어 있다.

기록에 의하면 북한산성을 쌓은 것은 백제이다. 삼국사기에는 개루왕 5년(서기 132년)의 기록에 '북한산성을 쌓았다'고 나와 있으며 조선시대의 많은 실학자들도 이를 인정하는 글을 남겼다.

백제의 도읍지를 한강 이남으로 옮긴 이후에도 북한산성은 전진 기지로서 오랫동안 이용한 기록이 나타난다.

이 일대는 민족의 긍지가 태동한 위치이다. 제정일치 사회에서 숭배의 대상이 되었던 신성한 곳이기에 초기 백제가 이곳에 도읍을 정한 것이다.

특히 이곳을 선택한 소서노 일행의 행적을 살펴보면, 북한산이 우리 민족에게 준 역사성의 씨앗은 그 무엇에도 비할 수 없이 큰 것으로 나타난다.

북만주에서 남하한 소서노 일행은 도봉구 방학동에 십제국을 세우고 13년간 있다가 다시 한강 남쪽으로 이동하여 지금의 하남시를 480년 동안 도읍으로 두면서 일본과 중국에 진출하여 식민지를 세웠던 것이다.

그 후에도 충남 공주와 부여로 천도하였고 멸망 당시에는 백강에서 일본과 연합하여 신라·당 연합군에 맞서 동양 최초의 국제전을 전개할 만큼 막강한 국가였다. 이러한 백제의 세력 팽창을 당은 제일 두렵게 여겼던 것이다.

그 이후에도 전주에서 후백제가 건국되었고, 백제와 관련된 역사성은 동양 삼국 중에 가장 큰 역사의 흔적을 남겼다. 지금도 백제의 문화재가 우리나라

[사진 2-5] 봉황의 머리 · 몸체 · 꼬리처럼 보이는 북한산

보다 일본에 더 많다는 점에서도 백제의 국외적 영향력을 알 수 있으며, 역사상 동양 3국인 일본과 중국으로 진출하여 오랫동안 나라를 다스린 국가는 백제 이외는 없다.

만물 중 으뜸으로 여기는 것은 탄생과 태동이며 이는 신의 영역이라 할 만

[사진 2-6] 우이봉을 남쪽에서 바라보고 산제를 지내는 제단

[사진 2-7] 우이봉은 탄생의 봉우리로서, 십제국이 이곳을 도읍지로 정한 것도 우이봉의 신앙적인 형상 때문이다(2007년 4월 26일 사진).

큼 중요시된다. 백제 건국의 시원지인 북한산 일대도 십제국의 태동이 형성된 곳이다.

고대 국가의 왕도를 여러 곳에서 찾아내 보니, 제정일치 사회에서 나라의 건국지는 그 어느 곳보다 성스러운 곳을 선택하였음을 알 수 있다.

백제가 왜 이곳을 도읍지로 제일 먼저 선택하게 되었을까? 북한산 우이봉의 위치는 성스러운 봉황과 같으며, 북한산 일내에는 고대 신앙지가 많다는 것도 점차 밝혀지고 있다.

인수봉 아래에서는 백제시대에 신전으로 이용된 건물지가 발견되어 북한산은 백제가 한강권에 있을 때까지 신체(神體)로 이용되었다는 것을 알게 되었다.

우리가 십제국의 건국지를 찾아내고 규명하지 않으면 안 되는 것은 다음과 같은 중요성이 있기 때문이다.

북만주 일대와 중국의 요서와 진평의 해안선과 일본 열도로 이어져 국내의 하남·공주·부여·전주와 함께 아우른 폭넓은 문화권을 결집할 수 있었던 곳이 백제 초기의 십제국이었다.

[사진 2-8] 백제시대에 우이봉은 신성시되어 신전이 건립되었던 건물지로서 와편이 산재되어 있다 (최무장 교수님 발견, 2007년 4월 26일 사진).

이는 동양을 지배한 백제의 위상을 높이면서 북한산 일대의 중요성을 부각시키는 계기가 되며 중국의 동북공정에 대응할 수 있는 근거도 된다.

즉 고구려와 백제는 한 가족이 세운 나라인 만큼 중국에서 아무리 고구려를 자신들의 국가라고 하여도 십제국 유적의 발견으로 더 이상 왜곡이 되지 않는다.

또한 세계의 여성 중에서 두 개의 강대국을 세운 인물은 소서노 외에는 없다. 이러한 소서노의 정신은 전통으로 면면히 이어지고 있는 것이 다음 내용에서 입증된다.

북부여에서 고구려를 세운 후 다시 남하하여 백제를 세우려면 원정 건국(遠征建國)이라는 어려운 과정을 겪지 않으면 안 된다. 나라를 세운다는 것은 그 만큼 기초에서부터 함축된 결집 능력과 제도와 고도화된 경영이 없으면 불가능하다. 이는 이미 소서노가 고구려를 세운 경험과 능력이 있었기에 가능했던 것이다. 원정 건국은 그만큼 경력이 없으면 불가능하다. 소서노는 고구려를 세워 본 자신감으로 남하하여 백제를 세운 것이다.

[사진 2-9] 북한산성 내부에는 백제시대의 사찰로 밝혀진 유적이 있다.

원정 건국에 능숙한 백제는 일찍이 일본이나 중국에도 진출하여 식민지를 세우게 된 것으로, 백제의 22담로(擔魯) 제도의 바탕이 되었다.

백제가 충남 부여로 도읍지를 옮긴 이후에는 나라 이름도 '남부여'라 한 것을 보면 전통성을 얼마나 중요시하였던가를 알 수 있다.

이러한 전통성이 해양 진출의 근원이 되었고 그 바탕도 하루아침에 이루어진 것이 아니다. 관련된 사상과 해양 개척 정신의 항해술과 선박의 건조 등 백제 때 축적된 바탕이 신라의 장보고와 조선의 이순신 등으로 이어지는 기반이 되었다.

모두 백제 문화권에서 발달한 군사 문화에서 이루어진 것으로 입증되고 있다(『위례성 백제사 2』, '장보고 해양 세력과 주름무늬 기와에 대한 연구', 347쪽).

외국인들은 수도의 배후에 아름답고 웅장한 산이 있는 경우는 드물다며 감탄한다. 그 속에 내재되어 있는 역사성과 유적은 한 나라의 위상을 높이는 계기가 될 수 있다.

북한산이 성지이기에 백제와 조선이 건국의 기틀을 마련하고 천도교에서 봉황각을 짓고 독립투사들의 묘역을 정한 것이다.

백제 초기의 흔적을 찾아내지 않으면 안 되는 이유는, 동양 삼국을 지배한 국가의 기틀을 마련한 소서노 여왕의 원정 건국의 혼이 서려 있기 때문이다.

[사진 2-10] 앞의 사찰지에서 발견되고 있는 백제시대의 연질 와편

동양 역사상 이렇게 방대한 해외 정복 정신을 이룩한 국가는 없었다. 소서노의 원정 건국 전통을 이어 받은 백제의 후예들이 중국이나 일본을 정복한 것처럼, 하루 속히 십제국의 도읍지를 복원

하여 후손들에게 불굴의 정복 정신을 이어 받도록 해야 한다.

하북 위례성과 관련된 엄(巖) 자 바위를 찾아낸 지 15년 후인 최근에 서쪽 편에 이와 같은 명문을 또 하나 찾아내어 그곳이 하북 위례성임을 확실히 입증하게 되었다.

[사진 2-11] 해 가는 길에 새겨진 엄(巖) 자. 상단은 1992년에 발견된 동쪽의 글자이며 하단은 2006년에 발견된 서쪽의 글자이다. 같은 모양과 규격으로 십제국(十濟國) 시대에 새겨졌다.

엄(曮)자는 해가는 길인 신성선(神聖線)으로 고대 왕도 중심에 새겨진 명문이며 불암산 정상에서 서쪽인 방학동 쪽에 있다.

이 길은 태양신이 불암산 정상에서 출발하여 해 가는 길을 따라 엄(曮) 자가 있는 신성 구역을 통하여 지나가는 길로서 도시의 기준이 되었던 선이다.

[사진 2-12] 엄 자를 탁본한 것으로, 보다 선명하게 글자를 알 수 있다.

고대의 왕도에는 이러한 신성선에 기준을 두고 도시를 조성했다. 해 가는 길인 신성 구역은 왕도임을 입증하는 중요한 증거가 되는 것이다.

3) 유물에서 본 역사 왜곡

구분이 가능한 유물 연대를 거론하지 못하는 것은 역사 왜곡이 발각되기 때문이다. 역사 왜곡을 하기 위해서는 우선 유물 연대 설정을 애매하게 하거나 제대로 구분하지 못하도록 해야만 한다.

지금까지는 삼국을 구분하는 유물로 백제의 삼족토기가 유일하게 지표조사에 적용되고 있다. 그 이외의 유물에 대해서는 명확한 구분이 되지 않음에도 적당히 허위로 주장하는 것이 대부분이다.

예를 들어 한강권 유적 발굴에서 나온 유물을 두고 고구려 유물 또는 신라 유물이라고 하였던 것은 명확한 기준 없이 추정으로 시대 또는 나라를 구분한 것이다. 특히 한강권 일대의 남한산성과 아차산 발굴 유물이 그러하다.

그러나 아차산이 고구려 유적이라고 주장하려면 왜 고구려만이 이렇게 만들 수 있었고 다른 나라는 만들지 못했는지에 대한 충분한 설명이 있어야 한다. 그러한 명확한 설명 없이 하는 주장은 허구일 뿐이다.

소수에 의하여 왜곡된 기존의 학설에 맞추려 하다 보니, 구분이 쉬운 것까지도 조작을 하게 된 것이다.

거론하지 못하고 있는 유물에 대한 것을 간단하게 열거하면 다음과 같다.

① 물이 새는 연질 토기와 새지 않는 경질 토기의 연대 구분

② 물을 흡수하는 연질 기와와 흡수하지 않으며 검은색인 경질 기와의 연대 구분

③ 삼한시대 유물에 대한 시대 설정

④ 토기나 기와의 연질과 경질의 차이에서 유물의 규격이나 형태가 다르

게 나타나는 현상

연질이냐 경질이냐에 따라 토기나 기와의 성질이나 용도는 많이 차이난다. 또한 삼한시대와 관련된 역사 기록이 있음에도 유적과 유물의 시대 설정은 물론 거론조차 하지 않는다. 이러한 사실들은 그간 역사를 왜곡하고 있다는 것을 입증한다.

연질과 경질에 따른 차이를 살펴보자. 철기시대에는 1,000도 이상의 고온으로 철을 제조했기 때문에 경질의 토기나 기와 등을 제작할 수 있는 기초가 형성되어 가고 있었다.

연질과 경질의 차이는 획기적인 것이었다. 물이 배어 나오거나 새는 연질 토기는 잘 깨진다. 그래서 물이 새지 않고 단단한 경질 토기가 생산되었을 때 둘의 선호도는 차이날 수밖에 없다.

이러한 변화가 일어나기 시작한 한성백제시대에 오래도록 사용한 유적에서는 연질과 경질이 함께 출토되고 있다.

안성의 마한 왕도 유적과 서울 양천구의 신정동 토성과 아차산의 보루성에서는 연질 토기만 출토되어 또 하나의 기준이 되고 있다.

지표조사에서 연질과 경질 토기가 동시에 발견되고 있는 유적지는 다음과 같다.

① 하남시 교산동 왕궁 건물지를 비롯한 일대의 발굴 지역(천왕사지, 동사지 등)
② 하남시 이성산성
③ 남한산성
④ 서울시 광진구 아차산성
⑤ 풍납 토성 및 몽촌 토성
⑥ 서울 강남구 대모산성 일대
⑦ 서울 강서구 매봉산 군사 유적

⑧ 서울 양천구 애울 토성
⑨ 인천시 문학산성
⑩ 인천시 계양산성
⑪ 임진강 호루고루성

무문 연질 토기만 출토된 지역은 다음과 같다.

① 경기 안성 마한 왕도 지역
② 서울 양천구 신정동 토성
③ 전남 화순군 도곡면 청동기시대 왕궁지
④ 아차산 보루성 유적

삼한시대나 그 이전의 유적에서는 연질 토기만 출토되고 있으며 백제시대의 유적에는 연질과 경질이 함께 출토되고 있다. 특히 안성의 마한 왕도에서는 기와도 검은색의 경질은 발견되지 않고 있다.

경질과 연질의 와편 구분에서 기준이 되는 서기 465년(景和元年 乙巳)의 와편은 검은색의 경질로서 최소한 한성백제 5세기 이후부터는 모두 지금과 같이 단단한 기와를 제작하였다는 것이 명확하게 입증되었다.

또한 어느 시기부터 경질의 검은색 기와를 제작하였는가에 대해서는 알 수 없으나 그 이전에는 붉은색의 기와를 사용한 것이 밝혀지고 있다.

기와를 경질로 제작하였다는 것은 보다 앞서서는 토기도 경질로 제작하였다는 것이다.

경질의 465년 와편이 발견됨으로써 지금까지 한강권과 임진강권에서 고구려나 신라의 유적이라고 주장한 것이 모두 잘못되었다는 것이 밝혀졌다.

특히 고구려나 신라로 부각된 아차산과 남한산성, 임진강의 호루고루성 등에서는 연질 토기와 기와가 출토되고 있어 모두 백제시대 또는 그 이전의 유적이라는 것이 입증되었다.

(1) 연질 토기의 특성

연질 토기를 사용한다는 것은 불편하기 그지없는 일이다.

일단 물이 배어들고 잘 깨어진다는 단점이 있다. 때로는 흙이 묻어날 정도로 약하기에 경질 토기가 생산되면 곧바로 사용성이 줄어들 수 있는 기물이다.

이러한 단점 때문에 연질 토기는 크게 제작하여 사용할 수 없어서 대부분 작게 제작되었다.

(2) 연질 기와의 특성과 변화 시기

연질 기와 역시 물이 배어들어 비가 샐 우려가 있으므로, 보다 비가 세지 않는 기와를 제작하려고 엄청난 노력을 하였을 것이다.

남한산성에서 발굴된 기와는 지금까지 발견된 예가 없을 만큼 두껍고 큰 연질 기와인데, 비가 세지 않는 기와를 만들기 위해서 노력한 흔적을 엿볼 수 있다.

물을 흡수하지 않는 단단한 경질 기와를 만들 수 있다면 굳이 기와를 두껍고 크게 제작할 이유가 없기 때문에 대형 연질 기와는 백제시대 왕궁 유물이라는 것을 알 수 있다.

남한산성의 대형 기와는 '백제의 근초고왕 26년(서기 371년)에 도읍지를 한산으로 옮기다'라는 기록과 부합한다.

교산동 왕궁지의 발굴에서 나타나는 층위를 보면, 위는 검은색인 경질의 기와이며 그 아래는 붉은색의 단단한 기와가 있고 또 그 아래는 연질 기와로 조성되어 있었다.

최소한 4세기 말을 기준으로 기와의 재질의 변화가 있었던 것으로 추정할 수 있다.

토기는 이보다 앞선 3세기경에 재질의 변화가 많았던 것으로 추정된다.

3. 고대 왕도 유적 조사

1) 한강권 유적의 왜곡

(1) 이성산성

이성산성은 우리나라 산성 중 오랫동안 발굴된 유적으로 그 어느 곳보다 유물의 밀집도가 높다. 또한 발굴과 관련된 잡음과 문제도 많았던 곳이다. 혼란과 분쟁이 많았던 유적이기에 절실하게 올바른 판독과 검토를 하지 않으면 안 된다.

이성산성은 우리 민족에게는 부가가치가 높은 문화 자원이기에 논하지 않을 수 없다. 그 논의는 우리 시대 소신과 관심을 갖고 있는 사람들이 살고 있었다는 증거가 될 것이다.

또한 이성산성에는 한강권 역사가 집약되어 있기에, 이를 올바르게 판단하게 되면 지금까지 우리의 역사가 얼마나 심하게 왜곡되었는지 알게 될 것이다.

우리의 역사를 바르게 판단하고 잘못된 것을 바로 잡고자 하는 시점에 이성산성은 시금석이 되고 있다.

지금까지 이성산성을 두고 진지한 토론을 한 적은 없었고 일방적인 발표만 진행되었다. 잘못된 결론이 나와도 문제 삼는 풍토도 없어서 발굴자에게 유리한 학설로 마무리되는 현상이 난무하였다.

이성산성에 조금만 더 깊은 애정과 관심을 가졌더라면 어느 시대의 어떤 성격을 지닌 유적인가를 쉽게 알아내고 얼마나 중요한 문화유산인가를 가늠할 수 있었을 것이다. 왜냐하면 역사 왜곡되었음을 쉽게 구분하고 판단할 수 있는 단순한 내용들까지도 포함되어 있기 때문이다.

이성산성 발굴에서 발표한 내용을 그대로 인정한다면, 미래에 우리 시대는 유적 판독을 제대로 하지 못하는 우둔한 사람들과 민족사를 왜곡하는 사람들만 살고 있었다는 지탄을 피할 수 없다. 이 때문에라도 진지한 토론과 분석으로 이성산성의 성격을 밝혀야 한다.

역대 임금 중에서 신하들과 토론을 제일 많이 하였다는 세종대왕의 예만 보아도, 학문은 많은 토론이 필요하며 그렇지 못하면 오류가 일방적으로 난무할 수밖에 없다.

우리의 역사학에는 진지한 토론 문화가 실종된 지 오래다. 특히 잘못된 것에 채찍질할 줄 알아야 함에도 그러한 면이 전혀 보이지 않고 있다. 계열화된 학맥과 식민사관의 학설이 지배하는 지금의 학계는 학문적인 양심으로 터놓고 토론을 할 수 없는 막다른 길에 놓여 있다.

지금까지 이성산성과 그와 관련된 한강권 유적을 보아 온 시각에 대해서 살펴보면 다음과 같다.

이성산성만을 따로 올바르게 판단할 수 없을 만큼, 한강권 유적이 얼마나 왜곡되어 있는가를 알고 있어야만 이성산성을 제대로 이해할 수 있다.

이성산성과 하남시 일대의 유적을 오랫동안 발굴하였으면서도 백제와 관련된 유적이라고 하지 못하고 심지어 양심선언을 하는 사람조차 없을 만큼 은폐하는 실상이다.

차분히 우리의 현실이 얼마나 잘못 진행되었는가 되돌아보니, 오랜 세월 식민사학의 수렁에 너무 깊이 빠져들어 헤어나기 어려운 환경에 놓여 있는 심각함이 표출된 대표적인 유적이 이성산성이었다.

반세기 동안 분단되어 지내다 보니 막혀 있는 북방에 대한 우월적인 시각

[사진 3-1] 옥수수 알 모양의 이성산성

으로 고구려를 동경하게 되었고, 삼국을 통일한 신라의 역사와 더불어 치우친 시각으로 한강권 문화를 왜곡했던 것이다.

심지어 우리는 중국과 교류하기 전에는 중국의 한방 의술이 신비하고 우리보다 발달하였을 것이라고 동경한 적도 있었다. 그러나 막상 교류가 자유로워지자 새로운 의술을 배우려고 진출했던 사람들은 한결같이 몇 가지 이외는 우월하거나 특별한 것이 없었다고 하였다.

이처럼 한강권의 역사도 식민사학의 학설과 함께 고구려에 대한 우월적인 시각 때문에 거세게 몰아쳤던 것이다.

신라의 역사는 경주를 중심으로 영남 쪽에서 장악을 하고 있었기 때문에 그 이외 지역의 역사 관련자들은 비교적 분쟁이 적은 고구려 역사 연구로 많이 치우치면서 왜곡이 도를 넘게 되었다.

그 대표적인 예가 아차산의 보루성이다. 잘 쌓은 석성이 있으면 모두 고구려식 축성이라 하여 답사지로 정할 만큼 고구려에 대한 동경심이 강하였던 것이다.

이성산성과 남한산성도 예외일 수 없었다. 고구려나 신라의 성이라고 하여도 누구도 문제 제기를 할 수 없는 힘의 논리가 난무하여 역사는 왜곡되었다.

처음에는 이성산성이 백제의 성이라는 단편적인 짧은 말이 흘러나온 적도 있었다. 그러나 발굴 결과 신라나 고구려가 쌓은 성으로 종결되었다.

그 과정에서 일반인들은 한강권에서는 삼국이 각축전을 전개하며 번갈아 있었기에 이성산성도 그러한 범주에 속한다고 보았던 것이다.

이 잘못된 시각은 한강권에 머물렀던 고구려나 신라가 이성산성을 쌓았을 수도 있다는 생각을 적당히 받아들이면서, 모두가 속을 수밖에 없는 공통적인 시각이 되었다.

하남시가 백제 왕도였다는 문제를 제기하기 전에는 한강권에 있는 모든 석성(石城)들은 신라나 고구려가 쌓은 성이라고 알려질 만큼 왜곡되어 있었고, 심지어 백제는 석성을 쌓을 줄 모르고 토성을 쌓는 기술 밖에 없었다는 말이 나올 정도였다.

이천의 설봉산성은 잘 쌓은 석성으로 고구려 문화 연구회에서는 고구려 성이라고 답사지로 정할 만큼 고구려가 쌓은 것으로 알려진 성이다. 이러한 주장을 하는 사람들은 축성법이 고구려식이라는 등 다양한 논리를 내세웠다.

그러나 왜 고구려만 그렇게 쌓을 수 있고 백제나 신라는 할 수 없는가에 대한 설명 없이 막연하게 주장만 하는 식의 풍토가 강하였다.

경기도 부천시에 있는 계양산성도 잘 쌓은 석성으로 고구려 성이라고 오래전부터 전해 왔고 심지어 북쪽을 바라보고 있는 서울 강서구의 궁산 고성지도 고구려 성으로 전해 왔던 석성이다.

그야말로 한강권의 잘 쌓은 석성은 모두 고구려나 신라의 성이고, 백제의 성은 토성으로만 여길 만큼 편협했다. 한강권 백제의 대표적인 성으로 풍납토성과 몽촌 토성이 부각되었기 때문이다.

석성을 쌓는 기술이 국가 간에 모방할 수 없는 고도화된 기술인 양, 고구려만 석성을 잘 쌓고 백제는 낙후했던 것으로 여겨 역사를 바라보는 시각이 균

형을 잃어버린 상태이다.

심지어 왜 삼국의 성이 제각기 다른가에 대한 설명이나 명확한 기준도 없이 구분하는가 하면 어리짐작으로 성에 대한 전문가로 자처하는 사람이 학계에 등장하기도 하였다.

이 모든 것이 진지한 토론이 없는 상태에서 일어났고 난무 현상으로 이어져 판단을 흐리게 하였다.

삼국 중에서 백제의 문화가 제일 앞서 있었음에도 석성을 잘 쌓을 줄 모르는 나라로 보는 사람들이 많다는 것은 역사를 보는 태도가 심도 있지 않고 즉흥적인 사람이 많다는 뜻이다.

다행히 최근 발굴에 의하여 속속들이 백제의 성들로 밝혀지고 있으며, 이와 함께 워커힐 호텔 내부에 있는 아차산성도 한때는 발굴을 해 놓고도 고구려나 신라의 성이라고 주장했을 만큼 한강권 백제 500년 역사는 실종되어 있었다.

지금도 재현하기 어려운 이성산성을 고구려나 신라의 변방 유적이라고 주장했던 병폐의 심각성이 드러나고 있는 것이다.

이성산성의 유적을 연구하여 지금까지 일본이 자생 문화로 주장한 전방후원분이 백제에서 발생한 금성(金星)과 관련된 고분이라는 것을 밝힐 수 있었다. 그만큼 이성산성은 지금까지 밝히지 못하였던 동양 역사의 수수께끼를 밝혀줄 수 있는 실증의 유적이라는 점에서 매우 중요하다.

이성산성의 왜곡 사실은 우리의 민족사가 오랫동안 얼마나 잘못되어 왔는가를 보여 주는 시금석이 되고 있다.

『삼국사기』의 기록까지 무시하고 백제 초기 온조왕 때 멸망한 마한이 영산강 지역에 5세기까지 있었다는 내용을 정설로 과장하여 백제의 역사를 보잘것없이 400년이나 깎아내리는 현상까지 일어나고 있다.

전방후원분(前方後圓墳)이 일본에서 발생하였다는 것이 한일 양국 간에 정설로 받아들여지면서 심각성은 더욱 부가되었다.

국내에서도 전방후원분을 일본에서 발생한 문화로 인정하면서 영산강 유역에서 발견된 전방후원분을 마한 묘제의 증거로 내세웠던 것이다.

이는 일본에서 백제의 역사를 왜곡하는 것과 맥을 같이 하면서, 백제 문화를 깎아 내리는 데 일조한 식민사학의 병폐이다.

삼국 중 유독 백제사만 축소하는 데 아무런 거리낌이 없었고 그에 대해 누구도 강하게 문제 삼지 않아 식민사학자들의 주장이 학설로 고착될 수 있었다.

중국 사서에 백제인이 마한 사람으로 기록된 내용을 증거로 삼국사기의 내용을 인정하지 않았던 것이다.

백제의 전신이 마한이기에 한동안 중국에서는 백제를 마한으로 기록했을 뿐이다. 이는 통신이 발달한 지금 외국에서 우리나라를 대한민국이 아닌 600년 전의 고려(KOREA)로 칭하는 것과 같은 것이다.

결국 백제 초기를 마한이라고 주장하는 것은 수천 년이 지난 후 외국에서 지금의 대한민국이 고려시대였다고 주장하는 것과 같다.

한강권 전체가 식민사학의 아래에 있었는데 거대한 백제 왕도가 하남시에서 발견되자 식민사학자들은 적극적으로 막을 수밖에 없는 곤궁에 몰리게 된 것이다. 오랫동안 구축한 식민사학 학설의 아성이 무너지기에 하남시 백제 왕도를 발굴하면서도 왜곡을 시도한 것이다.

이러한 왜곡이 용납되는 것이 우리의 현실이다. 학계는 물론이고 정부와 언론도 다른 누구를 탓할 일이 아니다. 모두가 자신들이 살고 있는 조국의 역사를 비하하는 데 일조하였다.

학문에 대해서는 아무리 잘못하여도 죄가 되지 않는다는 생각의 비도덕적인 선례를 남기고 있다.

선조의 찬란한 역사까지 왜곡하는 후손들이 있을 뿐 아니라 그에 동조하는 무리가 많다는 것에 이해하기 어렵다. 다른 나라에서는 도저히 있을 수 없는 일이기 때문이다.

어느 일본인 학자는 일본에서 이렇게 거대한 유적이 발굴되었다면 연일 대

서특필로 언론에 보도되었을 것인데, 우리나라에서는 왕도를 발굴하는 3년간 외부에 알려지지 않았다는 것은 이해를 할 수 없다고 고개를 저었다.

얼마 전 신라 호텔에서 한복을 입은 사람을 출입하지 못하도록 하여 세계 토픽이 된 일과 동일 선상에 놓일 일이다.

발굴단이 떳떳하다면 하남시 교산동 일대의 거대한 건물지 발굴을 숨길 이유가 없고 공개를 하지 않을 이유가 없다. 우리나라에서 단일 목조건물지로서 최대 규모의 건물을 3년간 발굴하면서 숨겨 왔었다는 것은 자신의 업적을 포기하는 행동이기 때문이다.

(2) 이성산성의 특성

이성산성을 깊이 있게 다루고자 하는 것은 화강암 석재를 옥수수 알처럼 둥글게 다듬은 성돌과 기울기의 경사가 60도나 되는 성벽은 세계 어느 곳에서도 발견되지 않은 유일한 석성이기 때문이다.

유럽이나 동양의 성들을 조사한 외국인 학자들도 이러한 성은 그 어느 곳에서도 본 적이 없다고 했다는 말을 들은 적이 있다. 또한 실제로 없다는 것이 여러 면으로 입증되고 있다.

그러나 지금까지 국내에서는 이성산성을 백제가 쌓은 성이라고 제대로 말하는 사람이 없으니 얼마나 잘못된 관념에 사로잡혀 있는가를 알 수 있다.

어느 나라가 축조하였는가 하는 문제보다 이성산성이 어떤 구조로 축조되었는가 하는 근본부터 알고 있어야만 어느 나라가 쌓을 수 있는가를 알 수 있다.

이성산성의 석성은 조각품처럼 돌의 표면을 둥글게 다듬어 쌓은 성으로, 지금도 이러한 성을 단 100m라도 재현하려면 엄청난 비용 때문에 어려울 만큼 공력이 많이 든 석성이다.

하물며 삼국시대에 이성산성 전체를 그렇게 축조한다는 것은 나라의 온 국력을 집중하지 않고는 불가능하다.

특히 화강암은 이성산성과 가까운 남한산 일대에서는 생산되지 않는 석재로, 한강 건너에서 이성산성까지 운반해 오는 과정만 하여도 쉽게 생각할 수 없다. 신라나 고구려의 변방에서 장기간 동안 이러한 성을 쌓았다면 그들의 왕도에는 이보다 더 고급의 성이 흔하게 발견되어야 하지만 국내는 물론 세계에서도 유사한 성이 발견된 예가 없다.

그런 성을 고구려나 신라의 변방에 쌓은 성이라는 주장은, 63빌딩을 시골에 건립할 수 있다고 하는 것과 같이 무모한 것이다.

단순한 생각으로는 건립할 수 있다고 생각할는지는 모르지만, 그 당시 사람들을 우둔한 사람으로 취급하지 않고는 신라나 고구려의 성이라고 할 수 없다.

일찍이 고유섭 선생은 삼국의 문화를 평하기를 신라는 드라마틱하고 고구려는 고딕식이고 백제는 낭만적이라 하였다.

미적인 감각에서도 이성산성의 성벽은 곡선의 낭만적인 감각을 풍기고 있으며, 고구려의 모나고 직선적인 고딕식과 거리가 멀고 요란스러운 신라의 드라마틱한 문화와도 차이가 있다.

백제가 얼마나 낭만적인 문화를 가졌는가는 토기를 보면 알 수 있다. 몸체가 둥근 것이 많은데 곡선을 잘 표현하고 있기에 보다 포근함이 있고 낭만적이다.

이성산성은 엄청난 공력과 정성을 들인 것으로, 그 당시 경제적인 가치를 고려하지 않고 성을 축조하는 우매한 사람들만 살고 있었다고 단정하는 것은 잘못된 시각이다.

상식적이고 단순한 생각조차 하지 못하고 무턱대고 고구려나 신라의 성으로 주장한다는 것은 민족사를 왜곡하기 위한 의도가 있다고 밖에 상상하기 어렵다.

이성산성이 신라나 고구려의 성이 될 수 없는 것은 다음과 같은 명백한 이유에서도 알 수 있다.

① 이성산성 내부에서 발굴된 유적 중에 국내에서 발견된 적이 없는 부여족 묘제 양식이 발굴되어 부여족이 백제를 건국했다는 『삼국사기』의 기록과 동일한 백제 유적임을 입증한다. 이성산성에서 부여족 유적이 발굴되어 백제 왕도의 제사처임이 밝혀진 것이다.

② 이성산성 내부의 8각·9각·12각 건물은 일반적인 건물이 아니고 격이 높은 신전 건물이다. 다른 지역에서는 그렇게 밀집된 유적과 2개의 9각지가 발견된 적이 없다. 또한 다각형 건물과 옥수수 알 모양의 석성은 같은 시대에 마지막까지 남아 있었던 시설로서 백제 왕도 신전 건물 이후에는 그 같은 성을 축조하지 않았다. 이 건축물들은 일반적인 것이 아니라 특수성이 있는 고급의 문화 시설로서 아무 데에서나 흔히 발견되지 않으므로 왕도와 관련된 격이 높은 시설임을 알 수 있다.

③ 고구려나 신라가 한강권에 주둔한 시기는 불교가 성행했던 시대였다. 그러나 이성산성에서는 사찰 유적이 발견되지 않았으며, 오히려 별자리가 새겨진 거북바위·금성분(전방후원분)과 같은 토착적인 유적들이 발견되고 있어 백제시대의 유적임을 알 수 있다.

④ 이성산성은 위치상 한강 변을 지키는 성으로 특히 북쪽의 고구려를 감시하는 성이라는 점에서 고구려 변방의 성이 될 수 없다.

⑤ 이성산성은 조각품처럼 잘 쌓은 석성이자 각도가 60도이다. 지금까지 다른 곳에서는 발견된 적이 없는 특수한 축성법이어서 문화와 경제가 앞선 지역에서만 축성할 수 있다.

⑥ 이성산성 내부의 건물지 초석은 중첩되어 있지 않고, 모두 표면을 다듬지 않은 것이다. 교산동 왕궁지는 9번이나 초석이 중첩되어 있다. 그러나 이성산성 내부의 건물지는 초석이 중첩되어 있지 않다는 것은 처음 건립하여 폐성이 될 때까지 장기간 사용하였음을 알 수 있다. 초석이 중첩되어 있지 않고 건물들이 질서 있게 줄지어 있어서 백제 이외의 다른 시대에는 이성산성을 사용하지 않았다는 것을 입증하며 모양이 변하지

않는 신전 건물이었다는 뜻이다.

⑦ 이성산성의 석재는 화강암으로 남한산 일대에서는 생산되지 않는다. 강 건너에서 운반해 온 석재를 사용할 정도의 성을 고구려나 신라가 변방에 축성할 이유가 없다.

⑧ 이성산성 내부에는 그 어느 곳보다 신라시대의 골호(骨壺) 유물이 많이 발견되고 있어, 신라시대에는 이성산성이 폐허가 되어 무덤으로 이용되었음을 입증한다.

⑨ 가까운 하사창동에는 천왕사라고 써 있는 명문이 발굴된 곳에서 황룡사 목탑보다 더 큰 목탑지가 발굴되었고, 교산동에서는 목조 단일 건물지로는 최대인 건물지가 발굴되었다. 모두 백제 왕도 유적으로 이성산성 유적과 연계되어 그곳에는 백제 이후에는 집중적이고 거대한 세력권이 형성되지 않았다는 것이 밝혀진 것이다.

⑩ 『삼국사기』에는 백제가 고구려의 중인 도림의 꾀에 넘어가 과도한 축성과 토목 공사로 국력을 탕진하여 멸망하게 되었다는 내용이 있다. 개로왕 때 과도한 왕도의 축성으로 국력을 탕진하자 고구려가 이를 기회로 한성을 침공하여 멸망시켰다는 내용인데, 이때의 왕도가 이성산성이다. 이성산성에서 돌을 가공한 정(釘) 자국이 녹슬지 않은 성돌을 발견하여 이를 입증하는 유물로서 보관한 적이 있다. 이는 성을 쌓고 바로 무너졌음을 알려 주는 유물이다.

(3) 이성산성의 문화재적 가치

이성산성의 내부 구조를 살펴보자.

성돌은 옥수수 알처럼 생겼고, 성벽은 각도가 60도로 기초석이 단 한 개 밖에 없어서 90도 각도인 일반적인 성벽과 판이하게 다르다.

90도 각도의 석성은 기초가 깊어, 대부분 1～2m 정도의 기초로서 60도 각도의 이성산성의 성벽과는 구조적으로 전혀 다르다.

60도 각도의 성벽은 아랫돌을 빼내도 무너지지 않는 장점이 있으나, 적이 성벽을 타고 올라 올 수 있기에 표면을 옥수수 알처럼 둥글게 하여 미끄러지도록 하였던 것이다.

이러한 축성법은 세계에서 유일한 것으로 백제의 축성술이 어느 나라보다 발달하였음을 입증하는 유적이다.

또한 옥수수 알처럼 생긴 성벽은 곡선 지형에 자유롭게 부합하도록 축성할 수 있는 또 다른 장점이 있다.

표면이 반듯한 성돌은 짧은 곡선 지형에서 굴곡을 유연하게 처리하기 어려우나 표면이 원형인 성돌은 곡선미를 자유자재로 살릴 수 있기에 보다 우리나라적인 미적 감각을 살리는 예술적인 축성 방법이라 할 수 있다.

이성산성은 찬란한 백제사가 함축되어 있고 미적·감각적인 면에서도 세계에서 제일 아름답게 쌓은 석성이다.

90도 각도의 석성의 문제점은 적들이 성을 허물기 위해서 성벽 아래쪽의 돌을 빼내면 쉽게 무너지는 단점이 있다. 그러나 이성산성처럼 60도 각도의 성벽은 밑의 돌을 빼내도 허물어 지지 않는다.

그런데 옥수수 알처럼 성돌을 다듬는 것은 공이 많이 들고, 무엇보다 화강암과 같이 결이 고운 석질의 돌이 아니면 성을 쌓을 수 없다. 그러므로 이성산성은 아무 곳에서나 쌓을 수 없는 고급 석성에 속한다.

석성을 쌓으려면 많은 공력이 들고 축성 기간도 오래 걸리기에 나라의 변방에서는 어려움이 따른다. 만약 고구려나 신라가 이성산성을 쌓았다면 그들의 왕도에는 이보다 더 고급의 성이 발견되어야 한다.

그러나 이성산성은 세계적으로도 희귀한 성으로 처음에 발굴이 되었을 시에는 많은 사람들이 한국의 미라고 극찬을 하였을 만큼 독특한 곡선의 아름다움이 있다. 그러한 성을 지금까지 고구려나 신라의 변방에 있었던 성이라고 말하는 사람이 많으니 문제가 심각하다.

성 내부에 조성되었던 다각형 건물도 일반적인 건물이 아니라 신전 건물로, 9각지는 그 어느 곳에서도 발견된 적이 없다.

이성산성의 다각형 건물지는 무엇을 의미할까? 백제에서는 불교가 들어오기 전에는 하늘에서 제일 밝은 태양을 숭배했다. 9각・12각・8각의 다각형 건물지는 각각 태양・달・금성의 일월성신(日月星辰)에 대한 신전이라는 것이 밝혀지고 있다.

제정일치 사회인 고대에는 기본적으로 나라에는 나라와 관련된 신(神)을 모시는 곳이 있었고 마을에는 마을과 관련된 신앙지가 있었으며 개인의 집에는 가신(家神)을 모시는 장소가 있었다.

이성산성 안에서 백제를 건국한 부여족 무덤과 일월성신을 모신 신전이 발굴되면서 백제 왕도의 신앙지임을 알 수 있었다.

또한 이성산성 내부에는 금성과 관련된 금성분(金星墳)이 발굴되었다. 이 고분을 두고 일본에서는 전방후원분(前方後圓墳)이라는 명칭을 사용하고 있으나 엄밀하게 보면 앞은 네모이고 뒤는 원형인 이 고분은 일본이나 우리나라에서도 없는 모양이다.

일본의 고분은 앞은 방형이 아닌 물고기 꼬리 모양의 삼각형과 유사하고 우리나라의 고분은 뒤편이 원형이 아니고 8각이나 또 다른 모양이 있어, 고분의 명칭을 정할 수 없을 만큼 모양이 다양하기에 근원적으로 금성과 관련되었다는 뜻으로 금성분이라 칭하게 되었다.

학문의 명칭은 무엇보다 명확해야 한다. 그러나 지금까지 일본에서는 2,500기나 되는 무덤과 관련된 수많은 논문이 발표되었으나 고분의 발생 지역이 아니기에 금성과 관련된 고분이라는 것을 밝히지 못했던 것이다.

일본에는 다양한 모양의 초기 금성분은 없고 정형화된 모양만이 있어 발달과정을 알 수가 없고, 우리는 한강권에 금성분이 없다는 결론을 내려 관심조차 두지 않는 심각성을 보였던 것이다.

일본에서 자생했다고 주장하고 있는 전방후원분이 우리나라에서 발견되었다고 구체적인 유적까지 지적하여도 이를 부정하고 하남시 백제 왕도를 발굴하면서도 은폐하였던 만큼, 한강권의 모든 유적을 재검토를 하지 않으면 안 된다.

유물의 진정한 가치는 돈으로 환산할 수 없는 것이지만, 실제로 엄청난 부가가치와 경제적인 면에서도 크나큰 피해를 입고 있기에 왜곡을 바로잡아야 한다.

세계적인 이성산성과 함께 격이 높은 유직과 유물이 남한신성과 고골 일대에서 발굴되고 있는 하남시는 다음과 같은 문화적인 부가가치가 높은 유적이 산재되어 있다.

① 세계에서 유일한 이성산성의 아름다운 성벽
② 세계 최대 규모의 금성분의 발생지로서 천문사상이 그 어느 나라보다 발달한 곳이다.
③ 천왕사 목탑지와 동사지 목탑 등 황룡사 목탑보다 큰 규모의 목탑이 3곳이나 된다.
④ 한 장에 20kg 정도 되는 세계 최대 크기의 남한산성의 백제 기와는 건축술에서도 한성백제의 위력이 어느 정도인가를 밝힌다.
⑤ 우리나라 최대 규모인 고려시대의 철불이 조성된 곳으로 천왕사 성불의 규모를 알 수 있는 한성백제의 후신이다.
⑥ 백제의 덕풍천 운하는 남한산성과 이성산성의 석재를 운반한 우리나라에서 제일 오래된 운하로서 방대한 규모이다.
⑦ 역사상 동양 최초로 일본과 중국을 다스린 한성백제의 발상지로, 민족 전성기의 역사를 간직한 곳이다.
⑧ 우리나라의 3대 도읍지에 속하며, 남한 표준말과 북한의 표준 언어 개성 말의 어원은 한성백제 문화에서 발생하였다.
⑨ 삼국의 역사를 우리나라 분열의 도구로 응용하여 왔던 것을 차단할 수 있는 유적이다. 한성백제의 500년 역사는 우리나라 중심의 대표적인

통합 문화로서 한강 기적의 뿌리이며 한류의 원형이다.

⑩ 우리나라는 지형적으로 중국과 일본 사이에서 끊임없이 역사 왜곡을 당하는 위치인데, 그들을 능가하는 유적이 발견되어 악순환을 극복하고 역사 왜곡을 잠재울 수 있다. 우리의 후손들에게 자긍심을 심어 줄 수 있는 긍지의 이력이기에 당당하게 가슴을 펴고 자랑스럽게 내놓을 수 있다.

⑪ 이 유적들은 심판과 교육의 기준이 되는 잣대로서, 진실을 외면하여 흔들린 가치관과 심각해진 병폐를 바로잡을 수 있다.

⑫ 당이 신라와 연합하여 자국을 비우고 13만 대군을 동원하여 백제와 동양 최초의 국제전을 전개한 이유가 밝혀졌다. 당 이전의 수(隋)가 고구려와 싸워서 멸망한 지 42년 밖에 되지 않은 시기에, 당이 모험을 하지 않으면 안될 만큼 백제가 무서운 나라였다는 것을 알 수 있다.

위와 같이 간략하게 살펴보아도 백제 왕도의 잠재력과 중요성을 알 수 있다. 이처럼 찬란한 문화유산을 오히려 저해하는 사람을 하남시에서 지원하는 것은 지탄을 피하기 어렵다.

한강권 유적의 모든 것을 종합해 보면, 백제 말기에 고구려나 신라가 이 지역에 진출은 하였으나 변방이기에 기존의 성을 보축하여 사용할 수는 있으나 새롭게 장기간 동안 축조한 유적의 흔적은 없는 것으로 나타난다.

그런데도 식민사학자들은 이성산성을 고구려나 신라의 성이라고 주장한다. 또한 삼국 초기의 한강권은 삼한을 비롯한 백제의 전신인 십제국과 고조선의 국가인 낙랑과 말갈 등 수많은 세력들이 각축전을 전개한 지역임에도 그들의 역사와 유적을 말살하고 있다.

그들의 주장은 민족사를 축소·말살·비하하는 풍토를 조성하고 그 병폐는 잘못된 교육으로도 이어지고 있다.

상기 이외에도 이성산성이 백제의 성이라는 것은 여러 면으로 밝혀지고 있다. 특히 백제가 아닌 다른 세력이 점거하여 새롭게 축성하거나 건물을 세운 적이 없다는 것이 입증되고 있어, 고구려나 신라가 축성하지 않았다는 것을 알 수 있다.

앞에서도 언급했듯이 이성산성이 고구려나 신라의 성이라고 주장한다면 변방 산골에 세계에서 유일한 고급 성을 쌓았다는 말이 된다.

조각품과 같은 이성산성을 쉽게 만들었나고 생각하는 발상 자체가 문제이다. 일반적인 성이 아니라 엄청난 노력이 들기에 장기적이고 안정된 세력권이 아니면 축성할 수 없고 왕도가 아니면 축성이 어려운 성이다.

전방에서 군 복무를 해 본 사람은 잘 알겠지만 휴전 상태인 지금의 전방에서도 훈련을 겸하는 작전상 부대 이동을 자주 하고 있다. 전방 부대는 수시로 이동을 하는데 그만큼 적의 침입 통로가 불확실하기 때문이다.

그러므로 삼국의 각축전이 심했던 한강권의 석성을 고구려나 신라의 변방 성이라는 주장은 지금까지 한강권의 500년 백제 왕도를 배제하거나 축소한 식민사관에서 나온 발상이다.

이성산성이 어떤 성격의 성인가를 구체적으로 알고 있지 않으면 고구려나 신라에서도 백제의 성을 사용하였을 것이라고 막연히 생각할 수 있다.

발굴 후에도 지속된 오랜 주장이었기에 잘못되었을 것이라고 상상하기는 어렵기 때문이다.

이성산성이 백제의 성이라고 계속 주장한 것은 단 한 사람이었기에 얼마나 우리의 시각이 고구려나 신라로 치우쳐 있었는가.

그러나 단 한 사람의 주장이라 할지라도 내용을 깊이 알고 정확한 근거를 내세워 논리적으로 주장하고 있다면 진실에 가깝겠지만, 반대로 논리성이 없는 주장은 단편적인 것에 불과하다.

이제라도 이성산성을 심층적으로 논하지 않으면 안 된다. 우리의 역사가 식민사관에 깊게 물들어 있음을 알 수 있는 표본이 이성산성이기 때문이다. 특히 백제사는 일본과 관련이 많기에 한강권의 백제 유적은 거리낌 없이 철저하게 고구려와 신라의 유적으로 왜곡・포장되어 왔다.

한강권 유적에 대한 백제의 관념이 미약한 상태에서 고구려와 신라의 유적으로 오랫동안 주장해 왔기에 전환하기가 쉽지 않은 면도 있다.

그러나 다행히 최근 일부에서 남한에는 고구려다운 성이 없다는 말이 흘러나올 만큼 어느 정도 변화가 되어 가고 있다.

(4) 남한산성과 아차산 보루성

고구려나 신라의 유적으로 지금까지 대대적으로 보도를 하였던 한강권의 남한산성이나 아차산성도 논하지 않을 수 없다. 하남시 백제 왕도와 인접해 있기 때문이다.

잘못된 시각들이 모든 유적들을 왜곡하고 있기 때문에, 세계 최대의 기와장이 발견된 남한산성을 신라의 병기 창고라고 버젓하게 언론 보도를 통하여 방영하는 상상하기 어려운 일까지 일어나고 있다.

남한산성의 성벽도 화강암으로 남한산 일대에서는 생산이 되지 않는 석재로서, 고구려나 신라는 물론 조선시대에도 축성하지 않은 성이라는 것을 누구나 알 수 있다.

조선시대에는 포차가 발달하여 삼국시대보다 오히려 축성이 정교하지 못하였고, 한강 건너에서 화강암을 운반하여 축성하였다면 오랜 기간에 걸친 대역사의 축성인 만큼 조선왕조실록에 기록이 남을 수밖에 없다. 조선시대에 쌓았다는 기록이 있는 성은 화강암이 아닌 남한산 일대에서 채석한 편마암으로 지어졌다.

언론을 통하여 남한산성의 대형 건물지를 무기고라고 주장하는 것은 군사적인 내용을 전혀 모르는 사람만이 가능하다.

칼과 창과 같은 무기는 유사시에 사용하기 위하여 분산・휴대하는 것이 정상이다. 왕궁 규모의 무기고는 유래가 없다. 게다가 한 장의 무게가 20kg 정도 되는 기와는 신라 왕궁에서도 발견된 예가 없음에도 신라라고 주장한다

[사진 3-2] 화강암으로 쌓은 백제의 남한산성

는 것부터 논할 가치가 없다.

고대에는 건물을 신분에 따라 크기와 사용하는 자재를 규제했다는 상식까지 외면한 발굴 결과였다.

그럼에도 이를 받아들이는 어이가 없는 일이 일어나고 있으며 역사의 판단을 아무렇게나 하는 우를 범하고 있다.

조선시대까지도 신분에 따라 건물의 규모를 통제하였는데 하물며 삼국시대에 무기고를 왕궁 규모로 지을 수 있었을까?

이성산성이 고구려나 신라가 축성하였다고 주장하는 것처럼 이 또한 무기고라기에는 고급의 시설임에도 거리낌 없이 왜곡 보도하였다.

세계적으로 제일 규모가 큰 기와가 발견되었다면 격이 높은 왕궁 건물이라는 뜻이다. 그런데도 남한산성을 백제 왕도라고 말하지 못하는 것은, 하남시 백제 왕도를 왜곡한 연장선에 두어야 하기 때문이다.

대형 기와와 물이 배어나는 연질 기와가 많고 대형 기와도 연질이어서 모두 4세기를 넘기 어려운 유물임에도 이를 왜곡하여 왔던 것이다.

식민사학에서 토기나 기와의 연질과 경질에 따른 시대구분을 하지 못하고 철저하게 연대를 숨기는 것은 왜곡에 걸림돌이 되기 때문이다.

연질과 경질의 차이가 나는 시기의 역사를 왜곡하고 있기 때문에 유물 역시 명확한 시대 설정을 하지 못하고 있다.

남한산성에서 많은 백제의 유물이 발굴되어도 은폐하여 왔던 그들의 움직임만 보아도 왜곡이 얼마나 심각한가를 알 수 있다. 남한산성 발굴에서 수많은 백제 유물이 출토되었다면 당연히 백제의 건물이 있었다는 뜻인데도 이를 숨겼던 것이다.

자신의 학설에 맞추기 위해서 유물이 나오지 않았다고 간단하게 처리하면 누구도 문제 삼을 수 없는 것이 우리의 현실이다.

거대한 백제 왕도까지 발굴하고도 은폐하는 현실에서 다른 것은 더 이상 거론하기 어려울 만큼 왜곡의 도를 넘어선 것 같아 안타깝다.

(5) 아차산 일대를 고구려로 단정 지을 수 있는 유적과 유물?

아차산 일대에는 삼한과 백제의 유적은 없고 5~6세기 고구려 유적만 있는 것으로 알려지고 있다. 그러나 고구려 것이라고 할 수 있는 유적과 유물은 발견되지 않았고 오히려 그보다 시대가 앞선 작은 보루성만 발견되고 있어, 이 또한 왜곡이 도를 넘고 있음이 밝혀지고 있다. 하남시의 유적들이 모두 신라나 고구려 심지어 고려의 유적으로만 발표하고 있어서는 아차산 유적이 어떤 성격의 유적인가를 알기 위해 주변 유적을 검토하지 않을 수 없었다.

특히 하남시에서 백제의 유물이 한 점도 발견된 적이 없다고 발언한 사람이 남한산성을 발굴하였고, 이것을 학계 전체가 묵인하고 있어 상황이 심각했다.

이성산성을 이해하고자 한다면 가까운 유적들을 먼저 알아야 한다. 유적은 연계성이 있기 때문에 관련성을 검토하지 않을 수 없다.

아차산의 수많은 보루성들은 어느 나라가 쌓은 것일까? 지금까지 아차산 보루성은 고구려와 관련된 성이라고만 알려졌다.

구리시에서는 광개토대왕 동상까지 세우고 요란하게 고구려 유적으로 홍보를 하고 있으며 언론에서도 고구려 유적으로 발표했다.

문제는 치밀한 검토와 토론이 없고 근거도 명확하지 않은 상태에서 고구려 유적으로 일방적으로 밀어붙일 수밖에 없었던 상황이라는 점이다. 아차산 보루성을 고구려 이외의 다른 나라의 성이라고 할 수 없는 현 역사학의 학설 때문에 일어난 상황이다. 식민사학자의 입장에서는 아차산 보루성 유적이 고구려 이외의 다른 나라의 유적이라 할지라도 바른말을 할 수 없게 되어 있다. 신라의 유적이라고 하기에는 성의 방향이 맞지 않고, 삼국 초기의 백제나 낙랑·말갈의 유적이라고 할 수도 없다. 삼국 초기를 인정하지 않는 학설에서 세 나라는 제외되어 있기 때문이다. 그래서 보루성을 고구려가 한강권에 진출한 5세기 또는 6세기의 유물이라고 왜곡한 것이다.

그러나 500년 이상 앞선 시대의 유물을 고구려 유물이라고 하니 쉽게 탄로 날 수밖에 없다.

먼저 유물의 시대 설정을 왜곡하지 않으면 역사 왜곡이 탄로 나기 때문에 역사 왜곡과 유물의 시대 왜곡을 함께 한다.

시대 설정을 제대로 하지 않는 유물 중에 대표적인 것이 연질과 경질의 토기 구분이다. 토기가 경질인지 연질인지 알 수 없도록 모호하게 구분하거나 아예 하지 않아, 시대 구분을 뚜렷하게 하지 못하는 원인이 되고 있다.

그러므로 연질 토기를 6세기의 유물이라고 하는 등 수백 년을 뛰어넘어 자유자재로 시대 설정을 하니 역사 왜곡이 가능했던 것이다. 또한 토기의 굳기보다 설득력이 약한 애매모호한 토기 형태를 기준으로 주장을 하여 발굴자의 주관대로 시대 설정을 할 수 있도록 하였다. 연질과 경질의 토기 구분은 누구나 할 수 있는데도, 이에 따른 시대 구분을 해 놓으면 지금까지 왜곡한 내용이 탄로가 나기 때문이다.

지금까지 연질 토기가 출토된 아차산 보루성 유적을 6세기의 고구려시대로 설정해도 이의를 제기하는 사람은 없었다. 그러나 앞서 밝힌 것처럼 연질 토기와 경질 토기의 차이는 엄청나다. 지금의 첨단 컴퓨터보다 더 요긴하고 절실한 생활 도구인 토기가 경질로 만들어진 것은 획기적인 발달로서 일단 경질을 만들 수 있게 된 이상 물이 베어나는 연질 토기는 오랫동안 함께 사용될 이유가 없다.

그러므로 연질 토기만 출토된 유적과 경질 토기만 출토된 유적의 시대는 명확하게 차이가 날 수밖에 없다.

가야시대(~서기 562년)의 토기는 대부분 쇳소리가 날 만큼 경질이었다. 1,000도가 넘는 온도의 철기를 제조하면 경질 토기는 자연스럽게 생산할 수 있는 토기이다.

그러므로 연질 토기만 출토되는 아차산 보루성들이 6세기의 고구려 성이라는 주장은 왜곡의 도를 넘고 있다.

역사를 깊이 모르는 일반인들은 남쪽에 백제가 있었으니 그 반대편에는 고구려가 있었다고 하면 무난하게 받아들일 수밖에 없다.

그러나 고구려가 백제 왕도 앞에 수많은 보루성을 쌓고 오랫동안 있다든가, 백제 왕도가 공주로 천도하였을 때 천혜의 한강 경계선을 두고 수락산이나 불암산에 보루성을 쌓고 오랫동안 주둔하였다는 것은 불합리한 군사 활동이다.

유물을 이용한 역사 왜곡과 일방적 발굴의 허용을 단적으로 보여 주는 예가 있다. 거북선 총통 가짜를 만들어 바다 속에 넣은 지 얼마 후에 부식되지 않고 생생한 것을 꺼내어 400년 동안 바다 속에 있었던 유물이라고 했는데 누구도 이를 문제 삼지 않았다. 부식되지 않고 글자까지 완연한 총통을 임진왜란 때의 유물이라며 심지어 국보지정까지 하려고 했었다. 그러나 위조되었다는 내막을 알고 있었던 어부의 고발로 조작된 것이 탄로 나서 세상에 알려지게 된 것이다.

간단한 감정으로도 얼마든지 알 수 있는 위조 사실을 역사학계에서는 누구한 사람도 강하게 주장하지 못하였다. 또한 발굴자도 아무리 조작을 하여도 어느 누구도 문제를 삼지 않는 학계의 풍토를 너무나 잘 알고 있기에 범행을 시도했던 것이다. 이런 지경이니 다른 유적·유물들의 왜곡도 얼마든지 가능하다는 것은 굳이 언급하지 않아도 알 것이다.

이러한 문제점을 밝히는 데는 종합적이고 논리 정연한 생각이 필요하다.

삼국사기를 읽고 조금만 검토해 보면 아차산 보루성들은 고구려와 관련이 없다는 것을 쉽게 알 수 있다.

고구려는 한강을 차지한 백제를 치고자 대병력을 내려 보내 일시에 침공을 했다. 고구려는 백제 왕도를 함락하여 초토화했고, 신라로부터 구원병 일만 명을 얻어서 돌아온 백제의 문주왕이 한성 지역에 도달하자 고구려는 이미 물러나고 없었다.

백제가 도읍인 한성이 파괴되어 공주로 천도를 하였다는 기록에서 고구려는 정복전쟁을 한 것이지 영토를 점령하고자 한 것이 아님을 알 수 있다.

또한 아차산 보루성은 고구려가 단 몇 십 명으로 축조하여 오랫동안 주둔할 수 있는 곳은 아니다.

백제가 한강권에 있을 때 아차산은 왕도의 문전이고 백제가 공주로 천도하였을 시에는 보루성을 많이 축조할 이유가 없는 위치이다. 고구려가 백제 왕도로 침공한 시기는 백제가 강성했던 5세기 말로 보루성을 축조하여 오랫동안 왕도 앞에 주둔할 시기도 아니었다.

그럼에도 불구하고 집수정과 온돌을 놓고 백제 왕도 앞에 소규모 병력으로 지탱할 수 있다고 보는 발상이 문제이다.

고대의 군사 활동은 단순하지 않았다. 보급물자 수급과 군사 지원 등 장기간 동안 소규모 병력을 투입시키며 오랫동안 있는 것은 왕도의 문전이 아닌 변방에서만 가능했다.

또한 백제가 한성 지역에서 공주로 천도했을 무렵에는 고구려가 아차산에 보루성을 여러 곳에 쌓고 주둔할 이유가 없었다.

고구려와 같은 큰 규모의 국가가 한강을 지척에 두고 아차산 줄기에 20여 개의 작은 보루성을 쌓고 오랫동안 있었다고 주장을 하고 있는 자체가 잘못되었다.

아차산 보루성들이 고구려와 관련이 없는 성들이라는 것은 다음과 같은 내용에서도 밝혀지고 있다.

아차산과 연결된 용마산, 망우산, 불암산, 수락산 일대에서는 지금까지 20여 개가 넘는 보루성들이 발견되었고 앞으로 정밀 조사를 하면 이보다 더 많은 유적이 발견될 가능성이 있다.

최근 구리시와 인접한 남양주 일대를 조사한 결과 보루성을 포함한 수많은 성들이 발견되고 있으며, 이 성들은 북쪽을 막기 위한 차단성으로 백제의 성이라는 것이 밝혀지고 있다.

왕숙천 주변도 진관리 토성, 철마산 차단성, 내각리 보루성, 청겸산 차단성, 퇴계원 뱅이 토성 2곳 등이 단시일 만에 발견되어 장기간 조사해 보면 더 많은 성들을 찾을 수 있는 곳이다.

남양주 일대에서는 수많은 백제의 성들이 곳곳마다 발견되고 있어서 아차산에도 수많은 백제의 성이 있었다는 근거가 되고 있다.

강 건너 대모산성에서 ~ 몽촌 토성 ~ 풍납 토성 ~ 아차산성 ~ 용마산 보루성 ~ 망우산 차단성 ~ 불암산 ~ 수락산으로 이어지는 산맥은 백제 왕도를 보호하는 울타리가 되었던 곳이다.

'망우리'라는 지명이 망을 보는 울타리라는 순수 우리말인 것은 백제 왕도 입구에 있는 군사 유적인 '망월'이라는 이름에서 알 수 있다.

망우산에 남북으로 길게 쌓은 토성과 석성의 흔적이 남아 있어 조사한 결과, 모두 북한산과 도봉산 쪽에서 넘어오지 못하도록 경사지게 쌓은 장성임이 밝혀진 것이다. 백제 왕도 쪽을 보호하는 장성임이 밝혀짐으로써 고구려와는 아무런 관련이 없다는 것이 명백하게 드러난 것이다. 아차산에서 백제시대의 삼족토기의 발이 발견되었고, 그 어떤 면으로도 백제 왕도의 울타리가 되었던

[사진 3-3] 망우산 석성의 기초이다. 경사지게 길게 쌓은 백제의 장성(長城)으로 구리시나 남양주 쪽(우측)으로 넘어 오지 못하게 하였다.

곳이다.

사진 3-3과 같이 엄연히 남아 있는 유적임에도 거론을 못하는 것은 고구려 유적이라고 말하기에는 쉽게 거짓이라는 것이 탄로가 나기 때문이다.

구리시나 남양주 쪽은 백제 왕도로 들어오는 입구로 거대한 천마산성, 백제시대의 행궁지 등 많은 백제 유적이 발견된 곳이다.

그러나 지금까지 15년간 7곳을 발굴해 놓고도 보루성들이 모두 고구려 성이라고 발표했다.

이러한 현상은 한강권에서 각축전이 가장 심했던 삼한시대나 삼국 초기에 대한 인식을 배제하고 있기 때문에 일어나고 있는 것이다.

삼국 초기나 삼한시대의 성들이 곳곳마다 발견되고 심지어 청동기 이전의 성들도 발견되고 있는데도 아차산 일대를 6세기 고구려의 유적지로 왜곡하고 있으니 얼마나 문제가 많은가.

안성시 양성면에서 발견된 마한의 왕도를 지키는 반제리 산상의 군사 유적에서도 삼한시대에 얼마나 각축전이 심했던가를 알 수 있다. 삼한시대 왕도의 도성과 연계된 산성이 함께 발견되고 있어서 삼한시대의 성들이 얼마나 많은가도 알 수 있다.

그러나 지금까지 우리의 발굴에서는 삼국시대 이전의 유적에 대해서는 함구하다시피 하고 있다. 식민사관의 역사는 삼국 초기 이상으로 시대가 올라가는 유적과 유물은 역사에서 제외하고 있기 때문이다. 그러므로 삼한시대의 유물과 유적은 아예 거론조차 하지 못하는 현실이다.

한반도와 연결된 중국에서는 우리의 삼한시대와 동시대인 진(秦)의 진시황이 만리장성을 쌓았어도, 당시의 우리는 성을 쌓을 줄 몰랐다거나 만리장성과는 상관이 없었다고 외면하고 있다. 그게 아니라면 의도적으로 은폐를 하고 있다고 밖에 볼 수 없다. 만리장성을 쌓을 때 많은 사람들이 고역을 피하여 우리나라로 유입되었다는 기록이 있기 때문이다.

문제점을 고치려 하지 않고 계속 밀어 붙이는 병폐가 심각하게 나타나고 있으며, 역사 왜곡으로 민족사는 축소되고 있다는 것은 아래의 내용에서 알 수 있다.

① 아차산에서 규모가 제일 큰 시루봉 보루성에서 출토된 유물은 최소한 1세기를 넘을 수 없는 연질 토기임에도 6세기의 고구려 성이라고 발표를 하여 시대가 전혀 맞지 않는다. 고구려가 한강권에 내려온 시기는 5세기 말이며, 당시에는 연질 토기가 아닌 경질 토기를 사용했다. 아주 기본적인 유물에 이르기까지 왜곡하고 있는 것이다. 아차산 4보루성 유물도 연질 토기로 고구려가 남하한 시기와 전혀 관련이 없다.

② 망우산의 장성이나 불암산 수락산으로 이어지는 유적들은 북한산 도봉산 쪽의 마들 평야를 막는 군사 유적으로 고구려가 이곳에 성을 쌓을 이유가 없다.

③ 15년간 아차산 일대 7곳을 발굴한 발굴자들은 보루성 모두가 고구려 유적이라고 하고 있다. 이것은 삼국 시대의 유적은 없다는 결론으로 식민사학의 범주를 답습한 것이다. 한강권은 삼국 이전에도 가장 각축전이 심했던 지역이었던 것은 『삼국사기』의 기록에서 알 수 있는데도, 전혀 거론하지 않고 있다.

④ 발굴자들의 주장대로 모두 고구려의 보루성이라면, 고구려가 소규모의 보루성을 쌓고 오랫동안 국지전을 전개했다는 말이 된다. 그러나 고구려는 오랫동안 아차산에서 소규모의 국지전을 전개하지 않았다. 대병력으로 일시에 공격을 한 후 물러났고 이로 인하여 백제는 공주로 천도하였다. 아차산은 백제 왕도의 문전으로 소규모의 고구려 병력이 보루성을 쌓고 오랫동안 주둔하는 전쟁의 양상은 있을 수 없는 지역이다. 또한 백제가 공주로 천도했을 무렵에도 고구려가 소규모의 보루성을 많이 쌓고 오랫동안 있을 수 없다.

⑤ 용마산과 망우산, 수락산 보루성은 한강보다 중랑천과 마들 평야 쪽을 감시하기 위한 위치이다. 대규모의 병력을 지닌 강대국인 고구려가 소규모의 병력으로 방어하기에 유리한 한강 변을 지척에 두고 굳이 자신의 나라가 있는 쪽인 마들 평야를 조망하는 보루성을 축성할 이유가 없다. 보루성은 소규모 병력이 주둔하면서 침입하는 적을 감시하는 시설로 망우산 장성은 위치적으로 동쪽과 연결된 세력권이다.

⑥ 시루봉 보루성은 성벽에 붙인 판석으로 배수로를 조성한 석성으로 지금까지 아차산 이외에서는 발견된 적이 없을 만큼, 성 축조 방식이 초기의 소규모 축성으로 특수한 면이 있다.

⑦ 아차산 시루봉 성은 보기 드물게 여러 단계로 축성한 성이다. 이러한 축성은 대부분 소국의 유적에서 발견되고 있다(예: 춘천 맥국의 산성, 진주 대평면 대평리 성, 진주시 고성산성).

⑧ 유물의 밀집도가 낮고 대형 토기가 발견되지 않는 것도 연질 토기를 사

용한 시대를 반영하고 있어, 6세기 고구려와는 관련이 없다.

⑨ 워커힐 호텔의 아차산 백제의 성에서 발견되고 있는 유물은 경질 토기가 많다. 보루성에서 출토된 연질 토기가 훨씬 시대가 앞선다. 보루성이 아차산 백제의 성보다 축조 시기가 앞섰으니 보루성에서 출토된 유물은 고구려가 한강 유역에 도달했을 때보다 시대적으로 앞서는 유물임이 입증된다.

⑩ 현 식민사학은 민족사를 축소하기 위하여 삼한시대나 삼국 초기의 역사를 거론하지 않고 있다. 그러므로 한강권에서 삼한시대의 군사 유적은 제외했고, 아차산의 작은 보루성까지 6세기의 고구려 유적으로 결론을 내린 것이다.

⑪ 고구려는 땅을 빼앗기 위한 전쟁보다 굴복시키는 정복전쟁을 할 수 밖에 없다. 왜나하면 장수왕의 할아버지인 고국원왕이 백제와의 전쟁에서 전사하였기에 그 원한이 깊었기 때문이다. 그러므로 아차산에 보루성을 쌓고 오랫동안 주둔하면서 백제 왕도를 마주보고 국지전을 전개한 전쟁은 있을 수 없다. 고구려가 영토를 차지하려 했다면 만주 지역으로 뻗어나갔을 것이다.

⑫ 최근에 구리시와 인접한 남양주 일대를 조사한 결과 보루성과 함께 백제시대의 차단성이 여러 곳에서 발견되었다. 또한 많은 토성의 군사 시설들이 남양주 전 지역에서 곳곳마다 발견되고 있고, 아차산보다 훨씬 거리가 먼 포천 쪽의 남양주에도 백제 유적이 밀집되어 있다. 그러므로 그 어느 곳보다 중요한 아차산 북쪽에 백제나 말갈과 낙랑, 삼국 이전의 유적은 없다고 결론짓고 고구려 보루성만 부각하는 것은 허위이다.

⑬ 아차산에서 백제의 지표 유물로 알려진 연질 삼족토기편이 발견되었다.

⑭ 워커힐 호텔의 강변에 백제의 석성과 연결된 아차산 줄기의 지형은 남쪽의 대모산성 ~ 몽촌 토성 ~ 풍납 토성 ~ 아차산성 ~ 용마산 보루성 ~ 망우산 차단장성 ~ 불암산 ~ 수락산 등이 남북으로 방벽을 이

루고 있다. 모두 백제의 성곽으로 밝혀졌음에도 같은 줄기인 아차산에서 수락산으로 이어지는 능선은 고구려 성들이라고 단정한다는 자체가 모순이다. 식민사학자들은 백제 왕도의 서쪽 지역을 길게 막고 있는 연결된 울타리와 같은 능선을 두고 고구려 성이라고 주장하는 심각성을 드러내고 있다.

아차산 보루성 왜곡은 빙산의 일각에 지나지 않는 예이다. 하남시에서 백제 왕도를 3년간 발굴하면서도 하나같이 은폐하였고 소규모의 몽촌 토성이나 풍납 토성을 왕도라고 계속 주장하며 백제의 역사를 축소하려고 단합된 태도를 보인 전과에서도 있었다.

세계에서도 유래를 찾을 수 없는 일이 우리나라에서 일어나고 있다니 슬픈 일이다.

아차산 보루성들은 백제 초기의 초소 또는 소규모의 세력들이 장기간 서로 대치하고 있었던 유적이다. 그곳들에서 발견된 유물 또한 삼국 초기의 유적이다.

삼국 초기 마한의 땅에서 백제·말갈·낙랑 등의 각축전이 극심하여 백제가 한강 남쪽으로 도읍지를 옮길 만큼 전쟁이 심할 때 조성된 유적인 것이다.

한강권에서 보다 중요한 아차산·용마산·망우산·불암산·수락산으로 연결된 군사 유적이 모두 고구려 성이라는 발굴 결과가 얼마나 조작되었는가를 알 수 있다.

위와 같은 역사적 사실이 엄연히 『삼국사기』에 남아 있음에도 실제보다 500년 후의 고구려 유적만이 있는 것으로 왜곡하여 탄로가 난 것이다.

필자가 많은 유적을 찾아내면서도 마한의 왕도를 구별해 낼 수 있었던 것은 무엇보다 유물을 판독할 줄 알기 때문이다.

500년 이상 확연히 차이가 나는 유물을 논하는 것조차 상식을 벗어나고 어의가 없는 일이다.

식민사학자들은 한강권 유적을 고구려나 신라의 유적으로만 치부하고 한강 본류 백제시대의 큰 성은 몽촌과 풍납 토성 밖에 없다는 주장을 오랫동안 해 왔던 것이다.

발굴까지 한 하남시의 유적을 은폐하면서 그동안의 풍납 토성의 왕성설을 계속 주장해 왔다는 데에서 심각성을 알 수 있다. 최근에 한강권에서는 백제 왕도를 찾지 못했다고 말하는 사람도 있어서 얼마나 잘못된 것을 고수하려고 하는가를 알 수 있다.

지금까지 이성산성과 인근의 다른 유적의 역사 왜곡이 심하다는 것을 살펴보았고, 백제사 전체를 축소·말살하려는 식민사학자들이 왜 많은가도 알아보았다.

이러한 왜곡들이 세계에서 유일한 이성산성의 문화적인 가치를 떨어뜨리고 우리나라의 문화적인 위상에도 피해를 주고 있다.

민족의 우수성을 저해하면서까지 진실을 외면하는 발상이 도를 넘고 있어 문제 제기를 하지 않을 수 없다.

일반인들은 학술적인 문제를 판별하기 어렵고 내용도 잘 모르기에, 아는 자들이 힘의 논리로 역사를 쉽게 왜곡하여 왔던 것이다.

필자는 이러한 잘못을 단절시키기 위해서 그동안 많은 생각을 하였고, 그들의 잘못을 깨닫게 하기 위해서는 누구나 쉽게 알 수 있는 단순한 유적의 진실을 밝혀야 한다는 판단 끝에 선택한 것이 고분이다.

무덤은 다른 유적과 달리 구분이 쉬워서 진위 여부를 속일 수 없다. 그래서 일본이 자신들의 고유 문화라고 주장하는 전방후원분(前方後圓墳)이 한강권에는 없다고 우리 학계에서 단정하여 정설로 만드는 데 바탕이 된 고분을 문제 삼았다.

발굴하여 아무것도 아니라고 결론을 내버린 유적을 전방후원분이라고 주장을 하였더니 반발이 극심하였다. 그러나 거듭된 발굴로 그 유적들이 모두 전방후원분이라는 것이 밝혀지자 필자는 논문을 발표하였고 논문의 내용이 진실이라는 것도 확인 발굴에 의하여 밝혀졌다.

1년 후에 또 다른 고분을 암암리에 발굴한 결과 전방후원분임이 명확하게 밝혀지자 학계에서는 더 이상 문제 삼지 못하였다.

전방후원분을 확인하기 위한 시민 단체 강제 발굴 사건은 우리나라에서나 있을 수 있었던 사건이며, 앞으로도 또 이러한 일이 있을까 싶은 대사건이 되고 말았다.

당시 사회단체는 민족의 자존심이 걸려 있기에 물러설 수 없었고, 그동안 발굴·조사해 온 강단사학에서는 언론을 통하여 공식적으로 강하게 고분이 아니라고 반발하였다.

이렇게 시대 구분이 단순한 고분까지 제대로 판독하지 못하였다는 것은 의도적인 왜곡을 하여 왔었다는 뜻임이, 하남시의 백제 왕도 유적과 전방후원분 사건으로 널리 알려질 수 있었다.

기존 사학계는 거대한 유적의 너무 오랜 왜곡은 그에 반발하는 보이지 않는 진실의 복병을 자연스럽게 길러내는 토양이 된다는 것을 전혀 생각하지 못했던 것이다.

(6) 하남 백제 도성과 남한산성

2003년 1월 2일부터 3일간 문화일보는 "잊혀진 왕국을 찾아서" 라는 기사를 연재하였다.

이러한 기사가 언론에 발표된 것은 그 당시 시조 왕릉으로 추정되는 능이 땅 주인에 의하여 파괴가 되었기 때문이다. 능을 보호하고자 여러 면으로 제의하였으나 받아들여지지 않자, 백제문화연구회 여성 한 명이 문화일보의 윗선과 연결이 되어 처음으로 크게 언론으로 다루게 되었다.

아래의 내용은 보다 간단하게 내용의 줄거리를 요약한 것으로 우리의 현실이 얼마나 문제가 많은가를 알 수 있다.

[사진 3-4] 백제 왕도 유적이 발견된 남한산 북쪽(검단산에서 촬영)

(상) 하남 위례성으로 가는 열쇠

경기도 하남시 춘궁동의 능너머 고분이 앞으로 본격적인 발굴에 들어가, 백제 초기 왕릉으로 확인될 경우 동아시아 고대사는 다시 쓰일 것이 확실하다.

능너머 2000년 동안 베일에 가려 온 백제 초기 도읍지 한성(漢城)백제(기원전 17~서기 475년) 하남 위례성의 수수께끼를 풀 결정적 열쇠일까. 고고학계가 주목하고 있는 능너머 고분군은 지명 '능너머'에서 보듯, 옛날부터 능이 있을 것으로 추정되어 왔다. 춘궁동과 교산동 주변 사방 수 km 평지에는 이곳 외에는 어디에도 능을 찾아볼 수 없다.

우리나라에서 경주 다음으로 문화재가 많은 고장 하남이 위례성, 즉 한성백제 도읍지라는 주장은 학계에서는 비주류의 소수의견으로 묵살되어 왔다. 그러나 최근 들어 하남이 2000년 전 도읍지였을 것이라는 조짐들이 속속 드러나고 있다.

15년간 발굴 작업이 진행 중인 하남 서쪽의 이성산성, 우리나라 최대 규모의 목조건물 유적인 교산동 건물지가 능너머 고분에서 동쪽으로 불과 200m

위치에 있다. 한성백제 왕궁터로 추정되는 춘궁동의 천왕사지에는 최근 거대한 목탑지 2개가 발굴됐다. 현재 동양 최대의 목탑지로 논란을 일으킨 동사지 등 하남시 문화재는 다른 곳에서는 볼 수 없는 거대한 규모로 한 나라의 국력을 집중하지 않고서는 건립할 수 없는 건축물이라는 것이 백제문화연구회 측의 주장이다. (…중략…)

남한 지역의 3대 도읍지는 1000년의 고도 신라 경주, 600년의 서울, 500년의 한성백제 하남 위례성이 꼽혀 왔다. 그러나 하남 위례성의 위치를 두고 학계의 논쟁은 그치지 않았다.

고고학계의 주류측은 지금까지의 발굴 성과를 토대로 하남시 북쪽인 한강 아래쪽에 위치한 풍납 토성이 위례성이었다는 추측에 머물고 있다. 백제하면 떠오르는 공주의 63년, 부여는 122년간의 짧은 기간 동안 도읍지였다. 이에 비해 493년간 도읍지였던 한성백제의 도성이 6만 평 정도 밖에 안 되는 몽촌 토성이나 22만 평인 풍납 토성이었다는 주장에 대해 의구심을 품고 하남 위례성의 수수께끼를 20여 년간 추적해 온 사람들이 있었다.

한성백제의 비밀을 파헤쳐 온 구심체는 백제문화연구회

하남시 일대 유적을 20여 년 간 뒤져 온 한종섭 회장은 능너머 고분이 백제 초기 왕릉이라고 주장해 왔다. 한 회장은 지금까지 하남시 문화재전문위원으로 일해 왔는데, 지난달 말 하남시 측이 후임자에 대한 인수인계 절차도 없이 계약을 해지해 하남시에는 춘궁동 일대 유적지에 대해 제대로 파악하고 있는 사람은 전무한 실정이다.

학계 일각에서는, 고대의 고구려와 신라를 비롯한 모든 왕도의 규모는 300만 평 이상이라며 풍납 토성이 왕성터라는 주장에 이의를 제기해 왔다. 초기 백제는 당시 동아시아에서 매우 강성한 국가로 역사서에 소개되는데, 시골마을 단위에 불과한 몇 십만 평 정도의 토성이 왕성이라는 학설은 문제가 많다는 것이다. 더구나 한강 변의 풍납 토성은 침수 지대에 위치해 수차례 물에 잠긴 흔적이 있어 상식적으로 왕도의 수비성이면 모를까, 왕성으로 보기는 힘들다는 것이다.

백제문화연구회 회장을 지낸 문화개혁을 위한 시민연대 강찬석 문화유산 위원회 위원장은 "하남시 일대 전체가 매장 문화재의 보고"라고 주장한다. 그는 "현재 능너머 고분군이 심하게 훼손돼 석실 유구까지 약 1.5m 밖에 남지 않아 고분군이 완전 훼손될 위기에 처해있다"며 "문화재청과 하남시측이 향토유적 등 문화지구로 지정해 시급히 발굴작업에 들어가야 도굴을 막을 수 있다"고 지적했다.

2003년 1월 2일 자, 문화일보, 정충신 기자

(중) '제 2의 경주' 고대 도시 하남

"의심나는 곳을 파기만 하면 어김없이 고대의 유물이 나온다. 하남은 제2의 경주로 손색이 없는 고대 도시이다."

백제문화연구회 한종섭 회장과 문화개혁을 위한 시민연대 강찬석 문화유산위원회 위원장이 20여 년간 경기도 하남시 일대 유적을 이 잡듯이 뒤지며 내린 최종 결론이다. 한 회장은 백제 초기 왕릉으로 판단되는 춘궁동 능넘어 고분군이 위치한 고골(춘궁동과 교산동) 일대가 왕궁터가 틀림없다고 주장한다. 이곳은 최근 2~3년 새 고대 도시의 흔적을 보여 주는 건물터가 집중적으로 발굴되면서 학계의 비상한 관심을 끌어 왔다.

'풍납 토성 = 위례성' 식민사관 영향

• 풍납 토성 왕성은 식민사관의 유산 = 우리나라 고고학계 주류측은 초기 백제사 연구 분야에서 몽촌 토성(6만 평)과 풍납 토성(22만 평)이 왕성일 것이라는 '환상'에 매달려 온 것은 아닐까. 백제문화연구회 측의 주장에 따르면 그동안 우리 고고학계는 '우물 안 개구리' 신세였다는 것이 솔직한 표현이다. 그 환상의 배경에는 일제 식민사관이 똬리를 틀고 있다는 것이다.

"풍납 토성이 있는 곳은 한강 변의 상습 침수 지대입니다. 왕이 풍납 토성에 살고 있다고 가정할 경우 한강 건너 아차산에서 굽어보면, 왕이 어떤 옷을 입고 있는지 속속들이 알 수 있지요. 그런 위치에 왕도를 정한다는 것이 얼마나 위험천만한 일이겠습니까."

한 회장은 "풍납 토성을 하남(河南) 위례성(慰禮城)이라고 최초로 주장한 사람들은 일제시대 일본학자들로 이들의 학설이 굳어져 왔다"고 말했다. 한반도 남부에 일본이 경영한 임나일본부설 등이 신빙성을 가지려면 백제 왕도는 축소돼야 한다.

실제『일본서기』역사서에는 백제사 관련 기록이 무수히 많다. 시골마을 단위 밖에 안 되는 풍납 토성 정도가 초기 백제 왕도여야 일본인은 뿌리 깊은 '백제 콤플렉스'에서 해방될 수 있다고 생각했다는 것이다.

한성시기 백제는 한반도의 허리에 해당되는 한강 유역을 차지했으며 근초고왕 때는 황제를 상징하는 황색 깃발을 사용하고 고구려의 평양성을 공격할 정도로 강력한 정복국가였다. 더구나 중국 정사에는 서해 큰 섬인 강화도를 발판으로 수군을 이용해 중국의 요서(遼西)·양자강 하구 지역으로 뻗어갔으며, 왜국(倭國)으로 진출했다는 기록까지 있다. 4세기 들어 남진정책을 감행한 고구려 장수왕이 백제와 치열한 공방전 끝에 475년 한성을 전면 공격, 개로왕이 전사하면서 수도가 함락당해 공주로 남천했다.

• **하남 고대 도시의 흔적들** = 몽촌 토성, 풍납 토성에 집착해 오던 주류 학계가 하남시 유적에 눈길을 준 것은 극히 최근의 일이다. 지난해 5월 하남시 서쪽 이성산성을 주제로 열린 학술심포지엄에서 김윤우 동양학연구소 전문위원과 일본의 아라이 히로시 교수 등은 '이성산성이 삼국시대 이전의 건축물로 초기백제 수도와 관련이 있을 것'이라는 주장을 제기했다.

백제 초기 왕릉으로 추정되는 능너머 고분은 남북 70m, 동서 50m의 장방형 구릉으로, 높이는 4~5m이다. 이 능위에서 삼국시대 명문 기왓조각이 다수 발견됐다. 한 회장은 '으뜸되는 지아비'를 뜻하는 '원부(元夫)'는 시조의 능일 가능성을 제시했다. 명지대 오순제(문화재관리학과) 교수는 '왕을 지킨다'

는 뜻의 '왕수(王戍)'라 쓰인 기와는 고구려 장군총 꼭대기에 있었던 것처럼 이능 정상부의 향당(享堂)에 쓰인 기와로 추정했다. 그 외 '장해(丈解)'는 '10척이나 되는 태양'으로 거대한 태양과 같은 왕의 존재를 일컫는다. '수언유(壽言由)'는 '오래 살기를 빈다'는 뜻으로 고구려 천추능에서 나온 '천추만세(千秋萬歲)'와 비슷한 뜻으로 추정된다는 것이다.

●하남시 고골일대 도성체제 삼국사기 기록과 유사 = 오 교수는 삼국사기 백제 온조왕대 기록을 토대로 '한성시대 왕성은 북으로는 강을 끼고 동으로는 고악(高岳, 또는 숭산(崇山))을 의지하며, 남으로 기름진 평야를 갖고 서쪽으로는 머리바다(西海)를 끼고 있는 천혜의 분지임을 나타낸다'며 하남시 고골일대의 형태와 그대로 일치한다고 주장했다.

교산동 토성을 중심으로 한 하남시 고골일대는 북쪽에 한강이 흐르고 동쪽에 숭산인 검단산이 자리 잡고 산 정상 부근에는 동명묘(東明廟) 제단터로 볼 수 있는 제사 유적이 발견됐다. 남쪽으로는 한산(漢山)으로 볼 수 있는 청량산과 남한산성이 있고 남한산성 남쪽 탄천 변의 둔전동에는 넓은 평야 지대가 펼쳐져 있다는 것이다.

고구려 장수왕이 함락

오 교수는 "한성백제 왕성은 고구려 침입에 대비해 한강 건너편의 수석리 토성-안산성-역촌 토성을 비롯, 왕궁 주변에 이성산성 일자산과 미사리 주변 강변을 따라 뻗은 토성, 한강수로 관리성인 몽촌 토성과 풍납 토성 등이 겹겹이 에워싸고 최악의 경우 후방인 남한산성으로 대피하는 도성 체제를 갖춘 것으로 판단된다"고 밝혔다.

2003년 1월 3일 자, 문화일보, 정충신 기자

(하) 인구 100만 운하도시의 수수께끼

왕성까지 수로 뚫어 배 드나든 듯

'머리바다(서해) 해풍을 헤치고 온 상선이 한성백제 영토로 접어드는 강화대도(大島)에서 한강의 세찬 물결을 거슬러 동쪽으로 한참 나아간다. 강 왼쪽 아차산성, 오른쪽 강변에 바짝 붙은 수비성인 몽촌 토성 · 풍납 토성, 길게 뻗은 제방 토성을 지나 곧바로 남쪽으로 꺾어 들면 운하도시 덕풍천을 유유히 거슬러 올라간다. 한성의 민가와 춘궁동 동사지 등 사찰을 지나자마자 토성으로 된 내성과 중성 외성으로 둘러싸인 고도 하남 위례성(한성)이 그 위용을 드러낸다.'

경기도 하남시 고골일대를 한성백제의 왕도로 지목해 온 백제문화연구회의 한성 도성체제 청사진에 따라 묘사해 본 한 폭의 풍속도이다.

왕도의 규모 고구려 · 신라와 비슷

• 운하도시 한성 = 최근 덕풍천에 운하 유적이 발견돼 상류에 있는 왕성까지 이어진 흔적이 속속 드러나고 있다. 2001년 5월 덕풍천 지류인 교산동에서 오수관 매설공사를 하던 중 배를 정박할 닻줄을 매는 데 쓰던 석물 여러 개가 발견돼 고고학계를 놀라게 했다.

도성 내부까지 배가 들어온 흔적도 드러났다. 배 닻줄 매는 석물은 높이 2m가 넘는 큰 돌로 윗부분을 가공해 밧줄을 맬 수 있도록 인위적으로 홈이 파여 있다.

이 석물은 상류쪽 하천 수위를 높여 덕풍천 상류에 배가 다닐 수 있도록 일종의 물막이 댐을 한 기초 흔적이 있었다. 배를 정박하도록 한 시설도 있었던 것으로 추정된다. 이밖에도 길이 155cm, 폭 67cm, 두께 20cm의 돌다리 석판과 함께 덕풍천을 이용해 운하가 설치되었을 것으로 추정되는 수로 흔적이 하천바닥에서 약 3~4m의 깊이의 지하 몇 곳에서 발견됐다. 당시 한성은 운하시설을 갖추고 동북아를 호령한 막강한 왕국이었다는 것이 백제문화연구회의 주장이다. (…중략…)

• 한 · 중 · 일 고대 도시는 평지성과 산성이 한 세트 = 한 · 중 · 일은 어느 시대를 막론하고 도읍지는 평지에 있는 '도성(왕성)'과 유사시에 높은 곳으로 대피해 항전할 수 있는 '산성'이 연계된 것이 특징이다. 건축학을 전공한 강 위원장(강찬석)은 한 · 중 · 일의 고대 도시 규모 등을 비교분석, 도시공학적 시각에서 왕도 한성의 도시 구조와 규모를 체계적으로 조명했다. 압록강 변의 고구려 집안 도읍지는 국내성-환도산성, 평양의 도읍시기는 안학궁-대성산성이 세트를 이룬다. 신라는 월성-명활산성, 고려는 개경-대흥산성, 조선은 한양성-북한산성이 한 단위이다.

한성백제에서 천도한 웅진(공주)도성은 공산성, 웅진도성과 판박이인 사비(부여)도성은 부소산성 외에 청마산성, 성성산성 등이 사방으로 방어망을 형성하고 있다.

풍납 토성은 왕성으로는 옹색한 규모

웅진도성의 규모는 200여 만 평, 사비도성 규모는 약 400만 평. 고구려 장안성은 358만 여 평, 신라 왕경(경주)은 484만 평, 발해의 상경 용천부는 420만 평이다.

몽촌 토성(6만 평), 풍납 토성(22만 평)은 주변에 산성이 없어 왕성이나 왕도의 입지 조건이 못 된다. 강 위원장은 "풍납 토성에는 도로 유구가 발견되지 않고 한성백제시대의 대표적인 서민 주거 형태인 육각형으로, 대략 8,000명의 인구가 거주한 것으로 추정돼 왕궁이나 사원의 일부로 보기에는 너무 옹색하다"고 주장했다. 더구나 역사적 맥락에서 볼 때 당시 한성의 인구가 웅진이나 사비보다 적었을 것으로 보기 힘들다는 것이다. 군사 동원 능력에서 웅진 · 사비시대에 한성백제의 근초고왕 때보다 더 많은 군사력을 동원한 기록은 어디에도 보이지 않고 있다.

2003년 1월 4일 자, 문화일보, 정충신 기자

[사진 3-5] 이성산성에서 발굴된 옥수수 알 모양의 석성

위와 같은 내용은 2004년에 『위례성 백제사 2』에 자세히 다루었으며, 그 이후로 보다 많은 관련 유적들이 발견되었다.

이 보도가 있은 후에 아무런 반응을 하지 않은 식민사학 계열의 다수는 그 이후로도 풍납 토성이 왕성이라는 내용을 언론으로 보도하는 등 민족사 축소에 온갖 노력을 다하고 있다.

(7) 남한산성에서 발견된 백제 근초고왕 때의 왕궁지

남한산성 행궁지 아래에서 발굴한 대형 건물지를 발굴단은 통일신라시대의 건물지라고 발표하였으나 이는 오판임이 드러나고 있다.

2009년 3월 21일 오후 9시 45분에 KBS 1tv에서 1시간 동안 그곳이 당의 침공에 대비하여 거대한 무기고였다고 주장한 내용을 방영하였다.

또한 탄소연대를 측정한 결과 서기 660년에서 880년 사이였다며 신라의 유적으로 방영하였다.

신라시대에 주장성을 쌓은 시기는 문무왕 12년(서기 672년)이며 백제의 근초고왕이 한산에 도읍을 정한 시기는 근초고왕 26년(서기 371년)이다.

발굴단은 남한산성의 건물지를 672년에 신라가 한강 유역을 차지한 후 지은 건물이 있었던 곳이라고 했으나 그것이 오판임을 다음에서 밝힌다.

① 대형 기와가 발견된 건물지에서 마산정자(麻山停子)라는 명문이 발견되었기에 방송에서는 신라시대의 군사 조직이 머물렀던 건물이라는 내용으로 유도하였다.
그러나 마산정자라는 명문이 하남시 백제 왕궁지 서쪽의 왕릉 위에서 똑같은 명문이 발견되어 백제시대의 건물지라는 것이 입증되고 있다.
이는 백제 왕도의 산성인 남한산성과 도성 평지 왕릉 위에 있었던 향당 건물이 동일한 기와를 사용했다는 증거이다.
교산동 왕궁지에서는 이러한 명문의 기와가 발견되지 않은 것은, 당시 왕궁지는 남한산성이었으며 평지에 있는 선왕의 무덤 위에 건립된 향당에 같은 기와를 사용했기 때문이다.
두 기와의 명문은 글씨체가 같아서 한 사람이 쓴 글자라는 것이 밝혀졌으므로 더 이상의 논란 없이 남한산성은 확고한 백제 왕궁임이 입증된 것이다.

② 남한산성에서 발견된 기와는 우리나라는 물론 다른 나라에서도 발견할 수 없는 크기이며, 일반 기와의 무게는 약 4Kg인 반면 이 기와는 17.8Kg이다.
크기나 무게 면에서 지금까지 신라 지역은 물론 그 어느 나라에서도 발견된 예가 없음에도, 특수성을 인정하지 않고 별다른 설명 없이 신라시대라고 단정 지은 것이다.
이 초대형 기와의 재질은 연질에 속하는데, 물을 흡수하지 않는 경질

[사진 3-6] 남한산성에서 발견된 마산정자(麻山停子) 명문의 와편

기와를 제조하는 기술이 발달하면 (5세기) 굳이 두께와 크기가 큰 기와를 만들 이유가 없다.

그러므로 이 기와는 백제시대 왕궁에서 제작한 것이며, 백제 왕궁지 유적을 매몰하였다는 것은 역사적 범죄 사건으로 기록될 것이다.

한 장의 무게가 17.8kg이나 되는 대형 기와는 지금까지 신라 왕도에서는 발견된 예가 없으나, 백제 왕도인 하남시에서는 두께 6cm에 해당되는 와편이 발견되어 그동안 많은 의문이 되었다.

③ 왕궁 건물 규모의 무기고는 지금까지 다른 지역에서 발견된 예가 없고 또한 상식적으로 생각해 보아도 무기고를 왕궁만큼 크게 지을 이유가 없다.

무기는 비상시나 기습 공격 시에 쉽게 사용할 수 있도록 직접 휴대하거나 가까운 곳에 두고 소규모 단위로 관리한다. 현대에도 소총은 소대 단위로 관리한다.

이런 군사 제도를 모르기 때문에 국영 방송으로 왕궁 규모의 무기고가 있었다고 주장한 것이다.

또한 신라시대의 군사 조직은 정(停)으로 표현하였으나 정자(停子)와는 뜻이 다르다.

김영덕 교수에 의하면 남중국에서 기와를 제작하는 관리의 명칭이 '정자'였다. 그러므로 남한산성에서 발견된 와편은 백제가 남중국과 교류가 많았다는 증거가 된다.

④ 삼국 중기 이후 신라시대의 건물은 초석을 다듬은 것이 대부분이다. 거

[사진 3-7] 왕릉 위에서 채집한 정자(亭子)명문은 간격을 좁게 각인하는 과정에서 인(亻)변이 빠져 있을 뿐, 글씨체로 남한산성 대형 건물지에서 발견된 명문과 같은 사람의 글씨임을 알 수 있다. 주변에 선문(線紋)이 있는 것도 동일하다.

대한 건물을 건축하면서 자연 초석을 사용한 것은 하남시 백제 왕도 유적과 같다.

⑤ 천주(天主)라는 명문은 왕을 지칭하는 것이다. 천주는 천왕(天王)의 대명사를 의미하므로 왕궁지임을 입증하는 명문이다.
이러한 명문은 아무 곳에서나 사용할 수 있는 글자가 아니다.

⑥ 방사선 탄소 연대 측정을 얼마나 신뢰성 있게 하였는지는 알 수 없으나, 하남시에서도 백제시대의 유물이 한 점도 발견되지 않았다고 주장한 사람들이 실시한 만큼 서기 660~880년도가 나왔다는 것도 당연히 신뢰하기 힘들다.
백제의 거대한 왕도를 3년간 발굴하거나 이성산성을 20년간 발굴하고도 백제의 유물이 없다고 한 현실에서 문제의 심각성이 입증되고 있다. 탄소 연대 측정에 오차가 없다고 하여도 양심적으로 정확한 시료를 채취하였는가도 우려되며, 지금과 같은 구조에서 현실에서 누가 불이익을 감수하려고 양심선언이나 바른말을 할 수 있겠는가. 삼국이 통일할 무렵에 당과 싸우기 위해서 왕궁 규모의 무기고를 만들었다는 것도 사리에 맞지 않는다. 그리고 북쪽에는 곧바로 발해가 건국(서기 698년)되

었다는 것이다.

⑦ 삼국 말기의 기와는 크기가 이미 정형화되어 지금의 기와 크기와 유사했다. 거대한 기와는 일반적인 기와와 달리 특수한 건물에 사용했는데, 신라 변방의 군사 지역에 거대한 건물을 축조하였다면 신라의 다른 지역에서도 유사한 건물과 기와가 여러 곳에서 발견되어야 한다.
그런데 신라 왕도에서 발견된 예가 없는 같은 두께의 와편이 하남시 백제 왕도에서는 여러 곳에서 발견되었다.

⑧ 대형 기와가 발견된 건물지가 백제시대의 왕궁지임을 알 수 있는 것은 초기일수록 암막새·수막새 기와가 발견되지 않았기 때문이다.
이와 함께 대형 숫기와도 토수 기와로 백제 초기의 기와와 같다.
불교가 유입된 통일신라시대의 건물에서는 암막새·수막새 기와가 출토되는데, 거대한 건물에서 막새 기와가 출토되지 않는다는 것은 백제 초·중기의 왕궁지임을 입증하는 것이다.

⑨ 왕도 주변에는 반드시 산성이 있는데, 하남시에서 백제 왕도로 추측되는 건물지가 발견된 후 남한산성에서도 대형 기와와 다량의 백제 유물들이 발견되자 식민사학자들은 이를 숨기기 위해 거론하지 않았던 것이다.
그동안 필자가 우리나라 22곳의 고대 왕도를 찾아낸 결과, 왕도는 산성과 도성이 하나의 세트로 구성되어 있었다. 그것은 철칙이었음에도 식민사학자들은 이를 거론하지 않고 있다.
남한산성이 백제와 관련된 유적이라는 생각도 않고, 유물이 출토되어도 보고서에서 거론조차 하지 않는 것은 의도적인 왜곡이다.

⑩ 남한산성은 이성산성과 함께 남한산 일대에서 나지 않는 화강암을 한강 건너에서 운반하여 쌓은 성으로 백제 이외에는 변방세력이 장구한 세월 동안 쌓을 수 없었고 신라 왕도에서도 이렇게 정성들인 고급 성은 발견되지 않았다.

백제시대에 남한산성의 성돌을 운반한 운하(運河) 유적이 덕풍천에서 발견되어 남한산성 성돌 운반 경로를 알 수 있다.

발굴단의 말대로라면 63빌딩을 시골에 건립하였다는 논리와 같다.

⑪ 5세기가 되면 지금의 기와처럼 검은색 경질의 기와를 만드는 기술이 발달하는데(서기 465년 기와편 출토), 남한산성에서 출토된 대형 기와는 물을 흡수하는 소성도가 낮은 연질 기와이다. 이는 백제가 근초고왕 때(서기 371년) 한산에 도읍을 정한 시대라는 것을 입증한다.

흡수성이 있는 연질 기와이기에 비가 세지 않도록 두껍게 제작한 것으로, 경질 기와를 제작한 서기 465년 이전의 기술이다.

북한산성에서 발견된 경화원년(景和元年) 명문 기와는 서기 465년에 제작되었음에도 조선시대의 기와처럼 검은색의 경질이다.

그러므로 남한산성의 기와는 백제시대 이전의 것이 대부분이며 백제시대의 토기편도 함께 다량 출토되었다. 그런데도 역사를 왜곡하고 이를 묵인하고 있으니 문제이다.

⑫ 고대 건물은 신분에 따라 규모와 사용 재료에 차이를 두고 통제하였던 만큼, 대형 기와를 사용할 수 있는 건물은 왕궁이나 관부, 사찰이나 종교적인 건물에 한정되어 있었다.

특히 기와는 위세품에 해당될 만큼 중요한 것으로, 발굴 유래가 없는 대형 기와만으로도 백제 왕궁지임이 입증된다.

⑬ 조선시대에는 남한산성에 백제 시조를 모시는 숭렬전을 건립하였는데, 그때까지만 하여도 국가에서 남한산성을 백제 왕궁지로 인정할 수 있는 유적이 많이 남아 있었기에 온조왕 사당을 건립하였던 것이다.

⑭ 남한산성 행궁지에서 백제 유물이 많이 출토되어도 의도적으로 보고서에 거론하지 않고 언론 보도에서도 전혀 거론하지 않았다.

제대로 된 초석 하나 발견되지 않은 풍납 토성은 백제 왕도라고 오랫동안 주장을 하면서도, 정작 많은 백제 유물이 발견된 남한산성에 대해서

[사진 3-8] 남한산성 내부에서 발굴된 백제시대의 건물지(발굴보고서 사진 인용)

는 제대로 양심선언을 하는 사람이 없을 만큼 문제가 많다.

⑮ 목탑(木塔)은 삼국 초기의 탑이며 그 다음은 전탑(塼塔)과 석탑(石塔)이다.

하남시에서 황룡사 목탑보다 더 큰 규모의 목탑(木塔)이 2기나 발굴되었어도 국민들이 알 수 없도록 은폐한 심각함이 들어나고 있다.

[사진 3-9] 남한산성 대형 건물지에서 출토된 전형적인 백제시대의 연질 기와. 가야시대의 토기나 기와도 경질이 많은데 위 유물은 백제 초기의 기와이다(2007년 11월 7일 사진).

그동안 역사왜곡을 방지하기 위하여 많은 노력을 들여 이들을 제압할 수 있는 증거를 수집하였다.

식민사학자들은 신라의 황룡사 목탑도 신라 스스로 건립할 수 없어 백제의 아비지(백제의 장인)를 초청해 건립하였다는 삼국유사의 기록도 참조하지 않고

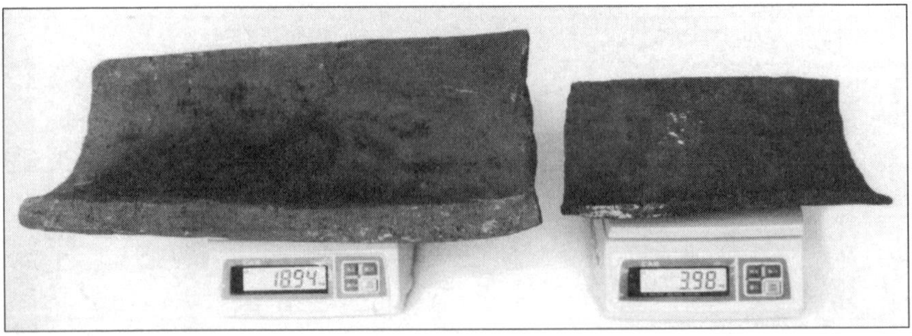

[사진 3-10] 일반적인 기와와 차이가 많은 특수 기와(발굴보고서 사진 인용)

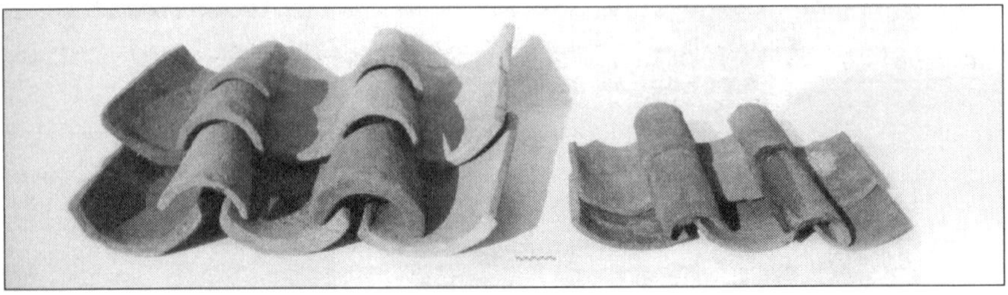

[사진 3-11] 백제 왕궁지 기와(왼쪽)와 조선시대 기와(오른쪽)의 비교(발굴보고서 사진 인용)

무시하고 있다.

하남시에서 거대한 고대 도시 유적이 발견되어도 모르쇠를 잡으며, 이성산성을 신라나 고구려의 성이라고 하였고 이제는 남한산성까지 통일신라 운운하면서 백제 역사를 말살하려는 의도를 보이고 있다.

하남시에서는 백제 유물이 한 점도 발견되지 않았다고 장담한 사람들이 남한산성 발굴을 주도하는 순간부터 결과는 미리 정해져 있었던 것이다.

신라시대 주장성을 쌓았다는 시기는 문무왕 12년(서기 672년)이며 백제의 근초고왕이 한산에 도읍을 정한 시기는 근초고왕 26년(서기 371년)이다.

무려 300년 차이라는 엄청난 오류를 범하고 있는 것이다.

백제가 하남시에 왕도를 정하면서 남한산성은 유사시에 천도하는 산성으로 처음부터 이용되었던 것이, 행궁지에서 백제 초기의 유물이 대량 출토되어 입증되었다.

또한 거대한 기와와 관련된 막새 기와가 발견되지 않아 삼국의 이른 시기에 만들어졌다는 것을 입증한다. 중국의 서주 시기(기원전 1027~770년)의 최대 규모의 기와는 57cm이지만 이곳의 기와는 이보다 큰 64cm로 두께가 4~6cm이다.

흡수성이 있는 연질이기 때문에 기와를 두껍게 한 것으로 시대가 백제 초·중기에 해당된다는 것을 알 수 있다.

지금 기와의 규격은 45~50cm로 무게는 약 4kg 정도이지만, 이 대형 기와는 약 19kg으로 큰 차이를 보인다.

식민사학자들은 하남시의 백제 왕도를 말살하고자 하였고 이제는 남한산성의 근초고왕 때의 왕궁지까지 왜곡하고 있다. 자신의 잘못된 판단은 용기 있는 자만이 고백을 할 수 있다. 백제 왕도는 한강에서 바늘 찾기가 아니었다.

일정시대의 공무원이나 정치인들은 나이가 들면 교체되지만, 논문으로 발표된 식민사학은 오히려 확대 재생산된다.

우리의 슬픈 역사의 단면이다. 학계는 물론 관청과 언론에 이르기까지 식민사학이 장악하였다. 특히 백제사는 일본과 연관이 많기에 더욱 왜곡이 심하게 되고 있다.

2) 남양주 일대의 유적

백제 왕도인 하남시와 남북으로 마주보고 있는 남양주 일대는 백제와 관련된 거대한 성터가 발견되지 않아 오랫동안 많은 의문을 남겼던 지역이다.

그런데 조사·연구에서 수많은 유적과 거대한 성들이 발견되어 예상 외로 문화 유적이 많은 곳으로 밝혀지고 있다.

남양주는 왕숙천 주변이라서 드넓은 농경지가 있고 수원이 풍부해서 사람이 살기 좋은 곳에 속하는 곳으로 동쪽과 남쪽은 북한강과 한강 본류가 가로

막고 북쪽과 서쪽은 거대한 산들이 에워싼 천혜의 요새지(要塞地)에 속한다. 그래서 역사적인 내용이 많다.

또한 진벌, 진관, 진건, 진중, 진안, 진접 등의 군사적인 지명에서도 알 수 있듯 수많은 군사 유적들이 산재해 있는 곳이다.

남양주의 동쪽과 서쪽을 차단하는 거대한 산줄기는 장성(長城)으로 연결되어 있다.

철마산・천마산・운길산・예봉산으로 이어진 장성에는 곳곳마다 성터를 조성한 흔적이 남아 있다.

백제시대의 군사적인 진으로 구분한다면 철마산이 1진이고 천마산이 2진이며 3진은 한강 변 예봉산으로, 3개의 군사 권역으로 구분할 수 있다.

세 곳의 진(陣) 중 가장 거대한 천마 산성이 남양주의 중심에서 발견되었는데 이는 한강 북쪽의 최대 군사 기지이다.

(1) 최근 찾아낸 유적(2010년에 조사했음)

① 진관리 토성

예봉산(683m)과 아차산 사이로 흐르는 왕숙천 주변 벌판은 작은 야산이 남북도 가로 막고 있어 그 어느 곳보다 군사적으로 중요한 곳이다. 이러한 지형적 위치와 진관이라는 땅 이름에서 군사적인 고대의 성이 있음을 추측할 수 있다.

고대에 왕숙천은 북으로는 포천시로 통하는 물길이었으며, 남으로는 한강과 만나는 하류로서 가래여울 지점이 수심이 얕아 하남시 백제 왕도로 통하는 지름길이 되었다.

남양주에는 한강을 도강하기에 좋은 당정섬이라는 얕은 수심의 퇴적지가 있던 곳이라, 그 어느 곳보다 군사적으로 요새화하지 않으면 안 되는 곳이었다.

지금은 쓰기 편한 眞官(진관)이라는 한자를 사용하고 있으나 발굴되는 유적과 위치상 특수성으로 미루어 보아 원래는 군사적 길목을 차단한다는 뜻이 있는 지명이다.

진 칠 진(陣) 또는 진압하는 진(鎭)과 빗장 관(關)으로, 경계가 삼엄한 땅 이름에 속한다.

동서쪽과 북쪽의 길목을 차단하는 위치로 왕숙천을 사이에 두고 마주보고 있는 퇴계원과 진관리에는 도성들이 군집을 이루고 있다.

② 퇴계원 토성

군사 지명인 진관리에서 성터가 발견되어, 그 맞은편에 있는 퇴계원도 조사해 보니 토성이 발견되었다.

퇴계원에서 왕숙천과 합수되는 용암천의 상류는 고대에는 의정부 쪽으로 이어지는 길로 쓰여 군사적으로 중요한 위치였다.

퇴계원 앞에 흐르는 용암천은 불암산, 수락산, 옛성산, 천겸산 등지에서 내려온 물이 합쳐진 하천으로 왕숙천 다음으로 크다.

육로는 장해물을 설치하여 곳곳마다 막을 수 있지만, 하천의 물길은 열려 있기에 이동하는 통로가 되어 요소마다 군사 시설을 조성하게 된다.

조선시대에 나라에 땔감과 농산물을 공급하던 관청인 도제원(道濟院)을 퇴계원에 두었던 것은 무엇보다 강원도로 통하는 길목이었기 때문이다. 이로 인하여 시장이 생기고 퇴계원 산대놀이가 공연되면서 문화적으로도 남양주의 구심점이 되었다.

남양주에는 청동기시대에도 일정한 규모의 세력권이 형성되었다는 것이 밝혀지고 있다. 남양주에서 외부와 통하는 주 통로가 있었던 곳으로 고대로부터 요충지에 해당되는 곳이었다.

퇴계원은 강원도에서 서울 도성으로 가는 지름길이며 경기도 북부 포천 쪽으로 통하는 길로 〈대동여지도〉에도 표기되었다.

③ 뱅이 토성

퇴계원 북쪽의 뱅이마을은 왕숙천과 붙어 있는 작은 야산으로 토성이 조성되어 있다. 이 토성 앞 왕숙천 변에는 작은 보루성이 있어서 당시 삼엄했던 왕숙천 물길을 알게 한다.

뱅이 토성에서 동쪽으로 왕숙천을 건너면 진건읍이 있는데 왕숙천을 사이에 두고 마주보도록 진지를 구축하였다. 진건읍 앞 사릉천이 동서로 흘러, 퇴계원 앞 왕숙천과 합류하여 해자(垓字)를 이룬 형상이다.

뱅이는 우리말로 지나가면 곤역을 치룬다는 뜻이다. 이 지명과 보루성은 서로 관련됨을 알 수 있다.

뱅이 지역은 작은 야산이 10겹 이상 가로막고 있어 통행하기 어려운 곳이다. 이 지역과 건너편 진건 쪽은 수많은 장해 군사 시설을 설치한 표본으로 고대에 늪지를 조성하였을 가능성이 많은 곳이다.

④ 천겸산 차단성과 옛 성산 퇴뫼산

천겸산(393m)과 옛 성산 퇴뫼산(363m)은 의정부에서 별내면 쪽으로 넘어오는 통로를 차단하는 산으로 군사 시설이 밀집되어 있다.

동쪽은 천겸산 줄기를 이용하여 왕숙천 변을 차단하고, 건너편은 진건천이 동서 방향의 해자가 되어 북쪽을 가로막는 형상이다.

동쪽을 차단하는 천겸산은 거대한 천마산 산성과 연결된 지형으로, 군사적으로 연계되어 있는 차단성으로 밝혀지고 있다. 즉 천겸산과 철마산 사이의 넓은 지역에 진건천이 놓여 있는 것이다. 자연 지형을 잘 이용한 방위선이다.

용암천과 왕숙천 사이에 남북으로 길게 위치한 이곳은 의정부와 포천 쪽으로 내려오는 적의 이동로를 동시에 포착할 수 있어 군사 유적이 밀집될 수밖에 없는 곳이다. 고대에는 기습 공격에 당하는 경우가 많은 만큼 사전에 준비를 하지 않으면 피해를 당하기에 무엇보다 적의 침입로를 감시해야 하기 때문이다.

⑤ 내각리 토성

옛 성산 줄기 따라 왕숙천으로 이어지는 곳에도 토성이 있다.

옛 성산, 잣 고개, 퇴뫼산 등은 모두 산성이 있음을 나타내는 지명으로 이곳의 토성은 왕숙천 변을 통과하지 못하도록 차단하고 있다.

고대에는 전쟁 때 물이 흐르는 곳을 제외하고는 길을 막고 통제를 했다. 군사의 이동과 보급을 어렵게 하여서 기습과 체류를 못하도록 저지를 하기 위해서 였다.

이곳에서도 하천 변에 위치한 산을 이용하여 조성한 후 사람이 상주하면서 지켜왔던 토성이 발견되고 있다. 그 성 안에는 풍양궁이라는 대궐터가 있는데, 그곳에 태조대왕재상왕시 구궐유지(太祖大王在上王時 舊闕遺址)라고 써 있는 비각이 있다. 조선 제2대 정종이 아우 태종에게 왕위를 물려주고 이곳에 와서 살았다고 전해진다.

이 지역의 대표지인 풍양현의 중심지로서 위치적으로 보호가 잘된 곳을 선택한 것으로 보인다.

시대별로 중심적인 위치는 변화한다. 삼국시대에는 전쟁이 많아서 보다 험준한 지형의 성터를 선택하여 거점을 정했으며 고려나 조선시대에는 삶에 편리한 위치에 행정 중심지를 정했다.

구궐지 남쪽은 현창(縣倉)이라는 지명으로 불렸는데 한강의 배가 이곳까지 들어왔었다는 것을 알 수 있다. 왕숙천으로 배가 드나들어 물자를 운반하였던 곳으로 교통 면에서 편리했던 곳이었다.

왕숙천 건너편 연평리를 풍양들이라 하며, 왕숙천 상류 쪽은 넓은 남쪽 벌판과 연결되고 북쪽으로는 면적이 협소해 진다.

이곳은 위치상 교통이 편리하고 보호적인 지형이라서 고려시대의 중심이자 풍양현의 치소가 되었던 것이다.

⑥ 선돌산성

왕숙천은 선돌산 주변에서 여러 갈래로 분산되는데, 그 중 주류가 선돌산 아래로 흘러 포천으로 이어지는 협곡을 차단한다.

북쪽에서 남양주로 들어오는 입구여서 요새화하기에 알맞은 선돌산에도 왕숙천 변을 차단하는 성터가 남아 있다. 선돌산은 작은 야산이지만 위치적으로 하천 협곡에 위치하며 북으로 이어지는 유일한 관문이다.

성의 입구에는 거대한 거북 형상의 조형물을 조성하여 군사 지역임을 표현하고 산 능선을 삭토하여 하천 변을 통과하지 못하도록 하였다.

'선돌'이라는 지명에서 입석이 있었던 것과 청동기시대에도 중요한 군사 지역이었음을 알 수 있다.

주변에는 분투골, 여덟밤이 등 군사적인 지명으로 불리는 야산들도 있다.

⑦ 진벌리 토성과 철마산성

철마산(709m) 북쪽 너머 넓은 분지의 지명은 진벌리로 벌판 동쪽이 높은 산과 연결되어 있다.

서쪽에 왕숙천이 흐르고 선돌 차단성・천겸산 차단성과 연결된 진벌에 대단위 성이 있을 것이라 예상하여 조사한 결과, 성을 찾았다. 거대한 산줄기를 성벽으로 조성하여 왕숙천까지 연결된 동서로 가로 막은 성벽이 발견된 것이다.

진벌은 분지를 이룬 넓은 지형으로 동쪽에는 철마산 북쪽의 계곡을 막은 자연 지형을 인위적으로 절석하여 성을 조성한 흔적이 남아 있다.

이곳은 왕숙천 벌판 입구의 길이었기 때문에 군사적인 진영을 조성하지 않으면 안 되었다.

진벌리 토성과 철마산성은 하나로 연결되어 왕숙천 북쪽을 차단하는 거대한 성곽으로 이용되었고 아직도 진(陣)이라는 땅 이름이 전해지고 있다.

⑧ 월문리 내치성 및 차단성

월문리의 성은 예봉산과 갑산이 연결된 큰 줄기를 이용한 석벽성으로 내부에 '내치'라는 땅 이름이 있다.

내치 북쪽에는 계곡을 막기 위해서 가공하던 쐐기 자국이 있는 화강암 석재들이 있다. 쐐기 자국은 삼국시대에 일정 규모의 바위를 절단하기 위한 사각 구멍으로 길이가 95mm이다. 성을 쌓기 위하여 일을 하다 중단한 곳임을 알 수 있다.

월곡과 문곡의 지명을 합하여 월문리가 되었다는 이 지역의 지명에서도 통로가 되었던 문(門)이 있었음을 알 수 있다.

내치성과 차단성이 있는 이곳의 북쪽은 넓게 트여 있어 통행의 관문이 되었다. 쐐기 자국 바위들과 연결된 차단성은 갑산 줄기와 연결되어 북쪽에서 들어오는 적을 저지하는 위치임을 알 수 있다.

이와 같은 유적이 발견되어 예봉산 주변 일대에도 여러 성이 조성되었음을 알 수 있었다.

⑨ 문안산 토성

문안산 토성은 북한강 강변을 지키기에 알맞은 성으로, 성 북쪽 봉우리인 문안산은 문의 안쪽에 조성된 성이라는 뜻의 산이다.

문안산 줄기와 연결된 강변에는 문바위라는 북한강 길목의 성문이 되었던 곳이 있다.

물목이 협소한 곳에 산줄기를 이용한 성벽을 두어 강으로 통행하는 것을 제압・저지할 수 있었다.

한강 본류의 몽촌 풍납 아차산성, 대모산성 등을 비롯해 한강 일대에서는 수많은 백제시대의 성들이 발견되었다. 그와 더불어 고구려와 말갈의 침입로인 북한강 일대에 방어망을 조성해야 했던 것이다.

한강권에 빈틈없이 밀집되어 있는 성들은 500년 백제의 세력을 실감・예측하게 한다.

⑩ 예봉산 조동성

예봉산 조동성은 북한강 강변을 지키는 성이다. 한강 본류와 남한강・북한강이 만나는 양수리 일대 물길을 지켜야 했던 시기에 물길의 삼거리는 군사적으로 중요시되었다.

예봉산에 거대한 성을 지었던 것은 한강을 사이에 두고 백제 왕도와 마주보고 있는 위치이기 때문이다.

특히 물길의 삼거리인 조안면 일대를 주시하게 되면서, 조동 일대가 이 지역 세력권의 중심이라는 것을 유적에서 밝혀지고 있다.

성 입구의 방아다리라는 지역은 성과 관련된 유적을 토대로 군사적인 땅이름인 '방아다리'임을 확인하였다.

'방아'란 찧는다는 뜻으로 곡식을 찧는 방아와 같은 뜻이다. 방아라는 지명은 대부분 군사적인 공격 지점이라는 것이 여러 곳에서 입증이 되고 있다. '달'은 음달・양달이라는 우리말에서 위치 즉 터를 말하는 것으로, '방아다리'는 공격 지점 즉 싸움터라는 뜻이다.

⑪ 천마산성 및 송라산성

• 천마산성의 지형

천마산과 송라산 사이는 성을 축조하기 좋은 지형이다. 산성의 흔적이 일부 남아 있는데 남쪽과 북쪽 협곡의 두 곳만 막으면 거대한 성이 된다.

천마산 동쪽으로 이어지는 능선과 송라산 정상에서 서쪽으로 이어지는 능선 사이의 좁은 지역을 막으면 남쪽에서 들어올 수 없게 된다.

북쪽의 협곡은 수동 유원지 서쪽의 천마산과 송라산 줄기가 만나는 곳으로 토성의 흔적이 남아 있다.

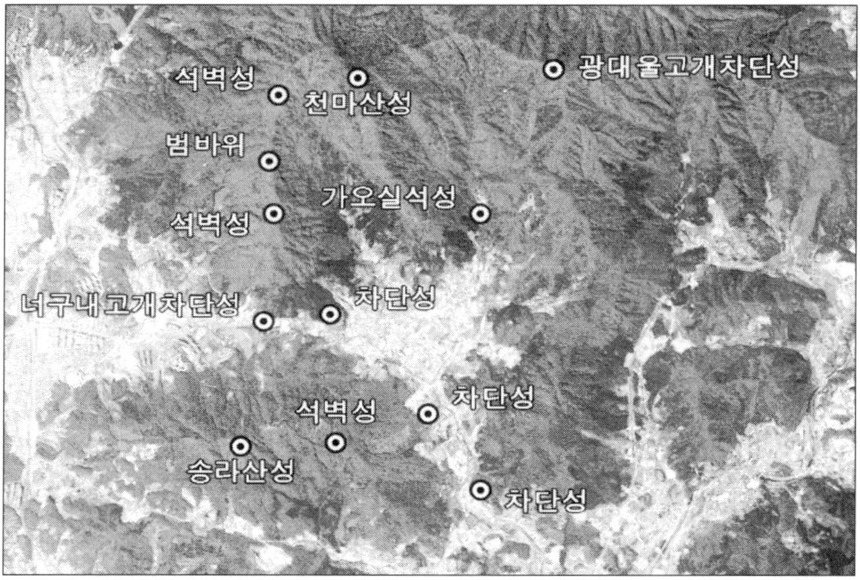

[사진 3-12] 천마산성의 구역도

• 천마산성의 특징

우리는 지금까지 성이라고 하면 돌이나 흙으로 쌓은 성이 대부분이라고 알고 있지만 자연적인 산을 삭토(削土) 또는 절석(切石)하여 조성한 성이 주를 이룬다.

그런데 천마산성은 대부분 인공으로 조성한 석벽성(石壁城)이고 그 이외 부분만 삭토하거나 일부 보축한 토성과 석성으로 이루어져 있다.

천마산처럼 규모가 크고 막대한 인력으로 조성한 석벽성은 지금까지 발견된 예가 없을 만큼 높고 가파른 성이다.

• 성의 규모와 구조

현재 도면상의 측정에 의하면 둘레 약 13km, 면적 약 10.8km^{2}로서(약 327만 평, 여의도의 1.2배) 단일 성으로는 남한에서 가히 최대의 규모라 할 수 있다.

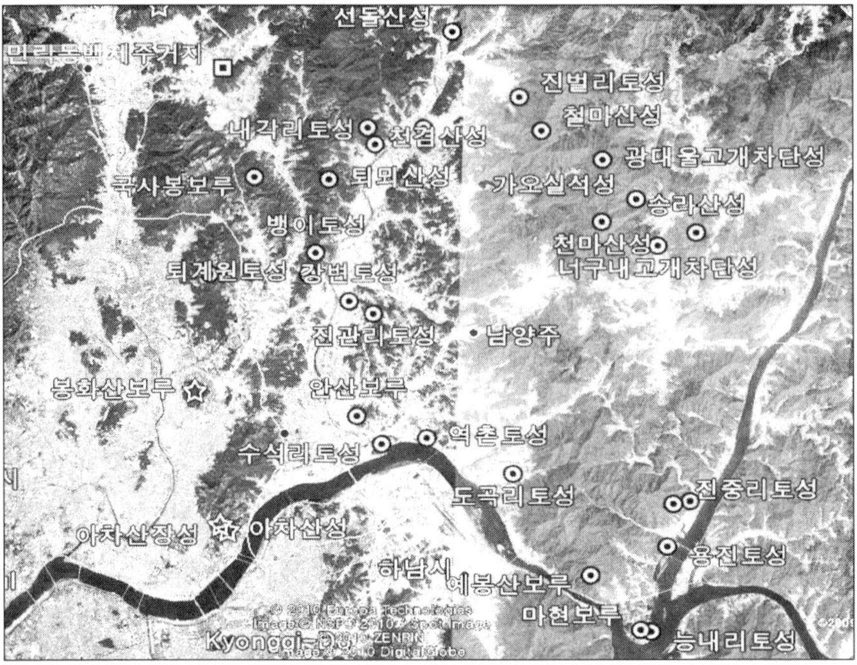

[사진 3-13] 남양주 일대의 유적

성 내부도 넓고, 하천이 있어 수원이 풍부하고 농경지가 많아 사람이 살기에 좋은 위치이다.

성 내부 가오실 쪽에는 계곡을 막은 석성과 토성이 일부 남아 있다. 위치가 군사적인 면에서 안전성이 있는 곳으로 일대의 중심지임을 알 수 있다.

• 남아 있는 성과 관련된 땅 이름

앞으로 많은 조사와 연구가 있어야겠지만 현재의 땅 이름에서도 알 수 있는 유적은 다음과 같다.

◇ 가곡리: 행정 명칭은 가곡리로서 가곡리의 어원은 현재 남아 있는 우리말 '가오실'로 한자로 표기하다 보니 가곡으로 변화한 것으로 보인다. '가오'는 흔히 '가오 잡는다'라는 말처럼 가운데 즉 중요함을 뜻한다. 중

심이 될 수 있는 중요한 곳이라는 뜻의 지역에 성이 있는 것이다.

◇ 광대울 고개: 성의 북쪽에 있는 고개 이름이 '광대울'이다. 광대는 넓다는 뜻이고 울은 우리말로 울타리 즉 성을 의미하므로 큰 성으로 넘나드는 고개라는 뜻이다. 성이 얼마나 큰 규모였는가를 알 수 있다.

(2) 2010년 이전에 조사된 유적

① 아차산 장성

② 봉화산 보루성

③ 안산 보루성

④ 도곡리 토성

⑤ 역촌 토성

⑥ 예봉산 보루성

⑦ 마현 보루성

⑧ 용진 토성

⑨ 진중리 토성

(3) 백제 왕의 행궁지(行宮址)와 왕숙천

그동안 하남시 백제 왕도에 대한 연구와 발굴의 진실은 어느 정도 밝혀졌지만 한강을 사이에 두고 있는 남양주에 대한 연구는 제대로 되지 않아 많은 의문이 제기되고 있다. 구리시는 고구려 역사 유적만 있는 도시로 인식되어 한강권 500년 백제 왕도의 역사는 부각되지 못하고 있는 실정이다.

백제와 관련된 연구가 되어 있지 않은 남양주와 구리시 쪽은 역사 왜곡이 극심한 편이다.

남양주와 마주보는 강 건너 하남시에서 장구한 세월의 500년 왕도가 발견되자, 백제 왕도의 문전이었던 남양주에서도 수많은 유적이 발견되고 도시의 역사적 정체성이 밝혀지고 있다.

한강 변에서 규모가 제일 큰 천마산성을 비롯해 군사적인 지명인 진관, 진중, 진벌, 진건, 진접, 진안과 팔야, 팔현, 팔당 등 백제시대와 관련된 수많은 지명이 나타나고 있다. 왕숙천도 이와 맥을 같이 한다.

필자는 하남시가 백제 왕도이기에 남양주에는 백제 왕의 행궁지가 있어야 한다는 판단이 들어 연구·조사를 하게 되었다.

왕과 관련된 '궁'이라는 지명은 백제 왕도와 마주보는 한강 변 1곳과 왕숙천 변 2곳에 있다. 북방을 왕래하던 길과 검단의 제사에서 백제시대 행궁이 최소한 2곳이 있어야 한다는 것이 밝혀지고 있다.

① 왕과 관련된 궁 마을들

마을 지명	행정 위치	내 용
궁안 마을 한천	하남시 춘궁동	백제 왕궁지 인근 마을(지금의 춘궁리는 춘장과 궁안 마을에서 앞 글자를 따서 지음)
궁말 한내발	남양주시 와부읍 도곡리	왕도 앞 동막나루 인근의 한강 나루터 행궁지
궁안 한들	남양주시 진접읍 장현리	왕의 제사처인 검단과 고대의 길(왕숙천 변)

② 검단, 왕과 관련된 하천명

검단과 왕의 지명	왕의 제사처 검단	백제 왕도 제사처 선정 위치
남양주 검단과 왕숙천(왕신내)	백제 왕도 **북쪽 검단** (진접읍 연평리)	백제 왕궁을 중심으로 동서남북의 명산대천에 검단이라는 제사처가 마련되어 있음. 동쪽은 하남시 검단산, 남쪽은 성남시 검단산, 서쪽은 김포검단임. 남양주 검단은 철마산(709.5m)에서 북쪽 큰 산봉우리(780.8m)를 향하여 제를 올린 것으로 나타남.
김포 검단과 왕길리(김포 지명은 검단으로 가는 나루)	백제 왕도 **서쪽 검단**	

③ 남양주 와부읍 도곡리 자운동 궁 마을 행궁지

하남시 백제 왕도 앞 남양주 쪽 한강 변에 있는 와부읍 도곡리에는 궁촌이라는 지명이 있다.

이곳은 당정섬과 이어지는 동막 나루로 왕과 관련된 궁말·한내발·조소봉 등의 지명이 있고 주변에는 백제의 성터가 밀집되어 있다.

왕도 앞 한강 나루터인지라 갑자기 강물이 범람하면 당분간 기거하게 되는 곳이다. 500년이나 이어진 왕도라면 당연히 이러한 시설들을 조성했을 것이라는 점은 의심의 여지가 없다.

한강 나루터 길목에는 행궁이 조성될 수밖에 없었다. 조선시대에 정조가 수원 화성으로 가기 위해서 시흥 행궁, 과천 행궁으로 이어지는 한강 변에 노량진 행궁(용양봉저정)을 조성하였다.

이와 같이 왕이 행차하였던 남양주 역시 거리상 2곳의 행궁이 조성되어야 했다.

능이나 혼돈할 수 있는 다른 유적이 없는 곳에 궁촌이라는 땅 이름이 고착되어 전해지고 있다는 점에서 행궁의 위치가 명확하게 드러난다.

남양주의 역사・문화에서 비중이 높은 백제 왕 행궁지를 반드시 조사해야 하는 이유는 왕숙천을 비롯한 수많은 땅 이름과 유적들이 이와 관련되어 있기 때문이다. 특히 거대한 천마산성을 앞으로 세밀하게 조사한다면, 관광 자원으로도 가치가 높은 유적들을 여러 곳에서 발견할 수 있다.

또한 지상의 신(神)으로 추앙받았던 제정일치 사회의 왕이 거처하는 곳은 신성 구역이기에 그 중요성은 비할 데 없다.

이러한 신성 구역은 부가가치가 높은 문화 자원이기에 시급히 보호되어야 한다. 특히 도곡리 자운동 행궁지는 홍선대원군의 형인 홍완군의 건물이 있었던 곳인데 사유지라서 훼손될 위기에 놓여 있다.

• 행궁지의 행정 위치

남양주시 외부읍 도곡리 자운동 161번지 위쪽(홍선대원군의 형, 홍완군 이정응 집터 일대), N 37° 34' 56.3", E 127° 14' 47.4", 고도 92m.

• 행궁지의 유물 · 유적 현황

유적 · 유물 현황	내 용
보호 시설과 위치적인 현황	행궁지 남쪽은 고려대 농장의 산줄기가 동서로 길게 가로 막고 북쪽은 야산 줄기가 에워싸서 토성이 조성된 곳이다. 왕궁은 필수적으로 외부에서 보이지 않는 위치에 짓는데, 이곳 역시 은밀하여 선택하였던 것이다. 이곳은 북한강으로 통하는 세재 고갯길로 가는 길목이며 한강, 왕숙천과도 통하는 교통 요지이다.
땅 이름 조사	왕과 관련된 땅 이름이 밀집되어 있는 곳으로 궁촌, 어룡, 한내발, 자운, 금대산, 조소봉, 불암 성터길 등이 대표적이다.
유물	행궁지 지하 1m 정도의 토층 단면에서 백제시대의 적색 기와가 층위를 이루고 있는 것이 발견되었다. 적색 기와는 특색이 있는 기와로서 하남시 왕궁지에서 출토된 것과 같은 유물이다. 또한 다양한 와편의 발견으로 조선시대 이전 삼국시대에 장기간 동안 건물이 있었던 것을 알 수 있고, 땅 이름과 유물로 행궁지였음이 입증된다.
각종 현황	행궁지가 위치한 곳은 예봉산 · 운길산 등지로 가는 등산로로 본조이 시급한 곳이다. 행궁지는 관광 자원으로 가치가 높아 지역 브랜드를 높여 줄 것이다. 행궁지와 붙은 조소봉은 행궁지를 입증해 주는 지명으로 장구한 세월이 흘렀지만 행궁지가 조성되어 있었다는 것을 알려 준다.
종합 결론	이곳은 흥선대원군의 형인 흥완군 이정응의 집터로서 백 년 전에도 이곳이 위치적으로 보호와 안정된 풍수적인 길지로 알려져 있기에 이곳에 집터를 정하였던 것으로 그만큼 중요한 곳임을 입증하고 있다. 삼국시대의 길지는 조선시대에도 길지로 평가되어 재사용된 예가 많아 역사적인 의미에서도 자운동 행궁지는 정체성이 높은 곳이다.

④ 남양주 진접읍 장현리 궁안

진접읍 장현리의 행궁지 입지의 적합성은 다음과 같다.

- 왕의 제사처가 있는 진접읍의 검단은, 철마산(709.5m) 북쪽의 높은 산봉우리(780.8m)를 향하여 제를 올렸던 명산대천에 속했던 제사처이다.
  철마는 제사와 관련된 지명으로, 백제 왕도의 제사처인 하남시 이성산성에서 철마(鐵馬) 유물이 출토되어 이를 입증하고 있다.
- 남양주는 한강을 사이에 두고 백제 왕궁지와 마주보는 문전이다. 백제는 초기부터 북벌을 단행하였고 고구려와의 전쟁 등으로 수백 년간 북방을 왕이 직접 왕래하였다.

[사진 3-14] 높은 토대 위에 조성한 백제시대 행궁 유적지(도곡리 자운동)

[사진 3-15] 지하 1m 지점의 토층에 깔려 있는 적색 와편

근초고왕이 고구려의 평양성까지 들어가서 고국원왕을 죽이고 개선한 지름길이 바로 왕숙천 변의 길이었다.
- 한강권에서 제일 큰 규모의 산성인 천마산성 입구이자 왕숙천 변이다.
- 도곡리 궁촌과 거리상으로도 행궁지의 가능지이다.

조선시대에 한강 변의 노량진 행궁(용양봉저정) · 시흥 행궁 · 과천 행궁을 설치한 거리와 비교가 된다. 진접읍 장현리는 고대의 길로서 왕숙천 변이기에 행궁지로서 적합한 곳이다.

⑤ 왕이 거처하는 곳은 신성 구역

하남시 백제 왕궁의 동쪽에는 검단산, 남양주 도곡동의 행궁지 동쪽에는 조소봉이 있으며 진접읍 장현리의 동쪽은 철마산이다.

왕은 신성한 곳에 거처를 정하는 만큼 산신과 관련된 정기가 이어지는 곳에 대부분 궁의 위치를 선정한다.

조소봉이라는 명칭의 '소'는 대부분 왕이 사는 지역의 지명과 관련되어 있다.

태조가 왕위에서 물러나 머물렀다는 진접읍 풍양궁도 진접읍 일대에 있어서 여러 면에서 기거하기 편리한 곳임을 알 수 있다.

⑥ 왕숙천 하천 이름과 행궁지

궁 마을과 '왕'이라는 하천 이름이 전해지고 있다는 것은 단순한 일이 아니다. 위에서도 말했듯이 남양주는 백제의 행궁이 2곳 건립될 수밖에 없는 곳이었다.

왕과 관련된 하천 이름이 단순히 왕이 며칠 밤 잠을 자거나 왕을 그만 두고 일시적으로 기거하였다는 이유로 거대한 하천 이름으로 공감대를 형성할 수는 없다.

또한 왕숙천은 '왕신내' 라는 우리말로도 이름이 전해지고 있다. 왕숙천 변에 왕의 숙소인 행궁이 있었기에 왕숙천(王宿川)으로 이름 지어진 것이다.

이를 입증하는 예로서 백제의 서쪽 제사처인 김포 검단에는 왕길리라는 지명이 한 조로 전해지고 있는 것처럼 이곳 북쪽 남양주 검단은 왕숙천이다.

백제시대에 장구한 세월 동안 왕숙천 변(진접읍)에 왕의 숙소인 행궁이 있었기에 왕숙천이라는 하천 이름이 전해질 수 있었던 것이다.

다음은 진접읍 장현리 행궁지의 유적을 조사한 내용이다.

유적・유물 현황	내 용
토성(土城)	자연 지형과 일부 인위적으로 조성한 토성이 발견되었으며, 영빈 김 씨의 묘와 달리 남쪽 골짜기에 따로 조성되어 있었다. 현재 경작지로 많이 훼손된 상태이다.
유물	토성 내부에 다양한 와편과 토기편이 산재되어 장기간 건물이 있었다는 것이 밝혀진 곳이다. 특히 기와는 종교, 관부, 왕의 거처 외는 사용할 수 없다는 점에서 땅 이름과 함께, 입지적으로 행궁지였을 가능성이 높다.
땅 이름 조사	궁안・한들・천겸산이라는 지명은 왕・하늘과 관련된 땅 이름이며, 궁안이라는 지역과 붙어 있는 작은 산 이름도 천겸산(393.1m)이다. 지금까지 숙종의 후궁 영빈 김 씨의 묘가 있기에 궁안이라는 지명이 생긴 것으로 보았으나, 작은 산골짜기를 '한들'이라고 하는데 천겸산의 명칭이 하늘의 들을 뜻하는 '한들' 땅 이름과 부합된다(한수・한성・한천 모두 하늘의 은하수를 뜻하는 왕과 관련된 지명이다).
각종 현황	동서로 철마산과 천겸산이 있으며 그 사이가 신성 구역에 속하며, 주변의 봉현이라는 지명도 왕과 관련된 것으로 보인다. 왕숙천 변이며 고대의 길로서 지형상 행궁의 위치로 적합한 곳이다.
종합 결론	앞으로 지속적인 조사・연구가 요구되며, 현재로서는 명확하게 행궁지라는 것이 백제시대의 유물이 발견되어 밝혀지고 있다.

남양주의 진관, 진중, 진벌, 진건, 진접, 진안, 팔야, 팔현, 팔당 등의 지명은 군사적인 지명이며, 왕숙천도 이들과 함께 전해진 하천 이름이다.

고대에 팔이라는 말은 '물이 팔팔 끓는다'라는 말에서 알 수 있듯 활발하다・자유롭다・움직임이 많다는 뜻이 포함되어 군사 용어로 사용된 것이 많다. 6・25 때의 중공군의 팔로군, 기복이 많은 팔자 등의 말과도 관련이 있다(금성과 관련된 고대 신앙에서 왕도 주변의 위성과 같이 중요한 곳은 '팔'이라는 명칭을 붙였다).

팔야는 우리말 '여덟 배미'가 한자로 전해지는 과정에서 팔야(八夜)로 변한

[사진 3-16] 도로 개설로 절단된 장현리 행궁지 입구의 토성 단면

[사진 3-17] 천마산성 남쪽의 토성 절단면(아래쪽은 생토이며 위쪽은 토석으로 보축한 것이 명확하게 나타난다). 남양주에는 수많은 백제 유적이 산재되어 있는 곳임을 알 수 있다.

것으로 보인다.

팔야는 왕숙천 본류와 거리가 먼 엄현천 주변이며, 이 일대는 진벌과 왕의 제사처 검단이라는 성지(聖地)의 지명과 붙어 있어 군사적으로 보호 지역에 해당된다.

왕의 말 한마디로 땅 이름의 공감대가 형성되지는 않는다는 점에서도 팔(八)이나 여덟은 태양숭배 국가에서 태양을 보호하는 금성(金星)과 관련된 군사적인 지명임을 알 수 있다.

3) 진국(辰國) 마한의 왕도

(1) 왕도를 찾아낸 과정

필자는 그동안 축적된 학술을 토대로 2004년에 백제문화연구회의 연구 주제로 쓰기 위해 마한의 왕도를 찾겠다는 계획을 세웠다.

하북의 십제국 유적과 하남 위례성 유적을 찾아내는 동안 왕도의 공통점을 알게 되면서 마한의 왕도를 찾을 결심이 섰다(본문에서는 '진국' 내부에 마한 · 진한 · 변한의 통치 기관이 있었다는 학설을 근거로 진국 마한이라 하였다).

그러나 막상 마한의 왕도를 찾아 나서자 어디를 먼저 가야 할 것인지가 문제였다.

마한의 왕도에 대한 기존의 학설은 익산설과 영산강설 외에도 여러 가지 설이 있기에 종잡을 수 없었으며 지금까지 남아 있겠느냐는 것도 회의적이었다.

또한 오랜 시일 동안 헛고생을 할 가능성이 많다는 염려와 무모한 일로 결말이 날 가능성이 있기 때문에 난감하지 않을 수 없었다.

우선 백제 왕도였던 공주의 북쪽부터 살펴보기로 하였다. 그 이유는 삼국사기의 기록을 토대로 진국 마한의 왕도가 한성백제의 도읍지에서 멀지 않을 것으로 보았기 때문이다.

그러나 첫 발길은 모래밭에서 바늘 찾는 막막한 심정으로 과연 찾을 수 있을까하는 의구심이 앞섰다.

여러 날 동안 조사한 끝에 당진의 바닷가에서 삼한시대의 토기편이 포함된 토성의 유적을 발견하면서 어느 정도 실마리를 잡게 되었다.

또한 삼한시대에 사용하였던 거대한 토성 유적을 평택의 안성천 변에서 발견하면서 그 가까이에 삼한시대의 세력권이 존재하였다는 것을 감지하게 되었다.

당진은 중국으로 왕래하였던 나루로 원래의 이름은 '한진'이었다. 이 나루와 주변 유적을 조사하면서 내포 지역의 중요성을 알게 되었고 고대부터 사용된 큰 나루였다는 것을 알게 되었다.

한진으로 통하는 강과 연결된 곳은 삽교천 · 진위천 · 안성천 등으로, 이 일대 전체를 조사하기로 하면서 여러 곳을 답사했다.

조사 과정에서 실마리가 되었던 유적은 평택의 고덕면 방축리 일대에서 찾아낸 거대한 토성이었다. 조사한 결과 삼한시대의 유물이 많이 분포되어 있기에 점차 의심을 갖게 되었다.

삼한시대에 사용한 거대한 토성이 왜 이곳에 축조되었는가. 우선 규모면에서 삼한시대에 거대한 세력과 연결된 위치의 성이라는 것을 쉽게 가늠할 수 있었다.

고덕면 방축리 토성은 진위천과 안성천으로 연결되어 바다로 통하는 삼거리의 수로를 지키는 중요한 위치의 거점 성이었다.

이와 유사한 유적은 백제 왕도의 입구를 지키는 한강 변 풍납 토성으로, 한강 본류와 남한강 · 북한강으로 이어지는 삼거리의 길목 입구를 장악할 수 있는 백제 왕도의 문전 성이다. 고대 수상 교통과 관련된 당진과 평택의 유적에서, 마한의 왕도가 강으로 연결된 보다 가까운 곳에 있을 것이라는 예측을 가능하게 했다

아래와 같은 준비가 있었기에 마한의 왕도를 찾아낼 수 있었다.

① 문헌 기록을 총체적으로 검토한다.

② 고대의 왕도들은 강과 하천으로 연결되어 있다는 공통점이 있다.

③ 왕도는 단일 성이 아니며 복합적이고 폭넓게 구성되어 있다.

[사진 3-18] 왕도를 둘러싸고 있는 한천

④ 관련된 유적의 분포와 규모 등 이 지역의 역사성을 규명한다.
⑤ 당시 세력권의 범위에 걸맞은 유적과 유물의 밀집도가 높은 지역을 살펴본다.
⑥ 고대의 지명과 전해지고 있는 각종 관련 자료를 검토한다.
⑦ 방어 시설이 여러 겹으로 잘 조성되어 있는 지형을 살펴본다.
⑧ 산성과 도성이 하나의 단위로 연계되어 있고 퇴로가 마련되어 있는 지형을 조사한다.
⑨ 알맞은 산들이 보호하듯 에워싸는 위치인가.
⑩ 가까운 곳에 넓은 농경을 할 수 있는 평야 지대가 있는가.
⑪ 땔감의 공급이 얼마나 원활한 곳인가.
⑫ 왕궁 건물지는 높은 단으로 조성된다.
⑬ 왕도 주변 길목의 보호성 · 밀집도 · 견고성을 면밀히 검토한다.
⑭ 왕궁지의 규모와 토목 공사의 공력도와 유물 와편을 조사한다.

⑮ 왕도와 관련된 신앙 유적이나 고분들이 얼마나 분포되어 있는가까지 주변을 확대 조사한다.

위의 여러 가지 내용 이외에 인근에 왕실과 귀족들이 집단을 이루고 살 수 있는 공간과 백성들이 성을 에워싸고 살 수 있는 범위와 왕도 건설에 의한 인위적인 지형 변모 등이 당시의 국력을 가늠하게 한다.

이번에 찾은 마한 왕도는 위의 내용을 다 갖추었다고는 볼 수는 없으나, 미흡한 몇 가지를 제외하고는 대부분 갖춘 것으로 조사되었다.

도성의 동쪽은 한천이라는 하천으로 둘러 싸여 있으며 서쪽에는 백운산이 있고 왕궁지 근접한 산의 정상에는 무한성이 있다. 북쪽은 큰 뫼산이 백운산과 연결되어 있고 남쪽은 낮은 야산들로 막혀 있다.

도성의 규모에서 하남시에서 발견된 백제의 왕궁지 규모와 거의 같은 면적으로, 진국 마한은 거대한 고대 국가였음을 가늠할 수 있다.

무엇보다 인근의 용두리와 반제리에서 삼한시대의 거대한 유적들이 발굴되어서 마한의 왕궁지라는 것이 간접적으로 입증되었다.

왕궁지에서 남쪽으로 1km 정도 되는 용두리에서 아파트 건립을 하다가 대단위의 청동기시대・삼한시대의 유물이 복합적으로 발견되었다.

반제리 유적의 위치는 왕궁지 서쪽에 있는 백운산의 서쪽이며, 고속도로 공사를 하다가 발굴된 유적이다. 산 위에서 대단위 군사 환호(環壕)시설이 발견되었다.

환호시설이 왜 산 정상에 있는지 의아하였으나, 왕궁지가 발견되어 왕도를 지키는 군사 유적이었음을 알게 된 것이다.

당시에는 고급이었던 청동 유물이 발견되고 유적의 밀집도가 높은 곳으로 토착 세력에서 발전한 진국 마한 왕도의 터전임이 밝혀지고 있다.

(2) 마한 역사의 인식 수정

마한의 멸망 시기는 언제인가?

현재 많은 저서와 논문에서는 마한이 4세기에서 심지어 6세기까지 존재하였다고 일반화되어 있다. 백제의 온조왕 때에 모두 멸망하지 않고 일부는 수백 년간 존재하였다는 것이다.

『삼국사기』 초기 기록과 관련된 유적이 점차 발견되어 『삼국사기』는 신뢰할 수 있는 사료적인 가치가 높은 것으로 입증되고 있다.

또한 마한 왕도의 방대한 유적들이 발견되어 원삼국이라는 학설이 얼마나 잘못되었는가 밝혀지고 있다.

온조왕 24년(서기 6년) 백제와의 분쟁에서 온조왕이 웅천책을 설치하자 마한 왕이 "동북 일백 리 땅을 주어서 살게 하였는데…" 하면서 침범하는 것을 책망하므로 온조왕이 웅천책을 헐어 버렸다는 기록이 『삼국사기』에 나온다.

백제 왕도인 하남시에서 마한의 왕도가 발견된 양성면까지는 일백 리에 해당하는 거리로서 기록과 일치한다.

마한은 백제 시조 온조왕 27년(서기 9년)에 멸망한 것으로 밝혀지고 있다.

마한은 백제의 온조왕이 사냥을 한다고 속이고 기습 공격을 하여 멸망할 만큼 백제와 가까운 거리에 있었다.

마한이 백제 온조왕 때에 멸망하였다는 것을 입증하는 또 다른 기록이 있다.

백제는 서기 63년에 신라와 싸우기 시작해서 서기 283년까지 200년 넘게 지속적으로 신라와 싸움을 했다는 기록이 남아 있다.

백제가 건국 초기부터 신라와 전쟁을 할 정도인데 그 사이에 마한이 4백년 내지 5백 년 동안 정복되지 않았다고 주장하는 것은 잘못된 것이다.

마한의 왕도를 찾아내지 못한다면 우리 민족은 끝없이 멍에를 지고 가는 셈이다. 더구나 유적은 개발로 한 번 유실되면 영원히 되찾을 수 없어서 시급하다.

중국은 기원전 108년부터 서기 313년까지 평양에 한사군(漢四郡)을 설치하여 420년간 한반도를 다스렸다는 역사 왜곡을 하고 있다.

그때는 마한이 존재하였던 시대이다. 원삼국 학설과 함께 삼한시대는 부족국가이며 한사군에 종속되어 오랫동안 왜소함을 면치 못하고 있었다는 것이 우리가 지금까지 배워온 역사이다.

그러나 삼국사기의 초기 기록에는 장기간 존재한 한사군의 실체는 없고 낙랑국과 대방국이라는 국가 이름이 나타나고 있다.

이러한 모든 문제를 바르게 규명하고 평가하기 위해서는 무엇보다 실증 가능한 유적이 확보되어야 한다.

왕도에는 당시의 국력과 모든 역사 자료가 결집되어 있다. 특히 마한의 왕도는 민족사를 바르게 밝혀줄 우리나라에서 제일 오래된 거대한 왕도 유적이다. 혼이 배어 있는 민족의 유산이기 때문에 그 중요성은 돈으로 환산할 수 없다.

안성에서 발견된 마한 왕도에 대한 문헌 기록은 어떠한가? 중국 측의 사서에는 마한 54개국, 진한 12개국, 변한 12개국의 연맹체로 나타나며 나라 이름과 생활상의 내용까지 자세하게 기록되어 있다. 그리고 삼한을 모두 마한이 다스렸으며 통합된 전체의 나라 이름은 진(辰)국이라 하였다.

『삼국지(三國志)』 위서 동이전 한(韓)전에는 "진왕(辰王)은 월지국(月支國)을 통치한다"는 기록이 있다. 『후한서』 한전에는 "마한은 서쪽에 있는데 54개국이 있으며, 북쪽은 낙랑과 남쪽은 왜와 접해 있다 … 전체의 국토가 사방 4천리나 된다. 동쪽과 서쪽은 바다를 경계로 하니 모두 옛 진국이다. 마한이 한족(韓族) 중에서 제일 강대하여 그 종족들이 함께 왕을 세워 진왕으로 삼아 목지국(目支國)에 도읍을 하여 전체 삼한 지역의 왕으로 군림을 하는데, 삼한의 제국 왕의 선대는 모두 마한 종족의 사람이다"라고 적혀 있다.

『삼국지』에는 월지국, 『후한서』에는 목지국이라고 기록되었는데 다른 내용의 신빙성이 높고 월지국이라는 기록이 두 곳에 나타나는 『삼국지』 기록이 신뢰성이 높다('月'자가 '目'자로 오기 될 소지가 높다는 것이 주류이다).

월지국은 진왕(辰王)이 통치하였고, 진왕은 삼한 전체를 다스린 막강한 세력권으로 기록된 국가였다.

또한 마한 왕을 진왕이라고 했던 것으로 미루어 마한이 삼한 이전부터 존재하였던 토착적인 진국(辰國)의 전통을 이어온 국가였음을 알 수 있다.

신채호 선생이나 북한의 연구는 삼한 분립 이전의 압록강 이남은 모두 진국이 다스렸으며 중심지는 마한의 월지국이라는 내용의 삼국지 동이전 기록을 인용하고 있다.

또한 『삼국사기(三國史記)』 백제본기(百濟本記)의 기록에 따르면 백제 온조왕(溫祚王)이 마한 왕에게 천도와 강역을 알리고 전쟁 포로와 사냥한 신록을 바치는 관계였다. 백제 초기는 마한의 지배를 받는 속국이었던 것이다.

신라본기(新羅本記)의 기록에는 신라 사신이 마한에 오자 마한 왕이 분노하여 "진한과 변한은 속국인데 근래에 와서는 공물을 바치지 않으니 예의를 다하지 않은 것이다"라고 하면서 신라의 사신을 죽이려고 하자 이를 만류하여 되돌려 보냈다고 적혀 있다. 이 기록에서도 마한이 삼한의 맹주국이었다는 것을 알 수 있다.

지금까지는 마한 왕도의 위치를 천안의 직산 또는 익산이나 영산강 유역으로 보아 왔다.

마한 왕이 동북 일백 리 땅을 갈라주어 편히 살게 했다며 백제를 침범하는 일을 책망했다는 『삼국사기』의 기록과 온조왕 26년에 백제 왕이 사냥을 한다고 말하고 군사를 내어 마한을 기습 공격하여 멸망시켰다는 기록이 있어서, 마한과 백제는 가까운 거리에 있었다는 것을 알 수 있으나 지금까지 마한과 관련된 연구에서 이를 인정하지 않았던 것이다.

『삼국지』 한(韓)전에는 『위략(魏略)』을 인용한 "조선상 역계경이 우거에게 속하였으나 그의 말이 받아들여지지 않자 2천호의 백성들과 함께 동쪽의 진국(辰國)으로 갔다"는 내용이 있다.

고조선이 요동에 있을 때에 역계경이라는 조선의 관리는 우거왕이 자신의 건의를 받아들이지 않자 진국으로 망명을 갔다는 것으로, 당시에 한(漢)·고조선·진국 등이 서로 영역을 차지하고 있었던 것을 알 수 있다.

고조선에서 많은 사람들이 망명갈 정도였다면 결코 힘이 약한 국가가 아니었다. 힘이 약한 국가는 망명을 받아들일 수 없기 때문이다. 당시 고조선은 한(漢)과 1년간 치열하게 싸운 국가인데 그런 고조선에서도 진국을 함부로 하지 못할 만큼 강대한 국가였다는 것을 알 수 있다.

이러한 삼한의 연맹체가 진국이고 진국의 중심이 마한의 왕도이다. 그 왕도가 삼국사기의 내용대로 백제 왕도에서 일백 리 거리에 속하는 안성에서 왕궁지와 함께 발견된 것이다.

① 한반도 전체를 다스린 고대 국가 마한

마한 왕도의 위치는 경기도 안성군 양성면 성하리이다. 2004년 10월 25일 KBS 9시 뉴스에 방영되고 2005년에는 안성 신문에 발표되었다.

지금까지 알려진 마한 왕도와 관련된 내용은 54개의 연맹국으로 구성되어 있다는 것과 맹주국이 월지국(月支國 또는 目支國)이라는 것이다. 그 중심지는 익산 또는 직산이라는 설이 있으며 최근 발굴 조사로 안성천 일대에서 청동기 유적의 밀집도가 높다는 것이 밝혀져 주목받고 있다.

청동기 유적과 함께 삼한 것으로 볼 수 있는 유물이 많이 발견되어 주시의 대상이 되었다.

백제문화연구회에서 1년간 충청도와 경기도 일대를 연구 조사하여 안성의 백운산에 위치한 무한산성 동쪽 산 아래에서 남북 약 80m, 동서 약 150m의 건물지를 발견하였다.

건물지를 보호하는 토성이 남아 있으며 지표에는 삼국 초기 이전의 유물이 많이 출토되어 마한의 왕궁지로 보게 되었다.

유물 중에는 고대 기와가 많았다. 거대한 건물지에 고대의 와편이 많으며 유물의 밀집도가 높다는 것은 왕궁지임을 의미한다.

도시 구조에서도 전형적인 고대 왕도의 모습이고 왕궁 건물지를 중심으로 여러 겹으로 둘러싼 보호 시설인 토성이 있으며 외곽에는 거대한 산과 하천이 도시를 에워싸고 있다. 동쪽은 한천이라는 하천이 감싸 수중의 자연 해자로 둘러싸인 도성이다. 또한 서쪽과 북쪽은 무한산성이 있는 백운산・큰 뫼산・고성산이 겹겹이 감싸고 있는 천혜의 요새지이다.

이곳은 산성과 도성이 함께 있고 수상 교통이 편리했으며, 백제 초기에 안성천 일대에서 활동했다는 삼국사기 기록이 있어서 마한의 중심권으로 의심되었다.

『삼국사기』 백제본기에는 다음과 같이 백제 왕도와 마한의 왕도의 거리가 기록되어 있다.

> 온조왕 24년 7월에 왕이 웅천책(熊川柵: 安城)을 세우니 마한 왕이 나무라기를 "왕이 처음 하수(河水)를 건너 용족(容足: 발디딜)할 곳이 없자, 내가 동북 일백 리의 땅을 떼어 안거(安居)케 하였으니 왕을 대우함이 두터웠다 할 것이다. 마땅히 이에 보답할 생각이 있어야 할 것이거늘, 이제 나라가 안전하고 인민이 모여 들어 대적할 자가 없다고 크게 성지를 만들고 우리의 강역을 침범하니 의리에 그럴 수가 있는가" 하였다. 왕이 부끄러이 여겨 드디어 책을 헐었다.

[사진 3-19] 왕궁지에서 본 무한산성(좌측)과 고성산성(우측)

② 하남시 백제 왕도와 일백 리 거리에 있는 마한 왕도

위와 같이 마한 왕은 백제 왕에게 동북의 일백 리 지역의 땅을 주었는데 마한의 영역으로 침범하는 것을 꾸짖었다.

백제 왕도로 밝혀지고 있는 하남시와, 안성시 양성면의 거리는 일백 리 밖에 안 되므로 기록과 일치한다(『동국여지승람』 양성현 편, '지금의 서울과의 거리는 1백 12리이다').

한강권에 왕도를 둔 백제는 마한의 영토 내에 건국했는데, "온조왕 26년(서기 8년) 10월에 왕이 군사를 내어 겉으로는 사냥을 한다 하고 몰래 마한을 쳐서 드디어 그 국읍을 병합하였으나 원산과 금현의 두 성은 고수하여 항복을 하지 않았다"는 기록에서 백제와 마한의 가까운 거리가 가늠된다. 기습 공격을 할 만큼 가까운 거리에 있었다는 것이기 때문이다.

후대의 기록은 『양성면 읍지』(광무 3년, 1899년)에도 "무한성 남쪽 사면 아래에 속칭 옛현의 고을 터가 완연하다"고 적혀 있어서 유적이 남아 있다는 것을

[사진 3-20] 천자가 사는 왕도는 은하수를 상징하는 한천(漢川)으로 둘러싸여 있다.

의심할 수 있다.

무엇보다 처음부터 이곳을 의심하게 된 것은 한천(漢川)이라는 하천의 이름 때문이었다. 왕도의 주변에 흐르는 하천을 은하수 한(漢)자로 이름 지은 것은 백제 초기 왕도와 동일하다.

지금까지 많은 학자들이 마한의 왕도가 직산이나 안성천 일대에 있을 것이라고 지적하였는데, 직산현과 양성현은 신라시대에 같은 백성군(白城郡)에 소속되었던 것이 지금에 와서 행정 구역상 분리되어 애초부터 별개의 지역으로 혼돈한 것이다.

③ 선사 유적이 밀집된 한천과 안성천 일대

지금까지의 관념으로는 마한은 왜소하고 보잘 것 없는 국가였다. 그러나 앞서 밝힌 것처럼 중국의 사서(史書)에 마한 54개국의 나라 이름이 알려질 정도이며 삼한 전체를 통제한 마한 맹주인 월지국(月支國)은 작은 국가가 아니었다. 신라 초기(혁거세 38년, 기원전 20년)에 신라 사신이 수교 차 마한에 왔을 때 '진한과 변한은 속국이었는데 근년에는 공물도 보내지 않았다'며 신라 사신을

안성시 선사 유적의 유형별 현황 및 분포도

번호	유적명	소재지	지정 번호	비 고
1	고삼저수지유적	고삼저수지		구석기
2	용두리유적	공도면 용두리		구석기
3	승두리유적	공도면 승두리	향토유적 1호	구석기
4	승두리고인돌	공도면 승두리		고인돌
5	만정리고인돌	공도면 만정리		고인돌
6	내우리선돌	금광면 내우리		선돌
7	반제리토기산포지	원곡면 반제리		무문토기
8	방신리토기산포지	양성면 방신리		무문토기
9	안성, 안법고교 소장품	안성, 안법고교	경기도기념물 8호	청동기
10	방신리토기산포지	양성면 방신리		토기산포지
11	방신리토기산포지	공도면 승두리		토기산포지

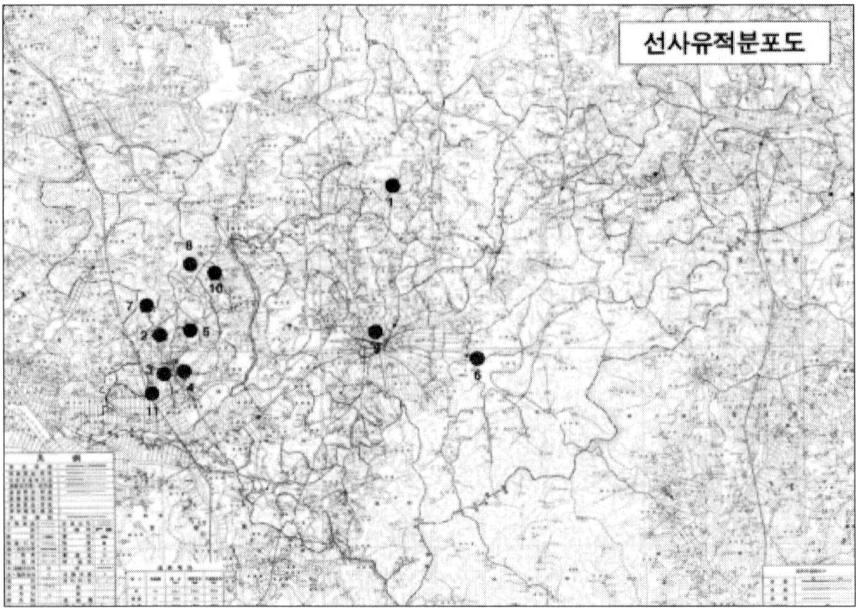

[사진 3-21] 양성면과 공도면에 집중된 선사 유적(『안성시의 역사와 문화 유적』, 471쪽)

[사진 3-22] 왕궁지의 와편 유물

죽이려고 하였던 기록에서도 거대한 국가라는 것을 알 수 있다. 백제도 초기에는 마한 왕에게 모든 상황을 일일이 보고할 만큼 강대한 국가였다.

삼국사기의 기록에서도 마한이 남한 전체를 다스린 거대한 제국이었음을 알 수 있고, 중국의 사서에서도 마한과 관련된 기록이 많다.

안성에서 발견된 유적은 삼한 전체를 다스린 진국(辰國)의 왕도로서 부가 가치가 높은 관광 자원이 될 수 있는 유적이다.

앞으로 그 주변에서 관련 유적을 찾아내고 왕도의 정확한 규모와 남아 있는 시설들을 조사하여, 고조선과 연결되는 한반도 전체를 다스린 제일 왕도의 문화 자원을 활용하는 방안을 수립해야 한다.

④ 유적과 유물에서 밝혀진 안성의 마한 왕도

• 반제리에서 발견된 대규모 청동기시대 군사 유적

양성면 성하리에서 왕도가 발견되었을 당시, 인근에 있는 반제리의 고속도로 조성 구간에서 삼한시대의 대규모 환호 군사 유적이 발굴되면서 마한의 왕도라는 결정적인 단서가 되었다.

지금까지 발견된 유적 중에서 시대적으로 삼국시대보다 앞서는 삼한시대의 군사 유적이 대규모로 발굴된 것은 처음이었다.

가파른 매봉산 상단부(반제리 터널 위)에서 발굴된 청동기시대의 주거지와 초기 철기시대의 군사 환호 유적, 74기의 대규모 주거지가 발굴되었다.

왜 이러한 유적이 가파른 산 위에 대규모로 조성되었는가에 의문이었다. 위치뿐 아니라 삼한시대의 유물의 규모면에서도 다른 지역에서는 찾아볼 수 없는 유적이었다.

지금까지 발견 유래가 없는 대규모 군사 유적을 처음에는 허물려고 하였으나 곧바로 마한의 왕궁지를 찾아내면서 지금과 같이 반제터널을 조성하게 되었다.

이 터널은 길이 140m로 우리나라 터널 중에서 제일 짧다. 중요성과 사연이 있기에 짧은 터널을 뚫어서라도 보존시킨 것이다.

사진 3-23과 같이 반제리 군사 유적은 왕도 산성인 무한산성과 연결되어 있으며, 가까운 곳에 보호해야 할 중요한 삼한시대의 강력한 세력 집단이 있었다는 것을 입증한다.

왕궁지는 길이 150m, 폭 80m의 거대한 건물지로서 인근 반제리 매봉산 정상의 군사 유적과 연결된 산줄기로서 같은 시대의 유물이 출토된 것이다.

[사진 3-23] 반제터널 위에서 삼한시대의 대규모 군사 유적이 발굴되었고(좌측), 우측에 연결된 무한산성 아래에서는 마한 왕궁지와 고성산성이 발견되었다.

또한 마한은 토착 세력 집단인데, 양성면・공도읍・원곡면 일대에서 청동기시대의 유물의 밀집도가 높고 많은 무문토기가 출토되어서 마한 터전의 세력 기반을 입증하고 있다(『안성시의 역사와 문화유적』, 1999년, 단국대, 101~102쪽).

반제리와 용두리 주변의 유적이 발굴되기 전에 마한의 왕도를 발견하였다면 반발이 심할 수 있었겠지만, 발굴과 동시에 왕궁지를 찾아내어 더 이상 반론이 제기될 수 없었다.

• 왕도는 도성과 산성을 하나의 단위로 조성

방신리 왕궁지와 무한산성에서 무문토기가 출토되어(위 책, 113~114쪽) 삼국 이전의 삼한시대라는 것이 입증되었다.

방신리에서 마한 왕궁지를 밝혀낸 것은 2004년이다. 그 당시 수많은 유적과 유물을 확인하여 마한의 왕도임을 알 수 있었다.

왕궁 보호를 위하여 무한산성과 고성산성(古城山城)이 왕궁지를 에워싸고 있었는데, 오래전부터 고성산이라는 명칭이 전해질 만큼 오래된 성들은 대부분 삼한시대의 성이라는 것도 알 수 있었다.

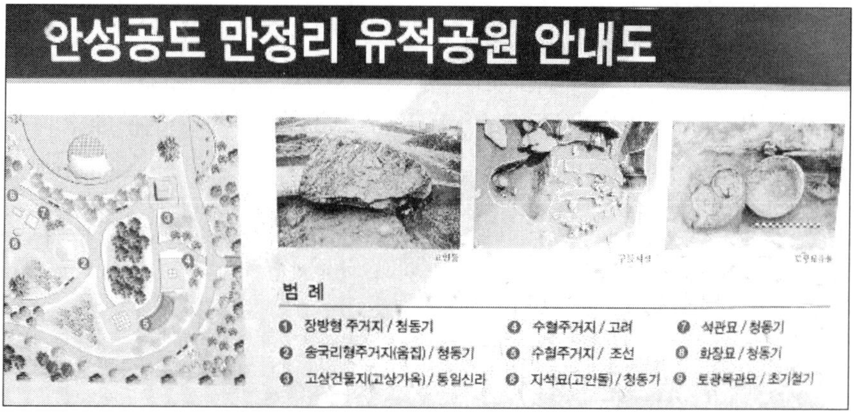

[사진 3-24] 마한 왕궁지 인근에서 대규모 청동기 유적과 초기 철기 유적들의 안내도

또한 고고학적인 유적과 유물 이외에도 왕도의 하천 이름에만 붙이는 은하수의 '한'자를 사용한 한천(漢川)과 함께 왕도와 관련된 지명이 많이 남아 있어서 왕도를 찾아내는 데 도움이 되었다.

(3) 마한 왕도에 남아 있는 전통 문화

안성이 마한의 왕도라면 마한시대의 전통 문화가 얼마나 남아 있을까 하는 흥미로움이 일어 조사하게 되었다.

안성에는 우리가 잘 알고 있는 남사당과 안성맞춤의 유기와 향당무 등이 전해져 오고 있다.

먼저 광대와 관련된 놀이 문화가 어떻게 시작되었으며 근원이 무엇인가를 연구해 보았다.

① 광대 문화(廣大文化)의 기원(起源)

안성의 문화를 이해하기 위해서는 먼저 광대문화와 향당무, 태평무 등의 발생 근원이 무엇인가를 알아야 한다.

광대(廣大)의 기원이 무엇인가를 먼저 알아 보자. 제정일치 사회의 놀이 문화는 제사를 올린 뒤에 신을 즐겁게 하고 악귀를 물리치는 데 춤을 추었다.

전통성이 깊은 안성의 무속 무용인 향당무(鄕堂舞)는 경기도 무형 문화재 제34호로 지정되어 전수되고 있는 관심의 대상이다.

안성은 지리적으로 경기도 최남단으로 충청도와 접경을 이루고 있고 춤의 보물 창고라 할 만큼 수준 높은 무속 무용이 전해지고 있다.

그중에서도 경천배례무(敬天拜禮舞), 봉황금란무(鳳凰金蘭舞), 태극진세무(太極鎭世舞) 등 나라와 관련해 하늘에 제사를 지내는 것과 왕과 관련된 봉황춤 등은 왕도에서만 전개되는 것이라는 것을 알게 되었다.

그동안 왜 이러한 곳에 나라의 왕실과 관련된 수준 높은 무속 무용이 전해지고 있는가에 대한 의문이 있던 터라 우선 춤에 대해서 살펴보았다.

② 춤의 기원

춤은 동서양을 막론하고 모두 신(神)과 관련된 제의(祭儀)에서 시작되었다는 것이 통설이다. 제천의식을 지낸 후에 가무가 이어지는, 신(神)을 즐겁게 하는 행사였다.

고대의 각종 놀이 문화는 제사를 올린 후에 전개된 가무에서 시작되었다는 것은 다양한 기록을 통해서 알 수 있다. 전통을 이어받은 조선시대의 종묘제례악(宗廟祭禮樂)도 제사지낸 후 노래와 춤을 춘다.

제일 우위에 있는 신(神)이자 탄생과 관련된 태양신의 동명묘(東明廟)에 제사를 올리는 것이 제천의식 중에서도 으뜸이라는 것이 『삼국사기』에 나타난다.

마한을 이어 받은 백제와 관련된 기록에서 1월에 제사 지낼 때 떠오르는 태양신을 우선하였음을 알 수 있다.

◇ 다루왕 2년 1월 시조 동명묘에 배알하고 남단에 천제를 지내다.

◇ 고이왕 5년 1월 천지신에게 제사하고 악기(고취(鼓吹))를 사용하였다.

◇ 책계왕 2년 1월 동명묘에 배알하였다.

◇ 근초고왕 2년 1월 천지신에게 제사 지내다.

◇ 아신왕 2년 1월 동명묘에 배알하고 천지신에게 제사 지내다.

『삼국사기』 백제 제사편

1월은 태양이 시작되는 시기로서 떠오르는 태양신의 사당인 동명묘에 백제의 왕들이 배알하고 천지신에게 제사 지내던 것이 국가적인 큰 행사여서 역사서에 기록되었던 것이다.

모든 신(神) 중에서 으뜸인 떠오르는 태양신에게 제를 올리며 탄생 혹은 처음을 중요시하였던 것이다. 춤은 '처음'을 기리는 무속 무용이 '춤'이라는 말로 정착되었던 것이다. 즉 우리말 '처음'을 단축하면 '춤'이 된다.

제사와 관련된 춤에 대한 마한의 기록은 다음과 같다.

③ 제사와 관련된 행사

해마다 5월이면 씨 뿌리기를 마치고 귀신에게 제사를 지낸다. 떼를 지어 모여서 노래와 춤을 즐기며 술 마시고 노는데 밤낮을 가리지 않는다. 그들은 수십 명이 모두 일어나서 뒤를 따라가며 땅을 밟고 구부렸다 치켜들었다 하면서 손과 발의 장단을 맞추는데 그 가락과 율동은 중국의 탁무(鐸舞)와 흡사하다. 10월에 농사일을 마치고 나서도 그렇게 한다.

『삼국지』 위지 동이전 한(韓: 마한)조

마한에서는 곡식의 씨를 보다 중요시하면서 성스럽게 여겼기에 씨를 뿌리거나 곡식을 거두어들이는 때를 축제일로 정하였다.

신앙으로 섬기는 업주가리 · 부루단지 · 신주단지 속에 넣어둔 곡식을 10월이면 갈아 담고 치성을 올리는 것이 세시 풍속으로도 지금까지도 내려오고 있다.

마한에서는 곡식의 씨앗을 하늘이 내려 주신 탄생의 신(神)으로 여겨, 씨를 뿌리는 시기와 거두어들이는 시기에 제사를 지내고 춤을 추었던 것이다.

떠오르는 태양의 처음과 탄생의 근원인 씨앗을 중요시해 신주단지를 모시고 씨앗을 뿌리고 거두어들이는 것을 성스럽게 여겨 거행하게 된 행사가 '춤'이 되었던 것이다.

우리나라는 다른 나라보다 탄생을 더 중요시 생각한다는 것은 아기가 태어나서 100일이 되면 백일잔치를 하는 것을 보면 알 수 있다.

남자의 정자와 여자의 난자가 결합하면 통상 266일 만에 아기가 태어나는데 여기에 100일을 합하면 만 1년이 된다. 즉 100일은 아기의 씨가 탄생한 지 만 1년이 되는 날로서 생일과 같이 음식을 마련하고 먹는 의식을 올릴 만큼 중요시하였던 것이다.

우리는 아기가 태어나면 이미 한 살 먹은 것으로 계산한다. 서양에서는 세상 밖에 나오는 시기부터 나이를 치는 것과는 깊이가 다르다.

우리가 중국보다 제도적으로 앞서 태장(胎葬)과 태실(胎室)을 시행・조성하여 탄생을 성스럽게 생각했다.

처음 발생한 춤은 무속 무용으로, 『삼국지』를 통해 마한에서 춤을 추는 가락과 율동이 중국의 탁무(鐸舞)와 유사했다는 것을 알 수 있다. 방울을 갖고 춤을 추는 탁무는 무속의 행사인데 마한의 춤이 탁무와 같다고 하므로 무속 무용임을 알 수 있다.

안성의 향당무가 무속 무용과 연결되어 있으며 특히 왕실과 관련되어 있어 마한 왕도의 문화를 이어 받은 것으로 생각된다.

또한 안성천 주변의 마을 신앙을 조사한 결과 다음과 같이 마한의 전통과 일치했다.

④ 마한의 제의(祭儀)를 이어 받은 안성천 유역의 마을 신앙

안성의 향당무(鄕堂舞)가 마한 왕도와 관련된 무속 무용의 전통을 이은 것

이라면 또 다른 마한의 전통 의식도 어느 정도 남아 있어야 한다.

조사 자료에 의하면 다른 지역과 달리 안성천 유역에서는 1월에 지내는 제사 의식이 다수 포함되어 있었다.

잘 변하지 않은 마을 제사의 시기를 조사한 내용을 살펴보면, 안성천 유역의 총 135건 가운데 1월에 제사 지내는 곳이 57건(42.2%)이며, 10월에 제사를 지내는 곳이 41건(30.4%)이었다. 임진강과 한강 유역에서는 10월과 9월에 대부분 제사를 지내는 것과 차이가 있었다(『경기도 3대 하천 유역 종합학술조사 1권 민속 신앙편』, 373쪽, 경기도 박물관).

『삼국사기』에 기록된 마한을 이어 받은 백제 왕이 제사 지낸 1월과 『삼국지』에 기록된 마한 사람들이 제사 지냈다는 10월이 안성천 유역의 마을들의 제사 시기와 같았다.

총 135건의 마을 조사에서 1월과 10월에 제사 지내는 경우가 모두 98건으로 대다수를 차지하고 있으므로, 마한의 왕도 전통이 그 어느 지역보다 강하게 전해지고 있음을 알 수 있다.

위의 내용들을 종합해 보면 안성은 마한 왕도의 전통 문화가 다른 지역과 달리 높게 전해지고 있다.

이러한 면에서 무속 무용에 속하는 안성의 향당무는, 마한 춤의 원류와 똑같지는 않겠지만, 어느 정도 큰 줄기는 잇고 있음이 여러 면으로 입증되었다.

⑤ 왕도의 춤 봉황금란무(鳳凰金卵舞)

봉황금란무는 옛 전설에 청룡 왕자와 봉황 공주가 결혼을 하여 안성에 살았다는 전설에서 유래된 춤으로 나라의 평안, 임금의 만수무강과 왕가의 번성을 기원하는 춤으로 전해지고 있다.

전설이라고 단순하게 생각할 수 없다는 것은 창사와 함께 춤이 전해지고 있으며 그 내용도 고대사상과 일치하기 때문이다.

무대 중앙에 대용고와 사방 네 곳에 협고인 소평고를 설치해 놓고 창사를 곁들여 춤을 춘다. 중앙의 대용고는 태양을 뜻하고 네 개의 협고는 태양과 관련된 4괘(四卦)를 말하며 북소리는 양(陽)의 울림으로, 의식 자체가 봉황과 관련되어 있다.

⑥ 악귀를 쫓아내기 위한 물의 신(神)인 용(龍)의 춤

『삼국유사』 '처용랑과 망해사' 편에는 용과 관련된 이야기로서 용의 아들인 처용이 어느 날 밤에 집으로 돌아와 보니 역신(疫紳)이 사람으로 변하여 자신의 아내와 동침하고 있는 것을 보고 노래와 춤으로 역신을 물리쳤다는 신라 헌강왕(憲康王) 때의 이야기가 나온다.

처용무는 궁중무로서 오방처용무라고도 하고 붉은 가면을 쓰고 추며, 음악은 봉황음(鳳凰吟)으로 세모(歲暮) 때 장엄한 의식으로 역귀를 쫓는 춤으로 알려져 있다.

이 춤은 곡선을 숙련으로 하는 특성이 있으며 고려 후기까지 한 사람이 추었다고 하나 지금은 변화되어 다섯 사람이 춘다. 전염병을 몰아내기 위하여 용의 아들인 처용이 춤을 추어 역신을 몰아내었다는 것과 봉황과 관련된 음악을 연주하였다는 점에서 처용무는 무신(武神)으로 추앙받는 하늘의 금성과 관련된 춤이라는 것을 다음 내용에서 알 수 있다.

⑦ 무(武)의 신(神) 금성(金星)과 관련된 각종 문화

금성은 항상 태양을 따라 다니기에 태양을 호위하는 별로 보면서 태양인 왕이나 나라를 지키는 천군(天軍)으로 여겨져 무의 신으로 숭배받았다.

동양 문화의 주축은 음양오행설인데, 이것은 태양과 금성이 운행하는 천문에서 정립된 사상이다.

백제 왕도의 제사처인 하남시 이성산성의 신전(神殿) 건물(9각지, 8각지)이 음양오행설의 유적임이 밝혀졌다.

오행(五行)은 금성의 5가지 운행에서 나온 것으로 그 모양은 그림 3-1과 같

다(『별을 향한길』, 앤서니 애브니).

금성은 8년 동안 다른 5가지 형태로 운행하는 금성의 오행이, 후일에 오행설이 되어 모든 내용을 다섯으로 구분하는 오행 문화가 다양하게 가지를 친 것이다.

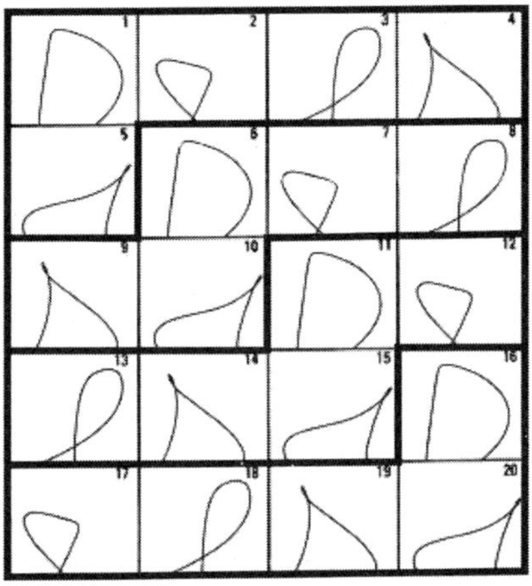

[그림 3-1] 금성의 5가지 운행

금성에 대한 제의를 거행하던 날이 5월 5일의 단옷날이다. 이날은 천중부적(天中符籍)을 만들어 악귀를 쫓는 행사를 벌였는데 처용의 얼굴을 그렸던 부적과 처용무에 사용했던 가면은 2002년 월드컵 때의 붉은 악마와 같이 붉은색으로 되어 있었다.

가면과 춤은 무의 신인 금성, 즉 용이 악귀를 쫓도록 하는 행사에서 시작된 것이다.

금성의 5가지 운행의 그림을 보면 처용무의 특색과 같고, 곡선을 숙련으로 하는 무술의 택견과도 같다. 사실 처용무 외에도 금성의 오행에서 묘기나 춤, 각종 무술들이 발생했다.

금성 문화를 열거하면 아래와 같이 다양하다.

용과 도깨비의 기원, 각종 오행설, 전쟁의 신(神) 치우, 단오 행사, 군사 제도, 호국의 상징물(8각탑, 8각 우물, 8각 금성무덤), 무술(택견, 씨름), 탈춤(처용무), 주역의 8괘와 64괘, 오행치수법 등 고대 문화에서 밝혀지지 않은 것까지 합하면 적용된 내용이 무수히 많다.

하늘의 별 중에서 제일 밝은 금성은 지상과 하늘을 오르내리는 특성과 운행하는 모양이 유일하게 용트림과 같기에 하늘의 은하수에 사는 용으로 보았다.

즉 금성이 자유자재로 움직이는 것처럼 보이게 하는 5가지 유형의 운행이 오행의 기초가 되었고, 동양사상의 기본인 오행사상이 군사, 놀이 문화 등 모든 것에 접목되어 발달하였다.

올림픽의 시원과 멕시코의 건국과 관련된 독수리와 뱀 등 다른 나라에도 금성과 관련된 문화가 많다. 우리가 흔히 승리의 여신(女神)이라고 말하는 신화 속 인물도 금성을 두고 하는 말이다.

넓고 큰 하늘에서 금성이 자유자재로 묘기를 연출하는 것에서 광대의 기원과 공연 문화가 발생했던 것이다.

안성의 바우덕이, 남사당, 향당무 등은 천문에서 파생된 것이 밝혀지고 있다. 즉 천제를 지낸 후의 행사의 맥이 이어진 것이 지금의 안성 문화이며, 특히 마한의 왕도에서 내려온 전통 문화가 다수를 이루고 있었다.

⑧ 안성천의 전통 문화 수신제

• 안성천과 연결된 안성의 모든 문화

안성천은 바다에서 내륙 깊숙이 통하는 뱃길로 조선시대 3대 장터를 조성할 만큼 교통과 물류의 중심이 되었던 내포이다.

[사진 3-25] 안성천

안성천을 경유하지 않고는 삼남 지방(경상, 전라, 충청)에서 중부 지역으로 통행할 수 없었다. 그만큼 군사적으로도 길목의 거점이었던 곳이다.

또한 진위천・한천・안성천으로 둘러싸인 안성은 군사적으로 자연적인 해자(垓字)가 되었던, 이름 그대로 안성(安城)이었다.

안성은 공연 문화의 보물 창고라 할 만큼 수준 높은 고급 문화가 전통으로 이어지고 있는데 특히 안성천과 한천에 의하여 조성된 문화가 많다.

세계 모든 문명의 발상지가 하천 변인 것도 이와 다를 바 없다. 그 예로, 광대 문화의 대표적인 탈 문화는 모두 수상 교통과 연결된 곳에서 성행하였다는 것이 밝혀지고 있다. 또한 낙동강 오광대는 경남 합천군 초계면 밤마리 나루터에서 시작되어 낙동강 유역인 통영, 고성, 진주, 거제, 수영, 동래, 김해 등 낙동강 전역에 파급되었다. 안동 하회별신굿의 탈놀이, 송파 산대놀이, 양주 별산대놀이, 강릉 단오굿의 관노 탈놀이 등도 대부분 하천의 수신제(水神祭)와 관련된 지역에서 성행하였다.

최근 연구에 의하여 공연 문화는 용(龍)과 관련된 문화에 기원을 두고 발생하였으며 안성의 모든 문화의 맥은 마한 왕도와 관련되어 있음이 밝혀지고 있다.

안성천에는 유일하게 용신제를 지내는 고대 사설의 원류가 남아 있어 문화적으로 가치가 높은 문화자산이 되고 있다.

이와 함께 일죽면 방초리 오방마을 방초천 변에 천제(川祭)를 지내는 당집이 지금까지 남아 있어 고대의 신앙 체계를 알 수 있다.

또한 원곡면 내가천리 역말에서는 얼마 전까지도 우물에 대한 고사를 마을 제사로 하였다는 점에서 안성은 고대의 전통이 이어지는 곳임을 알 수 있다.

• 유일하게 수신제 전 과정이 남아 있는 안성천

안성천에 나타나고 있는 수신제(水神祭)를 다루는 것은 마한시대의 전통이 얼마나 안성에 전해지고 있는가를 알고 토착 전통 문화를 밝히려는 데 목적이

[사진 3-26] 조령천 변의 용왕정 우물(우측)과 유래비(좌측)

있다.

본 자료는 향당무 전승자 유청자 씨의 안내를 받아 수신제의 현황을 조사한 것이다.

수신제는 안성천 지류인 조령천에서 시작되었다.

용왕정 우물(금광면 내우리 557-2)이 사진과 같이 현재 복원되어 있다. 이곳은 처녀·총각이 죽으면 가족들에게는 한이 되므로 영혼 결혼식으로 달래어 주던 곳이었다고 한다.

물은 하늘과 지하를 순회하기 때문이다. 서양의 종교에서 물세례와 성수 개념이 있는 것과 같다.

고대의 무속은 가슴에 맺힌 한을 풀어주기 위한 것이다. 제라도 지내지 않으면 위안을 얻지 못하고 인간대사를 배척하기 어려운 산자를 위한 배려이다.

이곳의 수신제는 용왕정 우물의 동쪽에 있는 금광산에서 산신제를 지내고, 이 우물에서 용왕제를 올린 후, 호수에 제를 올리는 호도제를 지내고 안성천으로 넘어가는 과정을 거친다.

물이 하늘에서 내려와 작은 우물에서 시작되어 호수에서 하천을 거쳐 바다로 나가는 전 과정을 담은 수신제는 유일하게 이곳에만 남아 있다.

- 호도제(湖道祭)와 하도제(河道祭)

두 번째 수신제인 호도제를 지냈던 곳은 도깨비 웅덩이라는 연못으로 위치는 조령천 변으로 현재는 매립되어 흔적만 조금 남아 있다.

이 웅덩이는 2곳으로 분리 조성되어 있었다고 하며, 이곳만 복원하면 수신제 전체를 재현할 수 있다.

세 번째 수신제인 하도제를 지냈던 곳은 조령천과 안성천이 만나는 합수 지점이다.

이곳은 조령천이 바다로 나가는 큰물길인 안성천과 만남이 이루어지는 합수 지점으로 어미와 자식이 만나는 것과 같은 위치이다.

- 해도제(海道祭)

네 번째 수신제인 해도제를 올렸던 곳은 안성시 도기동과 아양동의 아롱개

[사진 3-27] 바다로 나가는 해도제(海道祭)를 올리는 곳으로 안성천과 탑산이 있다.

일대이다.

이 일대는 불교와 관련된 사찰 유적이 밀집되어 있으며, 알미산 등 성스러운 곳이 있어 고대 신앙의 중심이 되었던 곳이다.

이곳은 군사적으로 차단하기 좋은 지형이다. 실제로 큰 싸움이 전개되었다는 전설이 전해지고 있다.

또한 바다로 나아가는 초입으로 밀물이 되면 바닷물이 들어오기에 해도제를 이곳에서 지낸 것으로 보인다.

용신제를 올리는 창혼가(唱魂歌)에서도 이 수신제와 같은 순서가 잘 표현되어 있다.

창혼가(唱魂歌: 용신제에서 신을 부르는 소리)

(선창) 어령어령 천도어령

어령어령 ① 행도(行道)어령

어령어령 ② 천도(天道)어령

어령어령 ③ 호도(湖道)어령

어령어령 천도어령

어령어령 ④ 하도(河道)어령

어령어령 천도어령

어령어령 ⑤ 해도(海道)어령

해설: 용신제에서 신을 청하여 부르는 소리

① 행도: 다니는 길

② 천도: 하늘에 이르는 길

③ 호도: 호수로 잇는 길

④ 하도: 강으로 난 길

⑤ 해도: 바다로 나가는 길

'어령'은 용신(龍神) 즉 물이 나아가는 것을 표현했던 고어로 보인다.

해도(海道) 수신제를 지내는 아양동에 '아롱개'라는 지명이 있어 관련성이 있는 것으로 보인다.

창혼가를 살펴보면 행도(行道) · 천도(天道) · 호도(湖道) · 하도(河道) · 해도(海道) 순으로 이어지는데 물이 증발하여 하늘에서 내려오는 행도와 호수에서 하천과 바다로 나아가는 과정의 용신을 부르는 것이다. 이와 함께 용신에게 주는 밥을 만드는 과정과 의식들이 전해지고 있어 물 문화의 중심이 되고 있다.

• **탑산의 불씨 만들기와 전달하기 행사**

탑산 정상에서 부싯돌로 불씨를 만들어 호두 기름에 붙인 후 불화살로 쏘아서 안성천 건너로 불을 전달하면, 그 불을 먼저 관아에 보내고 각자 집집마다 전달하는 행사도 있었다.

산 정상에서 불씨를 만들어 분배하는 안성천의 행사는 불씨를 중요시하던 고대 문화를 유일하게 잇고 있는 것이다.

이와 함께 안성천에는 고대 수신제의 원류와 창혼가가 유일하게 남아 있어 이를 복원하는 것이 시급하다. 이들은 안성 문화의 큰 줄기로서 선조들의 하천 문화를 이해하는 학문적인 실증이 된다.

안성의 다양한 전통적 행사는 마한 왕도와 관련된 문화의 전통이 충분히 전해질 수 있는 곳임을 알게 한다.

⑨ 안성의 마한 왕실 문화

안성 지역은 다른 지역과 달리 고급의 금속 제작과 공연, 왕실과 관련된 무속 무용과 문화 등이 전해지고 있다.

지금까지 안성은 조선시대 유기를 만드는 장인과 남사당 공연의 광대 문화로 인식되고 있다. 이러한 문화가 왜 안성 지역에서 발생하게 되었고 그 원류가 무엇인가를 밝히지 않으면 안 되는 이유가 있다.

안성의 모든 문화는 조선시대에 천민이었던 상인과 광대·무당의 문화로 보이기 때문이다. 그래서 지금까지의 관념으로는 높은 문화의 수준으로 발전하는 데 벽이 되어 자긍심조차 가질 수 없었다.

대외적인 인식과 격을 높이면서 세계적인 고급 문화의 발생지로 발전하기 위해서는 각 문화의 근원을 찾아내지 않으면 안된다.

특히 향당무에 속하는 경천배례무(敬天拜禮舞), 봉황금란무(鳳凰金卵舞), 태극진세무(太極鎭世舞), 도산무령무(都山武寧舞) 등 왕실과 관련된 춤이 왜 이곳에서 전승되고 있는가.

마한 왕도의 유적이 발견되면서 수준 높은 왕실 문화와 관련되어 있다는 것이 밝혀졌다.

분명한 것은 전통 무속 무용은 불교 유입 이전에 발생했으며, 특히 왕실과 관련된 안성의 무속 무용은 한반도의 중심이 되었던 마한 왕도에서 시행하던 전통 문화였다는 것이 여러 면으로 밝혀지고 있다.

격이 높은 마한 왕도 문화의 뿌리를 되살려야 한다. 마한 왕도를 정립하지 않는 공연이나 춤이 중심이 될 수 없는 것은 내재된 정신 문화가 약하며, 또한 전체를 아우르지 못하기 때문이다.

안성의 전통 문화를 왕도 문화로 복원하여 세계를 겨냥한 문화 자원이 되도록 무대를 넓혀야 한다.

여자인 바우덕이가 조선시대에 정3품 벼슬이 되었던 것도 그 뿌리는 마한시대 광대의 형성과 발생의 기원과 닿아 있다. 놀이 문화에서는 전통적으로 여자들만 꼭두쇠가 되었다.

⑩ 왕도(王都) 천문(天文)에서 발생한 바우덕이 공연 문화

• 바우덕이 공연 문화의 근원

제사를 지내고 펼치는 행사와 관련된 것으로 하늘에 제일 밝은 천문에 기원을 둔 제사가 있다. 설날은 태양이고 추석은 달이며, 단오는 금성이다.

광대(廣大)라는 말은 금성이 넓은 하늘을 무대 삼아 운행하는 모습을 본따 지어졌다.

안성의 공연 문화는 하늘에서 재주를 부리는 금성의 천문사상에서 발생한 것이다.

금성에 뿌리를 두고 구성되었기에 광대의 시초는 여자들로 구성된 사당(寺黨)이며, 남사당은 남자들로만 구성되었기에 붙인 명칭이다.

• **금성**(비너스: VENUS)**과 바우덕이**

조선시대에 바우덕이는 어린 나이임에도 꼭두쇠가 될 수 있었다. '비너스' 즉 금성의 천문사상에서 발생한 광대이기 때문에 어린 나이의 여자가 우두머리가 되는 것이 당연한 것으로 받아들인 것이다.

바우덕이는 샛별과 같은 서양의 비너스(금성)였던 것이다.

조선시대의 『천문류초』에는 금성이 음(陰)의 별이라 적혀 있다.

'태백성(금성)이 낮에 나타나 해와 밝음을 다투면 황후가 번창하게 된다'라는 기록을 통해 우리나라에서도 여성의 별로 보았던 것이 확인된다(『천문류초』, 대유학당, 330~341쪽).

하늘에서 펼쳐지는 공연의 지휘자인 금성 즉 아름다운 샛별과 같은 여성이 사당패의 우두머리에 적합하다고 생각했다. 그리고 그것이 하늘의 뜻이라고 여겼기에 조선 초기 때까지 광대 전통의 명맥이 전해졌던 것이다.

광대문화에서 대표적인 것은 탈을 이용한 춤의 오광대(五廣大)이다. 용(龍)의 모태(母胎)가 된 금성(金星)에서 유래가 된 것으로 경남 초계면의 밤마리 오광대를 비롯한 마산, 고성, 사천의 가산, 진주 등의 오광대 전수 지역에서는 모두 물과 관련된 수신제를 지낸다.

또한 하회 별신굿의 탈놀이와 송파 산대놀이, 안성의 탈놀이 등도 모두 물과 관련된 곳에서 전수되었는데 탈놀이의 발생이 수신(水神)인 용(龍)과 관련되어 있기 때문이다.

용과 관련된 처용무에서도 이를 잘 알 수 있다. 신라 헌강왕 때(서기 875~886년)의 일로서, 『삼국유사』의 기록 처용랑(處容郞)과 망해사(望海寺) 편에 나온다.

용의 아들인 처용이 춤과 형상으로 귀신을 물리쳤다는 내용이다.

이처럼 금성은 음(陰)의 대표적인 용과 물, 여자와 관련된 문화로 적용되었다.

한편, 전쟁의 신(神)이자 맹수인 용(龍)으로 형상화한 치우(蚩尤)의 상은 악귀를 쫓아내는 가면에도 이용되었다.

제정일치 사회의 모든 행사는 제사와 관련되어 있었고 제도와 문화 등에 이르기까지 신(神)과 관련된 공감대가 없으면 형성되기 어려웠다.

⑪ 청동기 문화의 중심지인 마한 왕도에서 이어진 안성맞춤

조선시대부터 안성맞춤이라는 말이 나올 정도의 고급 동기를 생산했던 안성이라면 그 이전부터 형성되어 내려오던 전통이 있을 가능성이 있다.

무엇보다 고급 금속기술은 장기간의 기술 축적과 숙련이 요구되고 편리한 교통과 상권 확보 등이 필요하다. 오랜 세월을 거쳐 적정 지역에서만 형성될 수 있는 것이 고급유기(鍮器)이다.

• 교통과 상업: 고급 기술은 다른 지역과 교류하기에 알맞은 곳에서 발생하고 유지된다. 안성천의 수로는 내륙 깊숙이 이어지는 수상 교통의 요지로서 물류 이동이 발달한 수상 교통의 중심지였다.

또한 삼남 지방(경상, 전라, 충청)에서 중부 지역으로 가려면 반드시 거쳐야 할 교통 요충지로서 안성장은 전국의 3대 시장에 속할 정도로 상업도 발달하였다.

• 기술의 형성과 전수: 마한 왕도에서부터 청동의 고급 기술이 형성・전수되었다. 상업이 발달한 곳이라서 고급 기술이 소멸되지 않고 면면히 이어질

[사진 3-28] 안성 공도 만정리에서 출토된 우리나라식 동검

수 있었다.

청동기시대의 중심지인 마한 왕도가 발견되고 그곳에서 청동 유물이 출토되면서, 안성 유기의 맥은 청동기시대의 중심지였던 마한 왕도에서 이어진 것으로 볼 수 있게 되었다.

옛날의 기술은 지금과 같이 학원이나 학교처럼 배울 수 있는 곳이 없었고, 기술이 있다고 할지라도 시장성이 없으면 소멸되었다. 안성은 이러한 모든 것을 갖추고 있었기에 전통적인 유기 제작의 맥이 이어진 것이다.

4) 맥국(貊國) 왕도 유적

백제 초기의 왕도를 찾아내고 연구하던 중 필자는 백제 초기에 함께 공존하였던 국가인 마한과 말갈, 낙랑 등에 관심을 갖게 되었다.

역사 기록에 맥국이라는 이름으로 전해지는 내용은 미미한 수준이었으나 맥국과 위치가 중복되는 말갈과 관련된 기록은 어느 정도 나타나 있었다.

말갈에 대한 내용은 백제, 신라, 고구려와 관련해서 삼국 초기에서부터 멸망할 때까지 『삼국사기』에 기록될 만큼 비중이 높았다. 그러나 말갈과 관련된 유적은 실종되어 지금까지 우리의 역사에서 제외되었다.

중국에서는 고구려 북쪽의 옛 숙신국(肅愼國) 지역에 있었던 물길(勿吉)에 대한 기록은 이른 시기부터 나타나고 있으나, 말갈에 대한 기록은 7세기 당의 학자인 리백약이 편찬한 『북제서』 권7 무성제 하청 2년(서기 563년)조의 끝에

'이 해에 실위, 고막해, 말갈, 거란이 모두 사신을 보내어 조공을 하였다'는 기록에서야 처음으로 나타난다.

이 기록은 우리나라의 사서보다 600년이나 늦다.

이러한 면으로 본다면 말갈은 중국보다 우리와 더 밀접한 국가이다.

가야는 『일본서기』에서 어느 정도 실체를 알 수 있으나, 맥국 또는 말갈은 삼국보다 역사성이 더 깊었어도 기록이 많이 전해지지 않았다.

분명한 것은 삼국의 중앙에서 오랫동안 영향력을 이어온 국가였다는 점이다. 맥국 왕도가 발견되었는데, 맥국과 말갈이 어떤 관계였던가를 먼저 알아야 맥국을 이해할 수 있다.

마한, 말갈, 낙랑 등은 백제 초기와 관련된 국가로서 기원전부터 존재했다. 특히 말갈은 백제가 멸망할 때까지 기록으로 전해질 만큼 오랫동안 존재한 국가였다.

말갈은 신라, 고구려와 관련된 역사에서 『삼국사기』에 기록될 만큼 역사적으로 비중이 높은 국가였다.

말갈은 여러 종류로 구분되어 혼란이 되고 있으며, 춘천은 예맥 계통의 말갈로 앞으로 많은 연구를 통해 재평가되어야 한다.

고구려와 함께 발해를 세운 말갈이었는데, 지금까지 그러한 면을 도외시하고 우리 민족과 무관한 나라로 치부해 왔다.

말갈은 삼국과 연관이 많은 국가로서 고구려와는 친밀한 관계를 유지하였으나 백제와 신라에게는 끊임 없이 침입을 시도하였다. 남의 나라를 수시로 침입을 한다는 것은 그만큼 국력이 강하였다는 뜻이다.

백제사에서 말갈의 출몰 지역을 보면 강원도 지역에서 세력권을 형성했다는 것을 알 수 있고 그 중심이 입지적인 면에서 춘천이라고 여겨져 주시하게 되었다. 이러한 면에서 본다면 춘천에 오랫동안 자리 잡고 있었던 맥국을 말갈의 중심 세력권으로 볼 수 있다.

춘천에 맥국이 있었다는 문헌 기록으로는 『삼국사기』(권제35, 잡지제4, 지리2,

[사진 3-29] 맥국 둑이 있었던 지역의 표지석

삭주 조)를 들 수 있다. 가탐의 『고금군국지(古今郡國志)』를 인용하여 "고구려의 동남쪽 예(濊)의 서쪽은 옛날 맥(貊)의 땅인데 지금은 신라의 북쪽이 삭주이다. 선덕왕 6년(서기 637년)에 우수주(牛首州)로 만들어 군주를 두었고 경덕왕이 삭주(朔州)로 개명하였는데 지금 춘주라 부른다"라고 기록되어 있다.

기록을 보면 춘천의 맥국과 말갈이 관련이 많은 것으로 보인다. 백제와 가까이 있으면서도 세력권을 형성하여 오랜 세월 동안 지탱할 수 있는 입지적인 요건을 갖춘 곳은 춘천 이외에는 없다.

춘천은 외부 세력이 쉽게 들어갈 수 없는 험지로 외부 세력이 장악하여도 독립된 위탁 통치를 할 수 밖에 없을 정도로 외진 곳이다.

여러 기록과 구전에 의하여 맥국의 왕도는 현재의 춘천시 신북면 발산리로 알려져 있으나, 맥국의 도읍지와 관련된 유적이 발견되지 않아 부정되었다.

우리 민족의 시원은 예족과 맥족으로, 고조선보다 더 오랜 종족이다. 우리는 세계적으로 제일 오랫동안 이어진 민족인 것이다.

춘천은 신석기와 청동기시대의 유물과 유적이 밀집되어 있다. 이곳은 한번 들어가면 오랜 세월 동안 지속적으로 살아갈 수 있는 안정된 환경에 존속

기간이 길었던 것이다.

맥국은 『삼국사기』 초기 기록에 말갈이라는 이름으로 많이 나타난다. 임진강, 북한강, 남한강 중류에서 오랫동안 세력권을 형성하였다. 말갈은 『삼국사기』 백제사에서는 기원전 온조왕 2년(기원전 17년)에서 의봉년간(서기 676~679년) 약 700년까지 나오며 신라사에서는 지마 이사금 14년(서기 125년)에서 경명왕 5년(서기 921년)까지 800년 가까이 나오며 고구려에서는 동명성왕 원년(기원전 37년)에서 영순 초년(서기 682년)까지 700년이나 보인다.

중국의 사서에는 기원전 22세기경에는 숙신이, 서기 236년과 554년에는 읍루가, 서기 475년에서 572년까지는 물길이 나타나는데, 이를 대부분 학자들이 말갈의 전신으로 보고 있다.

중국에서 말갈이라는 명칭은 563년부터 당 말기까지의 기록에만 나타난다.

지금까지 말갈족은 북방 민족의 범칭으로 생각하였으나, 맥족이 고구려를 세웠고 고구려와 말갈이 발해를 세운 것으로 말갈도 우리 민족이라는 것이 맥국의 왕도 발견에서 연구되고 있다.

말갈족의 분포를 보면 대부분 산악 지대를 근거지로 활동한 것으로 나타나며 험준한 산과 강을 잘 이용했던 것으로 보인다.

삼국인은 머리 양쪽에 새의 깃털을 꼽고 있었으나 '말갈인은 머리에 호랑이나 표범의 꼬리를 달고(『위서』 물길전)' 다녔다는 기록이 있다. 이 기록에서 사냥을 잘하는 용맹성을 알 수 있다.

춘천 맥국의 왕도에서 백제나 신라와는 문화가 달랐다는 것을 알 수 있고, 성의 구조에서 산악 민족의 특성을 보여 주는 축조 방식이 발견되었다.

산성은 계단식 석벽성(石壁城)으로 동양의 마추픽추라 할 만큼 험준하게 조성되었다.

또한 말갈의 주된 활동 지역을 살펴보면 백두산 일대와 함경도·강원도의 산악 지대를 근거지로 세력을 형성한 민족임을 알 수 있다.

말갈은 분명히 한반도에서 오랫동안 사용한 명칭이었다. 주 무대는 동이족의 산악 지대로 한반도에서 오랫동안 세력권을 형성한 토착 세력이었던 것이다.

춘천 맥국의 도읍지는 말갈의 정통성을 보여 주는 유적이며 산악 국가인 우리의 특색을 알 수 있는 유적이다.

고구려와 말갈은 오랫동안 동맹 관계를 이뤄 수시로 연합하여 전쟁을 치렀다. 고구려와의 연합에서 선봉이 되어 동이족 중에서 제일 용맹성이 있는 종족이며 산악전에서 뛰어났다고 전해지고 있다.

왕도는 다른 유적과 달리 한 국가의 사상과 세력의 규모 등 모든 것이 집약되어 있는 증거로서 고대사를 밝힐 때 그 중요성은 비할 데가 없다. 특히 다른 나라로부터 역사 왜곡의 침략을 장기간 받아 온 우리는 은연중에 왜곡된 역사를 받아들여 왔기에, 이를 바로잡기 위해서도 왕도는 찾아내야만 하는 유적이다.

지형적인 여건으로 본다면 춘천에 인류가 터전을 잡기 시작하면서 지속적으로 전통성을 이어 온 원류 세력의 기반이 장구한 기간에 조성되어 맥국을 이루었다. 맥족이라는 민족의 원류가 춘천에 지속적으로 생활 터전을 유지해 왔던 것이다. 지형적으로 외침이 어려운 곳이기에 춘천의 맥국은 맥족의 전통성을 가장 오랫동안 유지한 국가로 보인다.

지금까지 범칭으로 사용된 말갈은 여러 종류가 있고 지역의 분포도 여러 곳으로 나타나 있으며 관련 유적에 대한 연구도 없어 실체를 알 수 없었다.

말갈이 막강한 세력을 갖고 활동하면서 존재한 시기를 알 수 있는 기록으로 『삼국사기』가 있다. 백제사에 의봉년간(서기 676~679년) "당의 무후가 그의 손자 부여 경이 왕의 관작을 이어 받게 하려고 하였으나 그 지역은 이미 신라, 발해, 말갈 등으로 나누어지고 계통이 드디어 끊어졌다"라고 나온다. 백제가 멸망한 후에 백제의 땅을 차지한 것은 신라, 발해, 말갈이라는 내용인데, 이 말갈은 분명히 백제와 가까이 있는 말갈을 의미하는 것이다.

말갈은 강대한 힘을 가졌기에 신라, 발해와 함께 백제 땅 일부를 영토로 정하였던 것이다.

맥국과 말갈은 어떤 관계이며, 동일한 세력이라면 맥국을 왜 말갈이라는 범칭으로 사용하였을까 하는 의문이 앞섰기에 이를 먼저 알지 않으면 맥국을 이해할 수가 없었다.

맥국의 왕도를 찾아내기 위해서는 먼저 규모가 얼마나 크며 국력이 어느 정도인지, 어느 때까지 존속하였는지를 알아야 한다.

맥국과 관련된 깊은 내용을 모르면 찾아 가려는 주소를 제대로 알지 못하는 것과 같으며 또한 이해하기도 어렵다.

(1) 맥국과 말갈

백제의 동부 지역에 나타나는 말갈과 싸운 기록에서 산악 지대인 춘천 맥국과 관련되었음을 알 수 있다(『삼국사기』 백제본기, 다루왕 3(서기 30년)~29년(서기 56년)).

지리적으로 강원도는 큰 고대 국가가 도읍을 정할 수 있는 입지가 한정되어 있다. 백제의 동부 지역은 분명 산악 지대인 강원도인데 이곳에서 말갈과 싸웠다는 것은, 맥국의 중심인 춘천 지역의 세력과 오랫동안 싸웠다는 예측이 가능하다. 맥국과 말갈은 관련성이 있는 동일 세력권이라는 것을 알 수 있다.

말갈이 신라의 변경인 강릉과 가까이 있었다는 것을 입증하는 기록도 있다.

◇ 당 현경 3년(서기 658년)에 하슬라(하슬라는 강릉의 옛 지명) 지역이 말갈과 연이어 있다 하여 소경을 폐지하여 주를 만들고 군주를 두어 다스리게 하였다.

『삼국사기』 지리지 명주 조

◇ 6은 흑금서당(黑衿誓幢)으로 신문왕 3년(서기 683년)에 말갈 국민으로 당(幢)을 만들었는데…

『삼국사기』 제 9직관 下, 신라 군사 제도의 6정(停) 9서당(誓幢)편

『삼국사기』의 두 기록은 말갈이 강릉과 가까운 곳에 있었다는 것과 한때 신라의 지배를 받았으나 따로 분리 통치되었음을 입증하는 기록으로, 그 위치를 춘천으로 생각할 수 있다.

백제를 수시로 공격하였고 7세기 말에는 신라의 지배 아래에 들어갔으나 따로 행정 조직을 구성할 만큼 구분된 통치를 한 것이다.

백두신과 연결된 백산 말갈이 주체가 되어 발해를 세웠다는 점에서 산악 지대로 연결된 춘천 맥국의 말갈과 한 갈래의 종족으로 이어진다.

말갈은 인류 초기의 생업인 채집과 사냥을 생활 방식으로 제일 오랫동안 유지했던 민족이다.

맥(貊)이라는 한자를 나라 이름으로 오랫동안 사용한 것도 용맹성과 사냥을 잘하는 산악인이라는 의미에서였다. '貊'은 북방종족 이름과 맹수 이름으로 사용한 글자이다.

중국 측에서는 맥국을 맹수처럼 위협적인 성향을 나라 이름으로 표현한 동이족 원류의 종족으로 보았다.

우리나라는 70% 이상이 산악 지대로서 산악 중심 국가라 하여도 크게 틀리지 않는다. 이러한 바탕에서 말갈의 문화는 중국보다 기후가 따뜻한 백두산을 중심으로 남쪽 산악 지대를 중심 세력권으로 둔 것이다.

백제・말갈과 더불어 신라의 북쪽 변경을 침공하여 33개의 성을 빼앗으니 신라왕 김춘추가 사신을 당으로 보내어 구원을 청하였다(『삼국사기』 고구려 본기, 보장왕 14년(서기 655년))라는 기록에서 말갈은 백제・고구려와 동맹으로 신라를 공격하여 궁지에 처하도록 하였음을 알 수 있다.

맥국 말갈은 단절된 지형에 있어서 외부에 제대로 알려지지 않았기에 삼국사기의 기록에서 간략하게 언급된 것이다.

① 산악 지대와 고대 국가

산악 지대와 고대 국가의 관련성을 알아야만 맥국의 특성을 이해할 수 있다.

중국은 국가가 탄생하면 300년을 넘지 못하고 멸망하는 특징이 있으나, 대륙과 연결된 우리나라의 작은 국가들은 대부분 500년이나 1,000년을 지탱했던 원인은 무엇인가?

전쟁을 끊임없이 하면서도 쉽게 멸망하지 않았다는 것은 분명히 중국과는 지리적으로 다른 면이 있었기 때문이다.

우리나라는 산과 하천이 많아 쉽게 정복하기도 힘들고 일시적으로 침범당하였더라도 다시 봉기하여 일어날 수 있는 지형이라 국가들의 지속적인 명맥 유지가 가능했다.

필자는 월남전에 참전하여 이를 실감했다. 미국은 막강한 힘과 현대적인 무기를 갖고서도 베트남을 정복할 수 없었고 이전에는 프랑스도 패전한 경험이 있었다.

산악 지대와 가시나무 정글이 있기에 쉽게 정복되지 않고 버텨낼 수 있었던 것이다.

통신이 발달하지 않았던 고대에는 적이 깊은 산속에 들어가면 제아무리 강한 힘을 가졌더라도 공격이 어렵고 기습당할 우려에서 완전 정복이 어렵다.

우리나라는 강 · 하천이 많고 갯벌 지형이거나 험준한 산악 지대여서 500년 넘게 유지한 국가가 많았던 것이다. 그 중에서도 산악 지역인 춘천은 쉽게 정복당하거나 와해되지 않은 특수성이 있다.

특히 강화도의 갯벌은 그 무엇보다 방어하기에 알맞은 최상의 해자여서 몽고군이 세계를 정복하면서도 강화 지역만은 39년간 침공하지 못하였다. 지리적 환경이 얼마나 군사적으로 중요한가를 알 수 있다.

② 맥국과 말갈의 관련성

백제 왕도가 밝혀지면서 주변국들과의 관계를 보다 명확히 알 수 있게 되었다.

삼국 중에서 말갈과 관련된 기록이 제일 많은 국가는 백제이다.

『삼국사기』 고구려 본기에는 말갈이 13번, 신라 본기에는 22번, 백제 본기에는 31번 기록되었다. 그만큼 백제와 말갈은 연관이 많았으며 둘이 가까운 곳에 있었다는 것을 알 수 있다. 백제와 신라를 끊임없이 공격한 말갈은 그 두 나라와 국경을 마주보고 있었다는 것도 알 수 있다.

말갈과 제일 가까운 백제를 기준으로 그 당시 고대 국가의 최소한의 거리는 어느 정도였던가를 알게 되면 말갈이 어디쯤에 있었는지 밝혀진다.

◇ 마한 왕이 백제에게 "동북 일백 리" 땅을 내주었다는 『삼국사기』 온조왕 24년(서기 6년)의 기록
◇ 『삼국유사』 72국편의 "『통전』에 이런 말이 있다. 조선의 유민(遺民)은 모두 70여 나라로 나뉘어 있는데 이들은 모두 땅이 사방(四方) 백 리(百里)이다"라는 기록
◇ 『삼국지』 한(韓)전에서 『위략(魏略)』을 인용한 글에서 "연(燕) 사람 위만(衛滿)이 조선 준왕(準王)에게 항복하였다. 위만이 준왕을 설득하여 조선의 번병(藩屛)이 되겠다고 하므로 백 리의 땅을 주어서 서쪽 변경을 지키게 하였다"라는 기록

첫 번째 기록은 확인된 거리로서 하남시의 백제 왕도와 안성의 마한 왕도의 거리가 일백 리 정도라는 것이 입증되었으며 두 번째 기록을 보면 보편적으로 일백 리 거리를 두고 나라를 정하였다는 것을 알 수 있다.

세 번째는 고조선에 대한 기록으로 이후에 위만이 반란을 일으켜 고조선을 차지한 시기가 기원전 195~209년 사이로 본다면, 맥국과 말갈이 존재하였던 시대의 보편적인 통치 거리는 일백 리 간격을 두었다는 것을 알 수 있다.

그러나 일백 리 거리는 같은 세력 간의 통치거리로서 적대국과의 거리는 일정하지 않으며 유동성이 있다. 다만 일백 리 거리가 통치 행정 구역을 별개로 정하는 보편적인 간격임을 알 수 있다.

그러므로 한성백제와 가까이 있었던 말갈 세력의 중심은 백제 왕도에서 일

백 리 밖에 존재하였을 가능성이 많다.

일백 리를 양분하면 50리 밖에 국경을 접하고 있다는 가상의 통치 영역의 거리가 예측된다.

고대에 하나의 소국이 통치하기에 알맞은 일정 면적은 직경이 일백 리로 그 중심에 왕도가 있었다는 것이다.

그러나 일백 리는 안정된 상황에서 보편적 거리일 뿐 정확한 기준은 될 수 없는 거리로서 지형과 세력의 크기에 따라서 다를 수밖에 없다.

그러나 맥국과 백제 왕도의 거리를 가늠해 볼 수 있는 기준은 될 수 있다.

- **백제 왕도 하남시에서 마한 왕도인 안성의 양성면까지의 직선거리는 마한 왕이 일백 리라 하였는데, 하남시에서 춘천까지의 직선거리도 비슷하다.**

직선거리로 본다면 춘천의 맥국과 하남 백제 왕도 사이에는 다른 나라가 있을 수 없다. 이러한 면에서 본다면 오랫동안 멸망하지 않고 백제를 공격한 세력 집단은 춘천에 있었던 맥국과 관련된 세력이다.

말갈과 맥국도 동일한 세력권이라는 것을 입증하는 기록은 많으나 여기에서는 하나만 제시한다. 그 당시 국가 배치 상황을 알 수 있는 기록인 『삼국지』 위지 동이전 고구려편이다.

- **고구려는 요동의 천여 리 밖에 있다. 남쪽은 조선, 예맥과 동쪽은 옥저, 북쪽은 부여와 경계를 두었다.**

『삼국지』는 서기 8년에서 265년까지의 역사를 기록한 것으로 사료적인 가치가 높은 것으로 알려져 있다.

고구려가 압록강 변 집안(集安)에 도읍을 정하고 있을 때 남쪽에 있었다는 조선은 낙랑국과 대방국을 의미한다. 그와 함께 예맥도 남쪽에 있다는 것이 중국에 알려져 있었다.

서쪽은 바다이기에 거론하지 않고 생략한 것으로 보인다.

백제 초기에 북방 세력으로 나타나는 낙랑과 대방국은 고조선 계열이라는 것을 알 수 있고, 말갈도 맥국 계열에 속한다는 것을 알 수 있다. 낙랑과 말갈은 백제 건국 초기에 빈번히 침입하여 백제가 도읍지를 한강 이남으로 옮기게 할 만큼 막강한 세력을 가진 국가들이었다.

『삼국지』와 『삼국사기』의 기록에서 백제와 고구려 사이에는 조선(낙랑, 대방국)과 예맥(말갈)이 있었다는 것을 알 수 있다.

게다가 낙랑이 고조선의 후예라는 것을 입증하고 있기에 한사군의 낙랑현이 아님을 밝혀 주는 중요한 기록이다.

③ 맥국과 말갈의 통치 구조

맥국과 관련된 기록들이 간략하여 실체를 알 수 없었으나, 맥국을 말갈과 동일하게 본다면 맥국은 존속 기간이 상당히 길었던 국가이다.

[사진 3-30] 70년대에 필자는 파푸아 뉴기니에서 2년간 생활한 것이 고대사 연구를 할 수 있는 토대가 되었다.

왜 맥국을 말갈이라는 범칭으로 사용하였는가를 살펴보고 그 둘이 어떤 관계인가를 알지 못하면 맥국을 이해하기가 어렵다.

국가 간의 큰 전투에 수시로 참여한 말갈은 추장과 거수라는 관직 명칭으로 조직적인 활동을 했던 것이 기록에 나타난다.

- **추장 기록**: 『삼국사기』 백제 온조왕 18년(기원전 1년)
- **거수(渠帥) 기록**: 『삼국사기』 신라본기 유리 이사금 17 · 19년

그 당시 삼국에서는 관직이 제도화 되어 있었는데 말갈은 왜 추장 제도를 오랫동안 적용하였으며, 추장 제도와 관료 조직이 어떤 차이가 있는가를 검토한다면 말갈과 맥국을 이해할 수 있다.

말갈은 추장 제도로 통치되었고, 맥국은 거수(渠帥)라는 명칭이 보편화되어 초기의 관료 계급 제도가 있었던 것으로 보인다.

이와 유사한 추장 제도가 현대까지 존재하였던 파푸아 뉴기니에서 필자가 직접 체험한 것을 토대로 말갈의 통치 제도를 살펴보자.

④ 파푸아 뉴기니의 추장 제도에서 본 말갈의 추장

1970년도에 파푸아 뉴기니 고산 지대에서 2년간 체류하면서 원시 추장들의 통치를 직접 체험한 적이 있어 비교를 하고자 한다.

필자는 고산족인 파푸아 뉴기니의 여러 마을을 자주 방문하여 그들이 집단을 이루고 생활하는 과정을 눈여겨봤었다.

철은 물론 토기조차 사용하지 않은 우리보다 2,000년 이상 뒤떨어진 생활을 하는 그들과 생활하며 사람이 집단을 이루고 살아가는 과정에 대하여 생각했다.

당시 파푸아 뉴기니는 호주의 통치를 받고 있었다. 독립된 나라는 아니었으나 나름의 정부가 조직된 상태로 시가지에는 현대 문명의 제도가 적용되어

있었다.

그러나 고산족들은 옛날 그대로의 생활방식으로 추장이 모든 것을 통치하고 있었기에, 파푸아 뉴기니 사람들은 신행정과 전통 자치제도의 2원화 속에서 살아가고 있었다.

고산족들이 사는 높은 산악 지대의 통신이나 교통은 외부와 단절되어 있고 행정이 미치지 못하는 오지(奧地)에 해당되기에 자치적인 추장 제도를 그대로 유지할 수밖에 없었다. 체계적인 행정 제도보다 추장 제도로 운영하는 것이 산악이라는 특수성을 포함한 여러 가지 문제점에서 보다 편리하고 효율성이 높으며 안정적인 통치운영이 되기 때문이다.

파푸아 뉴기니의 추장 제도가 수천 년 동안 유지되었을 뿐만 아니라 근대 문화가 발달한 70년대에도 운영되어, 추장 제도의 장점을 알게 하는 표본이 되었다.

추장 제도의 특성을 알게 되면 말갈을 이끌었던 추장 집단을 이해할 수 있고 말갈과 맥국이 어떻게 연계되어 있었는지를 알 수 있다.

파푸아 뉴기니의 산악 지대에는 마을 단위로 선출한 추장이 있었으며 그들이 모든 결정권을 갖고 독자적으로 통치하고 있었다. 그러나 어떤 거대한 행사를 할 때는 각 부락의 추장들이 서로 모여 논의하는 협의 연맹체가 구성되어 있었다. 외부적인 큰일은 연맹체를 이루고 있는 큰 단위 조직과 연계 협력하여 해결하는 등 연맹의 통제를 받고 있었던 것이다.

70년대 초까지만 해도 파푸아 뉴기니는 호주(濠洲)에게 위탁 통치를 받고 있었기에, 현대 국가의 틀 속에서도 추장 제도를 그대로 사용할 만큼 자치적인 운영이 지속되었던 것이다.

그 당시 원주민이 사고로 공사현장에서 사망하는 사건이 일어나자 호주 정부에서는 추장을 협상의 대표자로 인정하였고, 사고 해결을 위해서 추장과 보상을 협의하여 문제를 해결한 사건이 있었다.

추장 제도를 그대로 통치의 수단으로 이용할 수밖에 없었던 것은 다음과 같은 이유 때문이었다.

⑤ 추장 제도의 지속성

• **단절된 고산 지대가 많은 파푸아 뉴기니**

고산 지대는 통신이나 교통이 원활하지 못하며 부족 단위로 자급자족의 생활을 영위하게 된다.

외부와의 접촉을 최대한 억제하면서 살아갈 수밖에 없기에 외부 문화와 교류가 원활하지 못하다.

• **통일되어 있지 않은 문자와 언어**

파푸아 뉴기니의 고산족들은 문자 교육이 되어 있지 않았고 각 종족 사이의 언어도 통일되지 않아서, 행정과 법의 적용이 어려워 모든 일은 마을의 추장이 처리할 수밖에 없었다. 또한 마을 사람들도 전통 방식에 익숙해져 있었다.

획일적인 통치 방식을 전달할 수가 없기에 마을 지도자인 추장에게 위임하여 자치적으로 통치시키는 것이 효율적이었다.

• **강한 종족 간의 배타성**

얼굴에 부족 표시의 문신을 하여 다른 마을로 쉽게 왕래할 수 없었으며 이를 어길 경우에는 죽임을 당할 수도 있었다.

시장이나 한정된 장소에서만 만남이 있었으며 타 지역 마을을 방문할 때는 방문 지역 추장의 허락이 있어야만 출입이 가능할 만큼 배타성이 강했다.

부족의 안전을 위하여 외부인의 출입을 제한하고 사고를 미연에 방지하고자 접촉을 최대한 통제하는 등 엄격한 배타성이 있었다.

• **추장 통치와 연맹 제도**

위와 같은 여러 가지 문제점에서 중앙의 직접적인 행정 통치를 수행하기 어려워 작은 규모의 단위 조직에는 자치적으로 통치하는 것이 효율적인 방법이 되었다.

추장은 지역의 지형과 내부 사정을 잘 알아서 지역의 특성을 잘 이용할 수 있고 추대・추종하는 사람들이 있기에 마찰을 줄일 수 있어서 보다 지혜롭게 통치가 가능한 장점이 있다.

그러나 추장이 할 수 있는 통치는 소규모 자치 제도라서 보다 크고 중대한 일이나 일반적인 생활에서는 주변과 협력하지 않으면 살아가기 어렵다.

각 종족 간의 질서 유지를 위해 서로 협력하지 않으면 살아가기 어렵기 때문에 연계 협력을 하는 것이다.

병을 고치는 의사(무당(巫堂)이 의사임)를 불러야 하는 위급한 일에는 외부의 지원을 받아야 했고, 지역적인 토산물을 사고파는 장날이나 마을 단위의 축제 등 기초적인 교류 등을 통한 거래나 협동은 일정한 날과 위치에서 최소한으로 이루어지고 있었다. 각 지역마다 생산되는 물건이나 생필품이 있기에 이를 서로 매매를 하지 않으면 수급에 어려움이 있기 때문이다.

⑥ 이원화된 맥국의 통치제도

파푸아 뉴기니가 맥국과 모든 것이 같다고 할 수는 없지만 추장 제도는 대체로 위와 같이 운영할 수밖에 없다.

맥국이라는 큰 힘을 가진 국가도 수많은 병력을 통치하기 위해서 여러 층으로 계급화하였지만 소국의 추장들까지 직접 통치할 수는 없었다.

특히 강원도에는 맹수가 많아 속담에 한 번 가면 오지 않는 사람은 강원도 포수(砲手)라는 말이 있을 정도였다. 총포를 갖고서도 맹수의 위협에서 제약을 받을 만큼 그 당시로서는 위험성이 많았기에 한정된 생활권을 쉽게 벗어나기 어려웠던 것이다.

그러므로 맥국의 변방에는 하부 조직인 추장들이 독자적 또는 몇 개의 단위로 연합하여 활동하였으며, 이들을 외부에서는 말갈이라는 범칭으로 불렀던 것이다.

오지의 산골에서는 보다 효율적인 단위 조직 체계의 연합 세력들이 독자적으로 활동할 때가 많기에 외부에서 볼 때는 이들의 출처를 알 수 없어 범칭으로 말갈이라고 할 수 밖에 없었다.

『삼국사기』에 나타나는 말갈의 중심에는, 맥국이라는 국가 단위가 있었고 그 하부에는 삼한의 소국과 같은 집단을 추장이 다스렸던 것이다.

추장은 원초적인 우두머리로서 자치 분권의 부락 단위의 대표자에 속하는 구성체이다.

큰일이 있을 때는 연맹체를 구성하였다가 일이 끝나면 흩어지기에 일정하게 지칭하기가 어려웠던 점에서 말갈이라는 명칭으로 표현한 것이다.

그러나 그 중앙에는 맹주국이 있었다. 통치의 중심에서 세력권을 확보하고 있었던 것은 말갈 중에서 제도적인 명칭인 장군(將軍), 단위가 큰 맥국에는 거수(渠帥)라는 지휘자였으며 그 중심에는 왕이 있었던 것이다.

병력이 많을수록 계급화하지 않으면 다스리기 어렵기에 맥국에는 추장보다 높은 거수라는 관직이 있었다.

거수라는 명칭에 대해서는 명확하게 알려진 것은 없으나 운하 거(渠)자를 사용한 것으로 보아 물길을 장악하고 있는 장수로서 일정 구역의 통제권을 갖고 있었던 권력자로 볼 수 있다.

고구려 북쪽에 있었던 말갈의 통치제도를 알 수 있는 기록은 다음과 같다.

- 『수서(隋書)』 말갈전: 말갈은 고구려 북쪽에 있다. 읍락마다 추장(酋長)이 따로 있어 하나로 통괄되지 않는다.
- 『북사(北史)』 말갈전: 수나라 개황(開皇)(서기 581~600년) 초에 여러 부족들이 서로 어울려 사신을 보내 조공하였다.

위의 말갈은 고구려 북쪽에 있는 말갈이지만 이들의 조직 체계에서 맥국의 말갈을 알 수 있다. 사신을 보낼 때에도 여러 추장들이 서로 논의를 하여 보낼 정도로 파푸아 뉴기니와 같은 협력체임을 알 수 있다.

맥국은 지형 구조상 하부 조직에는 추장이 있었으며 후일의 사가들이 범칭으로 말갈이라는 이름으로 기록할 수밖에 없었던 것이다.

당시 평야 지대에서 진(辰)이라는 국가가 마한・진한・변한의 삼한의 행정 조직 아래에 78개의 작은 소국들이 연맹을 이루고 있었던 것처럼, 맥국을 중심으로 추장 연합체가 조직되어 있다.

추장 통치는 후진적인 방법이 아니라 지역 특성에 알맞게 단위를 조성한 것으로, 자치 통치로 보다 책임성을 갖도록 구성한 전통 방식의 제도였다.

많은 사람을 통치할 때는 계급화한 관료 조직으로 운영할 수밖에 없기에 맥국은 거수(渠帥)나 장군이라는 통치자가 있었다(『삼국사기』 신라본기, 유리 이사금 17년(서기 40년)・19년(서기 42년)).

맥국의 하부 조직에는 추장이 다스린 부족이 많았으며 이들을 말갈이라 불렀고 때로는 중앙에서 통치한 맥국까지도 말갈이라고 하였던 것이다.

하나의 예로서 발해라는 국가 이름도 중국의 사서에는 '발해 말갈'이라고 지칭한 기록이 있다. 맥의 하부 조직에 말갈이 존재한 것이므로 '맥의 말갈'이라는 복합명칭이 요구된다.

위와 같이 맥국은 직할 맹주국이며 그 하부에 지방분권 조직의 수장 말갈 추장들이 통치하고 있었다.

맥국의 왕도를 찾아낸 결과 규모나 도시 구조 등으로 미루어 거대한 세력권의 고대 왕도라는 것이 밝혀졌다.

우리나라는 지역 특성상 70%가 산악 지대이며 한때 그 중심에는 맥의 말갈이 있었다. 삼국과 오랫동안 존재하면서 고구려와 함께 발해를 세운 민족인 그들이 우리 역사에 끼친 중요성은 매우 크다.

(2) 말갈은 우리 민족

말갈의 역사가 외부에 많이 알려졌다면 삼국과 같이 역사의 큰 맥으로 장식되었을 것이다.

백제사에 나타나는 말갈은 맥국과 관련된 세력이었다는 것이 기록을 통해 알 수 있으며 삼국과 함께 장기간 존재한 말갈이 우리 민족임은 명백하다.

말갈은 대부분 산악 지대와 하천의 생활에 익숙하며, 사냥을 잘하는 추장이 이끄는 집단의 생활 방식을 지닌 특성을 보인다.

맥국은 태양숭배사상에서 나온 명칭이며 말갈은 범칭으로 외부에서 지은 이름으로서 종족 구분이 명확하지 않은 점도 있으나 강원도 말갈의 맹주국은 맥국임을 알 수 있다.

맥과 말갈은 수렵을 잘하는 종족으로 모두 활을 잘 만들고 잘 쏘는 기술이 있다는 공통성이 있다. 단순히 활 사용에 능숙한 종족이라 하여 계열이 같다고 보는 것이 아니다. 산악 지대 사냥 기술의 유사성에서 본다면 맥이나 말갈은 동이족 특유의 활 사용과 제조의 기술이 있었다.

『일본서기』 웅략천황(雄略天皇) 20년(서기 475년)의 기록에는 "박(狛)의 대군이 와서 대성을 친 지 7일 7야에 왕성이 함락되어 드디어 위례를 잃었다"라 적혀 있는데 고구려가 백제의 한성을 함락시킬 때의 기록으로서 고구려를 '박'이라 하였고, 『삼국지』 위서 동이전 고구려 편에는 "고구려의 별종이 소수(小水)의 유역에 나라를 세웠으므로 그 이름을 소수맥(小水貊)이라 하였다. 그곳에서 좋은 활이 생산되니 이른바 맥궁(貊弓)이 그것이다"라고 적혀 있다.

위의 기록에서 보면 '맥'은 고구려가 세운 국가로서 후대에도 맥이라 불렀던 것이며 '맥'을 '박'이라 칭하기도 하였다는 것을 알 수 있다.

활을 잘 만들고 잘 쏘는 기술이 발달한 동이족(東夷族)의 맥궁(貊弓)은 고대의 사냥 기술에서 발달한 것으로 볼 수 있다.

『삼국사기』 유리 이사금 19년(서기 42년)에 "8월에 맥국의 거수(渠帥)가 금수(禽獸: 날짐승과 들짐승)를 사냥하여 바쳤다"는 단편적이지만 사냥에 능숙했음을 알 수 있는 기록이 있다. 말갈도 사냥에 능숙하다는 기록도 있다. 『위서』 물길국(勿吉國) 편에 "활로 사냥을 잘하니 활의 길이는 3자요 화살의 길이는 1자 2치인데 돌로 화살촉을 만든다……해마다 7, 8월이면 독약을 제조하여 화살촉에 묻혀 두었다가 새나 짐승을 쏘는 데 맞기만 하면 바로 죽는다"라는 기록이 그것이다.

우리나라의 산맥은 말갈의 주 분포 지역이었던 백두산과 흑룡강에 집중되어 있다. 말갈은 사냥을 생업으로 활쏘기와 제조 기술이 발달하였던 동이족임을 알 수 있다. 산악 민족인 춘천 맥국은 말갈의 주 무대인 백두산과 북방산맥으로 지리적으로 연결되어 있고 생활 방법에서도 밀접하다.

고구려 보장왕 4년(서기 645년)의 기록에는 말갈의 군사 15만 명과 연합하여 당과 싸웠다고 나와 있다. 말갈은 고구려의 선봉이 되어 중국을 압박하기도 하였을 정도로 고구려와 연합 관계였으며 함께 발해를 세운 민족이다.

말갈은 그만큼 강력한 힘을 가졌었다. 다만 지역적인 특성 때문에 실체가 외부에 알려지지 않아서 베일에 가려진 역사로 전락하고 말았던 것이다.

(3) 춘천 발산리 맥국의 왕궁지

맥국의 왕도는 소양강과 북한강으로 에워싸여 자연 해자(垓字)를 이루고 한계라는 하천과 또 다른 하천이 도성 안에서 연결되어 운하로 조성하기에 알맞은 입지이며 교통의 요지이다.

배후에 있는 수리봉에서는 산성이 발견되었는데 구조가 뛰어난 방어성으로 왕궁지와 연결되어 있다. 이 성은 계곡을 여러 층의 계단식 석병(石壁: 암반을 돌출 시켜 조성한 성벽)으로 조성하였다.

왕궁지와 연결된 거대한 피난성이 수리봉에서 발견되어서 왕도임이 입증되었다.

춘천 우두산의 산줄기는 대표적인 도성방어 시설로서 소양강을 차단하는 강변 성이다. 현재 남쪽의 아침못은 궁남지에 속하는 곳이고, 동쪽의 야산과

[사진 3-31] 맥국 왕도를 보호하는 토성의 유적이 남아 있다.

남쪽의 들판에도 지둔지 · 둔지 · 윗문정 · 아랫문정과 같은 옛 지명이 그대로 남아 있어 고대 도성이 있었던 흔적을 엿볼 수 있다.

왕궁지는 보호막으로 조성한 여러 겹의 장성으로 둘러싸여 있으며 보호를 철저히 할 수 있는 시설의 중심 위치에 있고 왕도에만 있는 나성의 구조가 나타난다.

왕궁지 남쪽에는 백성들이 거주하고 군사 훈련장으로도 이용하기에 적합한 넓은 들판이 있다. 거대한 산들이 강과 연결되어 있기에 땔감은 그 어느 곳보다 풍부하고 운반 · 공급하기에 알맞은 곳이다. 또한 춘천은 신석기에서 청동기시대에 이르기까지 유적과 유물의 밀집도가 높다.

우두산 끝에서는 사찰지가 발견되었다. 강으로 오르내리는 적들을 감시할 수 있는 호국사찰에 속하는 위치이다. 즉 맥국의 왕도 입구를 지키는 사찰로서 한성백제의 강동구 암사동 암사(岩寺) 절터, 공주 공산성의 영은사(靈隱寺), 부여의 고란사 등과 함께 도성 입구의 강을 감시하는 사찰에 속한다.

18세기 중엽과 이후의 고지도인 광여도, 해동지도, 여지도에는 발산리 지역이 고맥도(古貊都)로 표기되어 있고 조선 지도에는 고맥성(古貊城)으로 표기

[사진 3-32] 맥국의 왕궁지, 높은 토대로 조성되어 있다.

되어 있다.

필자는 오래전부터 발산리 일대를 맥국의 왕도로 보았고, 그 정확한 위치를 왕대로 보았다. 정밀 조사 결과 왕대는 위치적으로 근접하였으나 노출된 들판이 왕궁지로서는 부적합한 지형이기에 보호되기 좋은 곳을 다시 정밀 조사하였다.

왕대에서 북쪽으로 약 500m 이상 떨어진 산 능선 계곡 위에서 와편이 퇴적된 건물지가 발견되어 왕궁지를 찾아내었다.

왕궁 주변에는 항시 흐르는 계곡물이 있는데 수리봉산성은 폭포처럼 흐르는 수량이 풍부한 계곡이다.

왕궁은 외부에서 볼 수 없도록 은밀한 장소를 선택하였고 독립되어 있다. 또한 건물은 위치적으로 길목을 지키거나 진성이 아닌 독립된 곳에 위치하고 그 주위에는 건물지를 보호하는 군사 시설이 치밀하게 조성되어 있다.

발산, 샘밭, 새밑, 아침, 한계, 수리봉, 삼한골과 같은 지명은 고대 왕도에 보편적으로 나타나는 유사성이 있는 땅 이름들이며, 왕도 주변의 하천이나 강의 이름은 대부분 한천인데 이곳에서 가까운 곳에는 한계(閑溪)라는 하천 이름이 남아 있다. '한(漢)'은 은하수를 지칭한다.

왕궁의 건물지도 해가 뜨고 지는 방향의 동서가 길고 남북이 짧은 장방형으로 보편적인 왕궁의 구조와 동일하다(남북 약 80m, 동서 약 150m).

또한 고대사상이 포함된 도시 구조를 갖추었으며 마한의 왕궁지와 규모도 거의 같다.

왕궁지는 계곡의 언덕을 이용하여 7~8m의 높은 곳에 조성되어 있으며 남쪽과 서쪽은 토성으로 조성된 것으로 밝혀지고 있다.

왕궁 건물을 지키는 동쪽 계곡에는 2개의 군사시설인 치(雉)가 궁궐지에 붙어 있어 수비를 얼마나 철저히 하였는가를 알게 한다.

길목도 아닌 외진 곳에 거대한 건물지를 지키는 치(雉)와 같은 군사 시설이 있다면 그곳은 일반적인 건물지가 아닌 왕궁이라는 증거이다.

왕궁지를 지키는 2기의 치(雉)와 주변은 모두 토석 혼축으로 조성한 흔적이 나타난다. 보다 견고한 성은 토성이라는 것이 여러 왕궁지 발굴에서 입증되고 있는데 맥국의 왕궁지 주변에도 토성을 조성한 것이 남아 있는 것이다.

주변 야산을 조사해 보면 인위적으로 쌓거나 손질한 흔적이 많이 발견된다. 특히 수리봉산성은 다른 곳에서 볼 수 없을 만큼 엄청난 대단위 공사를 한 것이 곳곳마다 발견되고 있다. 수백 년이 지난 지금에도 남아 있다는 점에서 건물지를 보호하기 위하여 엄청난 공력을 들였다는 것을 가늠할 수 있다.

발산리 건물지에서는 단편적이지만 삼국시대의 와편이 발견되고 있다.

고대에 기와는 왕궁・신전 또는 사찰・관부에만 사용했다. 그런데 이곳은 군사적인 시설이 많이 조성되어 있어서 사찰은 아니었던 것을 알 수 있다. 또한 관부, 교통로, 마을에도 속하지 않은 독립된 위치로 왕궁이 아니라면 기와집이 들어설 수 없는 곳이다.

건물지는 수백 년간 경작지로 이용되어 주변에 있었던 보호 토성은 흔적만 있고 소멸되었다. 유물은 매몰되거나 유실된 상태로 일부만 남아 있다.

상기 이외에도 발산리 건물지를 맥국 왕궁지로 보는 이유는 다음과 같다.

[사진 3-33] 맥국 왕궁지에서 출토된 유물

왕도에만 있는 나성의 구조가 나타나고 유사시에 항전할 수 있는 거대한 규모의 토성이 왕도를 에워싸고 있다.

본 백제문화연구회는 단시일에 겨우 왕도 확인을 위한 조사・연구를 통해 맥국 왕도와 관련된 자료를 모았을 뿐이다. 장기간 동안 정밀 조사를 한다면 수많은 문화 자원을 찾아 낼 수 있는 것으로 보인다.

(4) 맥국 수리봉산성

석벽성(石壁城)에 대하여 설명을 하고자 한다. 구조나 이름이 잘 알려지지 않은 석벽성을 이해하지 못하면 맥국 왕도의 산성에 대해서 알 수 없기 때문이다.

성(城) 중에서 제일 견고한 것은 석벽성이다.

석벽성은 산을 깎아서 내부에 있는 암반이 나올 때까지 파내어 절벽이 되도록 조성한 견고한 성으로 석성・토성과 달리 석벽의 암반성이다.

서울시 관악구 신림동의 난곡과 시흥시 경계의 호암산으로 올라가는, 길이

2.3km 정도의 장성으로 조성된 백제시대의 석벽성이 남아 있다. 또한 남양주의 천마산 일대의 성은 험준한 절벽을 이용하여 인위적인 보축이나 절석으로 거대하게 조성한 대표적인 석벽성이다. 최근에는 백제・신라・가야의 접경을 이루고 있는 전북 무주군 지역에 적상산성을 비롯해 밝혀지지 않은 거대한 석벽성들이 많이 밀집되어 있는 것이 밝혀지고 있다.

수리봉 석벽성은 계곡의 암반을 계단식으로 조성하여 적이 올라올 수 없도록 한 다층식(多層式) 구조로 되어 있어 험준함이 절벽과 같다.

지금까지는 이러한 구조의 성의 실체를 알 수 없어 학술에 포함되지 않았으나, 실제로는 알려진 성의 구조보다 알려지지 않은 다양한 방식으로 축조된 성들이 숫자적으로 더 많고 구조면에서도 여러 가지 양식의 성들이 발견되고 있다.

그중에서도 수리봉산성은 특이한 산성 구조이다. 성 내부에는 갈수기에도 수량이 풍부한 폭포가 있고 온 산을 인위적으로 암반을 절석하여 산 아래에서 정상까지 계단식으로 여러 층의 석벽성을 조성하였다. 그리고 수리봉 북쪽은 워낙 험준한 산세이기에 적이 침입하기 어려운 구조이다. 방대한 토목 공사를 하여 산 전체를 요새화한 왕도 배후성이며 다층적이고 험난한 지형에 조성한 성인 것이다.

또한 성 내부에는 수많은 유적이 포함되어 있어 당시의 전쟁 양상을 알 수 있기에 앞으로 면밀한 연구 조사의 학술 과제가 되고 있다.

2010년에 서울의 아차산 시루봉 보루성의 구조가 다층적인 계단으로 조성한 것이 발굴에 의하여 밝혀졌는데 맥국 말갈족들이 축조한 성의 구조와 같다는 것을 느낄 수 있었다. 가파른 지역을 여러 단계로 구분하여 성을 쌓은 계단식 성의 구조와 성벽 아래에 배수로를 조성하여 좁은 내성(內城)의 면적을 활용하는 것은 산악 종족의 특성으로 볼 수 있다. 그러나 초기 소국들의 축조에서 나타나는 현상으로 연구의 대상이다.

맥국의 산성은 동양의 마추픽추라 할 만큼 특이한 성의 구조이다.

(5) 맥국 유적에서 본 유의점

맥국과 관련된 유적의 판단이나 조사에서 다른 지역과 달리 유의해야 할 점이 나타나고 있다.

춘천의 지형과 토질에서 나타나는 고대 유적의 현상을 이해하지 않으면 판단이 어렵고 오판할 수 있다.

① 유물과 토질의 현상

유적 주변의 토질은 풍화된 사질토로 표면 유실이 심하여 유물이 남아 있지 못하며 지표 교란이 심하다.

접착성이 약한 풍화 사질토의 지질에서는 고대 유물이 대부분 유실되기 때문에 깊게 묻힌 유물 이외는 표면에 잘 남아 있지 않는다. 이러한 생각을 염두에 두지 않으면 판독에 혼란을 가져올 것이다.

특히 오랜 경작지로 사용되었다면 더욱 조사가 어렵다. 그나마 확인할 수

[사진 3-34] 맥국의 배후 산성인 수리봉산성

있는 흔적이 조금 남아 있어서 간신히 찾아낼 수 있는 것은 왕궁 건물지 정도이다.

② 발굴과 유물

일반적으로 발굴 중 유물이나 유적이 발견되지 않으면 부정적인 방향으로 생각하기 쉽다. 또한 발굴에서 한 시대 것이 나오면 그 시대의 것으로만 치우쳐 단정을 짓는 경우가 허다하다.

이러한 것들이 발굴의 함정이다. 유물과 유적은 남아 있을 수도 있고 없을 수도 있는 유동성이 심한 것이다.

특히 춘천과 같은 곳은 토질과 경사진 위치 때문에 더욱 유물이 남아 있지 않아 유물 채집에는 어려움이 많다.

사람이 살기 좋은 곳에는 오히려 완전한 유물이 남아 있지 않다. 번화가에 어떤 유물이 있다면 그대로 남아 있기 힘들며 경작하기 좋은 곳은 더욱 훼손이 심하다.

침수로 인하여 매몰되었다는 것이다. 사람 살기 좋은 왕도는 이러한 현상이 없고 완품 유물보다 도시 구조의 유적이 밀집되어 있어야 한다.

땅 속의 고분이 아닌 바에야 유물이 온전하게 남아 있을 것이라는 생각은 잘못된 것이다.

발굴은 부분적인 것을 확인하는 단편적인 면이 있으나, 거대한 왕도를 규명하려면 폭넓은 안목이 필요하다.

유적이 소멸되어 확인되지 않고 발견되더라도 발굴자의 학설과 틀리면 부정을 하거나 오판하여 문제가 발생하기도 한다.

발굴은 전체적인 연계성 연구가 힘들어 부분적인 것만 부각되므로 많은 오류를 초래하기 쉽다.

고대 도시를 찾아내는 20여 가지의 항목 중 발굴은 유동성이 심하기에 이를 전부로 생각하는 편견을 가져서는 안 된다.

왕도는 일반적인 유적과 달리 복합적인 전체의 유기적인 연계성과 도시 구조에서 밝혀지기 때문에 폭넓은 학술조사에서 일반 성과 왕도가 구분된다.

왕도와 일반 성을 쉽게 구분하지 못하여 몽촌 토성이나 풍납 토성의 단일 성을 오랫동안 왕성이라고 주장해 온 오류도 이러한 문제가 있었기 때문이다.

왕도는 복합적인 도시 구조, 폭넓은 흔적, 도읍지에서만 나타나는 시설의 규명을 통해 확인되는 것이다.

왕도를 보호하기 위한 나성(羅城)과 수도권을 방위하는 규모의 성이 있어야 하며 배치에서 중심이 발견되고 신앙 유적도 있어야 한다. 또 도시의 크기와 구조도 합당해야 하는 것이다.

장기간 고대 왕도를 연구한 결과, 발산리 왕궁지를 찾을 수 있었고 다른 왕도와 비교하여 확고하게 왕궁지임을 입증할 수 있었다.

다만 관련 유적과 유물이 어느 정도 남아 있어 많은 역사를 밝혀줄 것인가 하는 것은 전체를 조사한 후의 현상 연구에서나 알 수 있다.

한 국가의 왕도에는 엄청난 함축된 역사 자료가 포함되어 있어 앞으로의 조사 결과에 의하여 많은 것이 밝혀질 것으로 보인다.

그러므로 무엇보다 고대 도시와 관련된 유적을 찾아내는 것이 우선되어야 한다. 유적은 한 번 훼손되면 영원히 되찾을 수 없다.

최근에는 중장비의 발달로 지형 훼손과 파괴가 가속화되었고 왕도를 연구할 만한 안목을 지닌 인적 자원도 한정되어 있다.

그런데 지금까지 이어지고 있는 삼국 초기는 원삼국시대라는 부족국가의 개념 때문에 아무리 발굴을 하여도 기존 학설의 틀에 갇혀 인정하지 않는 심각한 문제가 있다.

맥국이 부족국가라는 학설이 학계를 지배해 왔으나 거대한 규모의 왕도 발견으로 그렇지 않다는 것을 다행히 입증할 수 있었다.

맥국은 민족의 주류에 해당하는 큰 뿌리의 역사 유적이기에 이를 밝히고 보존하는 데 소홀(疎忽)해서는 안 될 것이다.

조사 연구는 이제 시작 단계일 뿐이다. 앞으로 더 많은 유적들이 발견되어야 왕도의 면모가 보다 세밀하게 밝혀질 것이다. 교통, 통신, 고분, 신앙, 군사 등 각종 시설과 규모를 밝혀내어 다른 왕도와 비교하면 맥국의 실체가 가늠될 것이다.

고대 유적이 모두 없어진 것이 아니라 수백 년 동안 변화가 된 것이 많기에 어떻게 변화되었는가를 알면 안목이 넓어진다.

그러나 우리가 지금까지 배운 문헌과 발굴 조사만으로는 고대 유적을 찾아낼 수 없다. 지금까지의 발굴은 단편적이기에 현장 학문과 본질적으로 다르며, 지형의 변화 과정 · 지리적인 삶의 여건 · 자연과 인공의 구분 · 고대의 사상과 군사적인 시설 등을 연구 조사해야 한다. 각종 자연과 인공물의 종합적인 연구와 유적을 찾아낼 수 있는 학문적인 축적이 없으면 조사가 어렵다.

백제 초기 왕도를 찾아내는 과정에서 발굴의 취약성이 드러났다. 고대 유적을 찾아내는 것은 종합적인 현장 학문으로서 오랜 세월에 걸쳐 발로 뛰면서 연구하지 않으면 어렵다.

많은 유적을 현지에서 직접 비교하면서 연구하는 현장 학문을 배울 수 있는 곳이 없고 학계에서도 왕도의 도시 구조에 대해서 오랜 연구를 하지 않았기에 발굴이 되어도 판독하지 못하는 심각한 상황이 발생하는 것이다.

학술조사는 오랜 기간의 답사 연구에서 현장을 발로 뛰면서 안목을 키우는 종합적인 학문이다. 지금까지 배울 수 없었던 것은 미개척 분야이기 때문이다.

지금까지 장기간 동안 풍납 토성이나 몽촌 토성 같은 단일성을 백제 왕도라고 하는 학설이 통할 수 있었던 것은 왕도 구조의 연구가 전혀 되어 있지 않았다는 것을 입증하는 것이다.

한 해가 다르게 문화재가 파괴되고 있다. 지금까지 찾아낸 유적들도 모두 멸실 직전에 찾아낸 것으로 조금만 늦었어도 영원히 잊어버릴 유적이었다.

국가에서 엄청난 금액을 들여 역사 왜곡에 대응하고 있지만 보다 더 중요한 것은 소멸되어 가는 실증적인 유적 확보이다.

진국 마한의 왕도는 고조선과 관련된 유적이며 맥국은 고구려와 발해를 세운 민족으로서 직접적인 연결 고리가 되고 있다. 또한 백제는 고구려 왕가와 한 가족에 의하여 세워진 국가이며 부여족과 관련된 유적이 발견되고 있다.

특히 일본이 고유의 문화라고 자랑하고 있는 전방후원분이 백제 왕도 여러 곳에서 발견되어 백제에서 일본으로 전해진 묘제라는 것이 밝혀지고 있다.

이런 성과들을 더 내기 위해서 파괴되기 전에 왕도의 규모와 각종 관련 시설을 밝혀야 하고 지금까지 조사되지 않은 소국의 왕도 역시 찾아내는 것이 시급하다.

(6) 맥국 왕도에서 본 동이족과 중국 민족의 차이점

『삼국사기』에 말갈에 대한 기록은 백제 온조왕 2년(기원전 17년)에 나타나기 시작하여 신라 경명왕 5년(서기 921년)까지 이어진다. 기록에 나타나는 것만도 1,000년 가까운 역사를 갖고 있는 맥국 말갈이다.

춘천 발산리의 맥국 왕도가 천년 왕도였다면 관련된 많은 유적과 흔적이 남아 있어야 한다.

깊이 있게 조사하지 않았으나 전해지고 있는 땅 이름을 다른 왕도와 비교하면 어떤 차이가 있는지 살펴보자.

우선 우리나라 고대 왕도의 명칭과 맥국 왕도에 남아 있는 땅 이름을 비교하여 어떤 차이가 있는가를 살펴보면 맥국의 특성이 무엇인지 알 수 있다.

국가의 명칭과 왕도와 관련된 내용을 알고자 하는 것은, 맥국이 어떤 성격의 민족으로 구성되어 있는가를 알 수 있고 왕도의 땅 이름에는 당대를 살던 사람들의 사상이 함축되어 있기 때문이다.

① 소양강 이름의 유래

왕도와 관련된 땅 이름에서 알 수 있는 것은 고대사상이며, 국가의 명칭이나 도읍지 명칭은 국가관이 함축이 되어 있기에 어떤 민족인가를 알 수 있는 간접적인 자료가 된다.

맥국 왕도 앞을 흐르는 소양강은 이름의 유래를 예전부터 알고자 하였으나 지금까지 알지 못하였던 차에, 맥국의 왕도임이 밝혀지면서 그 뜻이 무엇인가를 가늠해 볼 수 있게 되었다.

특히 강 이름은 지역의 행정 명칭과 달리 그 유래를 알아내기가 어려운데 기록만으로는 어느 때부터 이름 붙였는지 알 수가 없기 때문이다.

행정 명칭은 어느 시기부터 불리어졌었다는 것을 알 수 있는 자료를 통해 유래를 어느 정도 유추할 수 있으나, 강 이름이나 산 이름의 유래는 알아내기

국가명		도읍지 땅 이름	내 용
고조선		아사달	아침·새벽의 땅을 의미하는 우리 민족의 전통적인 도읍지 땅 이름으로 구분된다.
맥		새밑, 샘밭, 아침, 새청벌, 소양강	아침·새벽의 의미가 포함된 이름들이다.
마한		사복홀, 새밝골	새벽과 새밝음의 뜻의 땅 이름들이다.
여래비리		개명산, 상좌산	화순, 마한 소국 왕도의 산 이름으로 밝음을 연다는 뜻이다.
부여		예성	부여 초기 도읍지의 성 이름으로 '새'를 어원으로 본다.
백제	하북	샘말 고개	도봉구 방학동 백제 초기 십제국 왕도 주변의 땅 이름이다.
	하남	샘재	하남 왕도 내부의 땅 이름이며 '담안'이라고도 한다.
	부여	사비, 소부리	부여 왕도의 사비성과 소부리 땅 이름이다.
신라		서라벌	신라 초기의 왕도 땅 이름이다.
고구려	환인	졸본, 졸본천	오녀산성이 있는 위치의 환인현의 옛 이름이다.
	집안	위나암성	도성의 국내성과 산성인 산성자산성(위나암성)을 환도 산성으로 보는 학자들도 있다.
	평양	평양성	대성산과 안학궁이 있는 평양성과 대동강 변의 새평양성이 있다.
발해		동모산	동모산(東牟山)이 개국한 곳으로 보는 시각이 많다.
고려		개경	고려 도읍지 개성도 하늘을 여는 아침이라는 뜻이다.
조선		서울	새벽의 '새'와 둘레의 담(성)을 상징하는 '울', '새울'이 '서울'로 변화된 것이다.
일본		아스카	일본어로 '아사'는 아침이라는 뜻이 포함되어 있다.
중국		상(商)의 상도(商都),하(夏)의 양성(陽城), 진(秦)의 장안(長安), 동진(東晋)의 건강(健康), 위(魏)의 평성(平城)과 낙양(洛陽), 연(燕)의 계(薊), 명(明) 때의 남경(南京)과 북경(北京)	

어려운 면이 많다.

소양강 주변에 남아 있는 관련 지명을 살펴보면 소양강 쪽의 벌판을 모두 '새청벌' 또는 '우두벌'이라고 불리어지고 있는 것을 알 수 있다. 산천리 쪽에는 '새밀'·'샘두리', 천전리에는 '샘밭', 유포리에는 '아침못' 등의 땅 이름들이 남아 있다.

소양강 변에 남아 있는 땅 이름과 고대의 다른 왕도들의 땅 이름은 표에서 비교한 바와 같이 상당히 유사하다.

맥국과 같은 시대인 안성 마한의 왕도 옆에는 '새밝골'이라는 지명이 남아 있고, 안성의 양성면 옛 이름은 사복홀(沙伏忽)로서 새벽의 벌판이라는 뜻이며, 신라의 도읍지는 서나벌(徐那伐)이다. 맥국의 왕도 주변에 남아 있는 '아침'·'새밀'·'새청벌'과 같이 '새'와 관련된 지명들이다. 우리가 이른 아침을 새벽이라고 일컬을 때의 '새'이다.

또한 하남 백제 왕도 성 내부의 땅 이름은 '샘재'로서 한자로는 천현(泉峴)으로 불리고 있다. 맥국의 샘밭과 천전(泉田)으로 변화한 내용에서 '새'·'샘'은 왕도에서 전해지는 공통된 땅 이름이라는 것을 알 수 있다.

'샘'이라는 공통성이 있는 도읍지로는 백제의 하북 위례성의 방학동 지역의 '샘말', 하남시 교산동의 천현동(泉峴洞)의 '샘재', 샘밭이 한자로 변한 맥국 왕도의 천전리(泉田里)가 있다.

'샘'은 새롭다는 뜻보다 솟아오른다는 뜻이 강하게 포함된다. 샘을 낸다, 샘물이라는 사용에서 알 수 있다. 즉 밝음이 솟아나다 또는 한자로 개명(開明)이라는 뜻이 포함되어 있다.

'소'의 양지에 흐르는 강이 소양강이다. 백제 왕도였던 부여가 '소부리'이며 신라의 수도는 '서나벌', 지금의 '서울'도 '소'와 음을 같이 하는 도읍지 명칭이다.

결국 소양강은 새벽의 땅 즉 도읍지의 양지에 있는 강이라는 뜻에서 이름이 지어진 것으로 볼 수 있다.

이런 식으로 맥이 우리 민족의 국가 명칭과 도읍지 명칭을 따랐다는 것이 입증 가능하다.

위의 도읍지는 낙수의 양지에 있어서 '낙양'이라 하였고 지금의 서울은 한수의 양지에 있어서 '한양'이라 한 것처럼, '소'(새 아침) 즉 도읍지의 양지에 흐르는 강을 소양강이라 하였던 것이다.

소양과 같은 이름으로는 전북 완주군에 소양천이라는 하천이 있다. 이 지역을 조사한 결과 전주 후백제 이전 청동기시대의 도읍지 또는 지역의 중심권이었던 유적을 찾아내었다.

맥의 왕도에 전해지고 있는 땅 이름 중에는 우두산이나 우두벌이 있다.

우두는 우리말 '소머리'로서 한자로는 우두(牛頭)가 된다. '소'는 아침을 의미하며 '머리'는 보다 높거나 대표성이 있음을 의미한다. 이러한 우리말 '소머리'가 한자의 '우두'로 변한 것이다. 우리말에 어떤 단체의 수장을 '우두머리'라 칭하는 것도 어둠을 밝히는 윗사람이라는 뜻을 포함한다.

우리나라는 어둠을 헤치고 떠오르는 밝음을 상징하는 뜻과 관련된 이름을 왕도 지역의 땅 이름으로 정하였던 것이다. 고조선을 비롯한 부여, 고구려, 발해도 우리와 같은 뜻을 가진 도읍지 명칭을 사용하였기 때문에 중국과 다른 사상을 갖고 있는 국가였음을 알 수 있다.

지금까지 소양강, 우두산, 우두벌이라는 명칭들이 모두 왕도와 관련이 있는 땅 이름 '소'에서 유래가 되었다는 것을 유추해 보았다.

② 맥국 왕도의 전통성

'맥이 없다', '맥이 빠진다'라는 말은 솟아오르는 힘이 없고 생명력을 잃어버리는 것을 의미한다.

고대인들은 태양을 숭배했는데, 동식물이 태양에 의하여 생명력을 유지하고 있기에 태양이 아침에 뜨고 저녁에 지는 과정 덕분에 탄생과 생명의 지속적인 삶이 이루어진다고 믿었다.

그중에서 생명을 유지하는 힘이 맥이며 이것이 점차 발달하여 토속신앙으로 변한 것이 삼신 숭배사상이다.

동이족인 우리의 최초 국가명인 조선(朝鮮)도 아침과 관련 있으며 도읍지도 아침의 땅이라는 뜻의 아사달이었다. 아침은 하루의 시작이며 솟아오르는 힘을 의미하므로 신성시하였던 것이다.

고구려・발해도 우리의 문화와 같다.

우선 고구려의 첫 수도는 졸본인데 졸본은 아침에 떠오르는 샛별이다. 금성의 명칭이 키르키스탄에서는 촐본(SCHORBON), 몽고 계통의 브리야트에서는 솔본(SOLBON)으로 불리고 있다는 것이 최근에 밝혀졌다.

신라의 도읍지도 '금성'이다. 고대 왕도에는 대부분 아침과 관련된 땅 이름을 붙이고 태양 주위를 지키듯 운행하는 금성(金星)을 왕도의 명칭으로 정하였던 것이 동이족 특성으로 밝혀지고 있다.

고구려의 두 번째 도읍지에 세운 위나암성도 아침을 의미한다. 고구려 언어에서는 서로 비슷한 것을 '위(位)'라 하였으며(『삼국사기』, 고구려 산상왕 원년(서기 197년) 참조), '나'・'라' 등은 고대에는 태양을 '나라'라고 했던 점에서, '위나'는 수평선에 떠오르는 해를 의미하며 '평양'과 같은 뜻이다.

신라의 도읍지 서나벌(徐那伐)을, 서라벌(徐羅伐)・서야벌(徐耶伐)・서벌(徐伐)이라고도 할 때의 '서', 서울의 '서', 부여 소부리의 '소', 맥국 왕도 앞에 흐르는 소양강의 '소'는 모두 도읍지를 의미하는 새밝의 땅 이름이다.

이와 함께 고구려의 평양성에 대한 것을 살펴보자. 소양강은 '소'의 양지에 흐르는 강이라는 것에서 평양은 '평'과 '양지'라는 의미인데, '평(平)'이라는 한자의 뜻에서 본다면 고구려 초기 도읍지를 위나암성이라 한 '위'와 '평'은 모두 '비슷하고 고르다'는 동일한 뜻이다.

평양이라는 땅 이름도 서울과 같이 도읍지임을 나타내는 수평선에 떠오르는 태양의 땅이라는 의미가 포함된 지명이다.

고조선의 도읍지인 아사달, 일본의 초기 도읍지인 아스카 등은 이른 때나 처음을 뜻하는 '아시 때' · '아시'라는 우리말과 닮았다. 필자와 비슷한 나이라면 처음 논에 김을 매는 것을 '애벌' 또는 '아시벌', 처음을 '애시 당초', 첫 빨래하는 것을 '아시빨래'라고 하는 말을 어릴 때 많이 들어 보았을 것이다. 아사 또는 아스는 이른 시기를 뜻하는 것으로 아침 또는 새벽을 어원으로 둔다.

발해를 두고 서로 관련이 있다며 중국이나 러시아가 우리와 역사 전쟁을 하고 있지만 정신사상이 함축된 국가명과 도읍지에서 명확하게 구분된다.

'발해(渤海)' 이전의 국가 이름은 대진국(大震國)이다. 태양이 떠오르는 곳을 서쪽에서 본다면 바다에서 떠오르며 '해'는 이두 문자로 '밝은 해'라는 뜻이 있으며 한자로는 바다에서 떠오르는 것이 태양이기에 바다 '해(海)'자로 표현한 것으로, 떠오르는 태양을 근본으로 하였으므로 동이족의 국가라는 것을 알 수 있다.

부여의 도읍지 동단산성을 청 말기까지 악막성이라고 불렀는데 '악막'은 예맥과 음이 서로 통하며 부여의 왕성인 '예성'이 자리 잡고 있는 곳이 '본래 예맥의 땅'이라고 한 기록과 부합된다(『고조선사 · 부여사 · 구려사 · 진국사』, 138쪽, 북한 사회과학원).

부여의 도읍지 '악막'도 예맥과 같이 새밝의 뜻을 가진 왕도로서 우리 민족이 세운 국가라는 것을 알 수 있다.

전남 화순에서 발견된 청동기시대의 왕도 옆에는 개명산이 있는데 고려 왕도의 개성과 함께 어둠을 여는 아침과 같은 현상을 표현한 이름이다.

발해를 세운 민족이 고구려와 말갈이라는 점에서 말갈은 우리 민족이 아닌 것으로 지금까지 생각되었다. 그러나 『삼국사기』에 천 년 가까이 나타나고 있으며 말갈의 원류가 오랫동안 자리 잡고 나라를 세운 곳은 춘천이다. 또한 우리 사서에 처음으로 기원전부터 말갈이라 불렀다고 적혀 있어 말갈이라는 명칭의 발생이 중국보다 앞섰다.

춘천 맥국은 말갈을 거느린 왕도로서 말갈이 우리 민족이라는 것이 실증적으로 밝혀주고 있다.

최근 중국이 발해를 자국의 역사로 편입하려는 시도에 유일하게 대응할 수 있는 실증적인 왕도는 맥국의 왕도라는 것이 여러 면에서 밝혀지고 있다.

말갈의 원류가 산악 지대가 많은 중심 지대에 오랫동안 자리 잡고 처음으로 국가를 형성한 곳이 춘천임은 부인하기 어렵고 말갈의 실질적인 유일한 도읍지였다.

중국 고대 국가들의 도읍지 명칭은 앞의 표에서 본 바와 같이 새밝이라는 뜻을 가진 도읍지가 아니며, 상도(商都)・양성(陽城)・장안(長安)・건강(健康)・평성(平城)・낙양(洛陽)・계(薊)・남경(南京)・북경(北京) 등으로 동이족의 도읍지 명칭과 전혀 다르다.

예맥은 새밝이라는 아침과 관련된 것으로, 우리말 '아침'의 '아'도 '아시'와 같이 이른 때를 의미하고 '침'은 찌르는 바늘을 의미하는데 솟아오르는 입속의 침도 해당되는 뜻이다. 즉 이른 새벽에 솟아오르는 태양의 밝음이 '아침'이다.

고대 동이족들은 새밝의 아침에 일어나는 현상을 우리말 또는 한자(漢字)로 표현하고 여러 가지 뜻을 덧붙여서 왕도의 이름을 지은 것이다. 소리가 다를 뿐 그 뜻은 아침에 떠오르는 태양을 기본으로 도읍지 이름을 정하였다. 또한 국가의 이름도 태양과 관련된 나라 이름으로 정한 것이며, 왕성의 이름은 금성(金星)과 관련된 이름이 많다.

현재 맥국 왕도의 땅 이름은 발산, 새밑, 샘밭, 새청벌, 소양강, 아침 등 모두 아침에 떠오르는 태양의 밝음으로 나타나는 여러 가지 현상을 표현하여 고대 왕도라는 것을 알게 된 것이다.

맥국은 동이족의 원류라는 것이 도읍지의 지명에서도 잘 나타나고 있다. 한민족이 산악 지대에 거주하면서 말갈이라는 명칭으로 불리게 된 것이다.

③ 예맥(濊貊)의 뜻

예맥의 뜻을 논하고자 하는 것은, 국가 명칭의 뜻을 모른다면 어떤 사상을 가진 국가인가를 알 수 없으며 국가 이름에는 비중 높은 내용이 함축되어 있기 때문이다. 또한 예맥의 뜻을 알면 부여와 고구려를 더 잘 이해하게 된다.

맥은 우리말 '맥박'과 닮아 솟아오르는 힘의 '샘'과 같은 것으로 보게 되었다.

북한의 사회과학원에서 발행한 『고조선사 · 부여사 · 구려사 · 진국사』의 줄거리를 정리한 내용을 참조해 보자.

- '부루', '불', '발', '박'은 모두 '밝음, 광명'의 뜻을 나타내는 옛 우리말들이다.
  태양신을 숭배했던 우리 선조들이 사용한 말로, 고대 중국인들은 처음에는 우리 선조들이 스스로를 가리키는 명칭의 음을 그대로 따서 한자로 각이하게 써왔으나 점차 우리 선조들을 멸시하여 '박'에서 음부 '百'을 취하고 여기에 짐승을 가리키는 치 '豸'를 첨가하여 맥(貊) 자를 만들어 썼다.
- 맥(貊) 자의 한(漢)음은 '박'이었다고 하며 오늘날의 '맥'은 오(吳)의 음에서 온 것이라는 해석이 있다.
- 맥(貊), 맥(貉), 학(狢)은 글자는 달라도 모두 맥이라고 발음되었다고 한다.
- '새'는 고대 우리말 '사라/서러 … 사리/서리 … 사/서'에 근원을 둔 것인데 '밝음'이라는 뜻(동(東), 여(黎), 신(新))을 나타내므로 부루와 같은 뜻의 말이다.
  고대 중국인들은 이 '새'에서 음을 취하여 '세(歲)'를 음부로 하고 여기에 '화(禾)' 변을 붙여 이족을 천시하는 의미의 글자를 만든 것이 이른바 '예(穢)'이다.
- 글자는 예(穢), 예(濊), 세(歲), 회(豸歲) 등으로 각기 달리 사용하였다(『고조선사 · 부여사 · 구려사 · 진국사』, 북한 사회과학원, 1991, 11~12쪽).

위의 내용들을 종합해 보면 '예'라는 글자는 '새'와 뜻이 같으며 '맥'은 한

(漢)의 음은 원래 '박'이었다는 것을 알 수 있다.

결국 예맥은 '새밝'이라는 우리말과 같다. 마한 왕도의 주변에 새밝이라는 지명이 남아 있는데 태양숭배사상에서 어둠을 헤치고 떠오르는 밝음을 신성시하였던 것이다.

새밝과 같은 어원이 아니라 할지라도 '예맥'을 아침에 솟아오르는 밝음의 힘으로 본다면 '새맥'이라는 어원과도 통하는 면이 있다. 새벽에 어둠을 헤치고 떠오르는 밝음을 '예맥'이라 하였던 것이다.

조선・예맥 모두 새밝이라는 뜻으로, 한자와 우리말이라는 차이가 있을 뿐 그 뜻은 같으며, 동이족의 특성을 잘 보여 주고 있다.

예는 동(東)과도 뜻이 같다. 일본이 동경(東京)에 도읍을 정하였을 시기는 '에도시대'인데 '에도'가 '동경'으로 변화되었다는 것에서도 알 수 있다.

④ 춘천 맥국과 강릉 예국의 연관성

문헌 기록에서 흔히 '예맥'이라는 말을 발견할 수 있다. 어떤 연관성이 있기에 두 국가의 명칭을 한 단어로 묶어 사용하게 되었는가.

우선 두 곳의 지형을 살펴보면 불가분의 관계를 갖고 있다. 강릉은 해안선을 끼고 있는 바닷가이며 춘천은 내륙 깊숙이 자리 잡은 천혜의 요새이다.

두 지역은 서로 협력하지 않으면 안 된다. 맥국은 인류가 살아가는 데 없어서는 안 되는 해산물과 소금이 필요하다. 소금이 공급되지 않으면 식품저장이 불가능해 국가 형성에 어려움을 갖게 되는 것이다. 또한 예국은 바닷가에 자리를 잡고 있기 때문에 배후의 지원 세력이 있어야만 안정적인 국가 유지가 가능하다.

이것은 한때 신라가 강릉을 차지하면서 문제가 된 것을 기록한 것에서 알 수 있다.

하슬라(河瑟羅: 강릉)의 땅이 말갈에 연하여 백성들이 편안하지 못하므로 소경(小京)을 파하여 주(州)로 만들고 도독(都督)을 두어 이를 진수(鎭守)하게 하고 또 실직(悉直: 삼척)을 북진으로 삼았다.

『삼국사기』 태종무열왕 5년(서기 658년)

신라가 강릉 지역을 차지하였어도 산악 지대로 둘러싸인 바닷가인 강릉은 외침이 용이한 곳으로 지키기에 문제가 되었다. 삼척과 같은 지역에 배후 세력을 보강했다는 군사 행정과 관련된 기록에서 강릉은 지형적으로 동떨어진 곳임을 알 수 있다.

그러나 강릉은 바다로 통하는 수상 교통이 편리하여 신라의 영역이 되자 맥국과 마찰이 심하였던 것으로 나타난다.

삼국 이전에는 예국과 맥국은 하나의 구성체로서 연맹 관계를 유지한 것은 국가 이름에서도 알 수 있다.

즉 예(穢)는 '세'와 혼용으로 사용했던 글로 해뜨는 동쪽을 의미하며 맥은 '박'이라는 음으로 읽었기에 서쪽의 밝음을 의미한다. 고대의 태양숭배사상에서 동방 숭배와 서방 숭배로 구분된 것은 같은 사상이 포함된 연맹체라는 것을 의미한다.

모두 태양이 운행하는 길에 해당되는 것으로, 해가 뜨는 쪽인 동쪽에 위치한 강릉과 해가 지나가는 길에 위치한 춘천은 연맹체의 국가 이름으로 예맥이라 하였던 것이다.

이러한 태양숭배와 관련된 내용을 알 수 있는 실증적인 자료로 앞서 언급한 백제 초기의 십제국(十濟國)시대의 도읍지인 도봉구 방학동에서 발견된 명문이 있다. 해가는 길 '엄'(날 일(日) 변의 엄(曮))자가 발견되어 해 가는 길이 얼마나 신성한 구역인가를 알게 된 것이다(『위례성 백제사 1』, 한종섭, 1994, 111쪽 참조).

⑤ 태양숭배에서 본 삼한제도와 국가명 예맥

진국(辰國) 내부에 마한・진한・변한으로 행정 명칭을 정했던 것과 같이 고대 국가에서는 태양과 관련된 움직임을 국가제도에 이용하였다.

삼한은 태양의 순행을 3단계로 나누어 동쪽에서 떠오르는 밝음인 진한(辰韓), 중천에 있을 때의 밝음인 마한(馬韓), 해질 때의 밝음인 변한(弁韓)으로 구분한 것을 3경으로 정하였던 것이다.

진(辰)은 '신'이라고 발음하기도 한다. 시각으로 진시(辰時)는 아침의 7시에서 9시 사이를 말하며 방향으로는 동남동을 뜻하는데, 아침에 해가 뜨는 시각과 방향이다.

특히 해가 제일 남쪽으로 기울어져 떠오를 때의 방향(동쪽을 90도로 보았을 때 129도 방향)은 동지로서 이후부터 태양이 새로 태어난다고 생각해, 사람도 한 살 더 먹는다고 하며 이때를 새해의 시작으로 보았던 것이다.

동지 때 해가 뜨는 시각인 7~9시를 진시(辰時)로 보았던 것과 고대 국가들이 태양을 기준으로 나라의 제도를 정하였던 것은 연관이 있는 것으로 연구되고 있다.

진(辰) 또는 '신'으로 발음하는 진한(辰韓)은 해가 뜨는 것과 연관이 있는 행정 명칭이라는 것이다. 진한이 해가 떠오른다는 의미에서 지어진 명칭이라면 마한이나 변한도 동일한 개념에서 지어진 명칭으로 보아야 한다.

남쪽에서 불어오는 바람을 마파람이라 하고 사람을 마중 간다는 말이 있듯이, 중천에 떠올라 정면으로 마주보는 태양의 밝음을 마한이라는 말로 지칭한 것으로 보인다.

변한은 태양 운행으로 밝음에서 어둠으로 변화하는 밝음에서 연유한 것으로 보인다.

해가 뜨는 위치의 '진', 해가 중천에 떠 있을 때의 '마', 해가 지는 '변'이라는 태양 삼신의 주기를 고대 국가의 행정 제도에 결부시켰던 것이다.

떠오르는 태양의 신한(辰韓)이 신라(新羅)로 변하는 것도 해 가는 신성한 길에 의하여 이름 붙인 명칭임을 알 수 있다.

고대어에서 '나라'는 태양을 의미하며 몽고에서는 지금도 태양을 '나라'라고 한다. 단일 명칭으로는 '라'가 고대의 태양숭배 문화에서 태양을 지칭하는 말이었다.

다만 행정 명칭인 밝음의 '한'에서 국가 명칭인 태양의 '라'로 변화된 것으로, 모두 떠오르는 태양에서 유래한 것이다.

위치상 삼한 중에 해가 떠오르는 동쪽에 위치한 신라 지역을 진한이라 하였던 것도 관련이 있는 것으로 보인다.

불교가 유입되기 전 자연 숭배 사상이 발달하였을 시기의 왕명은 해가는 길에 대한 사상이 지배하였다는 것을 알 수 있는 명칭으로는, 고구려의 11대 동천왕(서기 227~247년), 12대 중천왕(서기 247~270년), 13대 서천왕(서기 270~292년)이 있다.

마한에서 성장한 백제도 남쪽의 밝은 성이라는 뜻의 우리말 '밝잣'에서 유래한 것으로 보인다. 고구려 광개토왕 비문에는 백잔(百殘)으로 표현하였으며, 성의 우리 고대어는 '잣'이다.

이러한 내용 이외에도 제정일치 사회에서는 제도에 태양과 관련된 것을 많이 적용하였다는 것이 밝혀지고 있다.

태양의 운행과 관련된 사상을 나라의 제도에 적용한 것이다.

삼한은 태양이 뜨고 지는 단계를 3가지로 구분하여 나라를 다스리도록 하였으나 예맥은 새밝과 같이 2가지로 구분하였다.

예맥은 태양의 떠오름과 밝음으로 구분하였으나, 태양숭배사상이 보다 발전하면서 밤의 태양까지 인정하게 된 것이다.

태양숭배 초기에는 해 가는 길을 해가 뜨고 지나가는 2단계로 구분하여 경배하였으나 점차 삼신사상이 왕성해지면서 사후의 세계도 삶의 한 부분으로 인정하면서 3단계로 구분하여 발전하게 된 것이다.

죽음을 영원한 죽음이 아닌 다시 태어나기 위한 동면처럼 삶의 일부로 인정하는 것이 삼신사상이다.

이 무렵에는 점차 무덤에 부장품이 많아지는데 사후 세계도 삶의 일부로 인정했던 것이다.

백제 왕도의 제사처인 이성산성에서는 밤의 태양 신전과 낮의 태양 신전이 발견되어 삼국시대에는 사후세계를 인정하는 사상이 발전하였음을 알 수 있다. 죽음도 일시적인 것으로 불교에서 환생과 같은 순환이라는 생각이 점차 발달하게 되는 것이다.

예맥의 제도는 삼한제도보다 훨씬 앞선 국가 체계이며, 추장을 위시한 하부의 소단위 구성도 통치제도와 함께 장구한 세월 동안 이어졌다.

해 가는 길은 신성하게 여겼던 신(神)의 길로, 태양신이 매일 동쪽에서 서쪽으로 지나가면서 태양신의 아들이 다스리는 왕국을 둘러보고 지나가는 길이다.

지금은 약간 차이가 있지만 강릉과 춘천은 수백 년 전에는 거의 동서 방향으로 배치되어 있는 위치에서 초기의 태양숭배 제도를 바탕으로 형성된 연맹체였다.

백제는 태양과 금성의 사상에 의하여 해외 진출을 하였다. 중국의 요서 지방과 일본의 나라현으로 이어지는 동서 방향의 줄을 그어 보면 그 사이에 백제 왕도가 있음을 알 수 있다(『위례성 백제사 1』, 81쪽).

고대에는 국가는 태양으로 여겨 천문과 같이 이어진다고 생각했기 때문에 강릉과 춘천은 고대 국가로서는 밀접한 관련성이 있다.

산악 지대라서 고립된 춘천은 민족의 원류가 오랫동안 자리 잡고 전통을 이어 올 수 있었던 대표적인 역사·문화의 도읍지이다.

산악 지대에 나라를 세운 맥의 특성을 보존한다면, 다른 유적과 차별화할 수 있는 문화 자원으로 활용할 수 있고 학술적으로도 중요한 성과를 낼 수 있다.

우리 민족의 시원은 예족과 맥족임을 알려 주고 예맥이라는 국가 명칭에서도 고대 국가 성립의 기본사상을 알 수 있으며 민족 최초로 전통사상을 장기간 유지해 온 국가가 맥임을 알게 하는 유적이다.

예맥 말갈의 왕도는 춘천 밖에 없다는 것이 입증됨으로써 민족의 뿌리를 알 수 있는 실증적인 유적이 되고 있다.

5) 강릉 예국(穢國) 유적

삼국시대 이전부터 존재했던 예국이 강릉에 있었다는 것이 여러 면으로 전해진다. 신라 원성왕 때(서기 785년)에 왕으로 부임할 수 있는 위치였지만 부임하지 못한 김주원이 강릉에 와서 명주군왕으로 봉하여 식읍을 받았다. 강릉에 김주원의 능이 현재 남아 있어 강릉의 역사성을 입증하고 있다.

신라 선덕여왕 8년(서기 639년)에 하슬라주(강릉)에 소경(小京)을 만들었다는 『삼국사기』의 기록에서 강릉은 예로부터 동해안의 거점 도시로서 입지가 좋았던 곳임을 알 수 있다.

필자는 강릉에 예국이 있었다는 기록을 토대로 관련된 왕궁지가 있을 것이

[사진 3-35] 강릉 예국 장성

[사진 3-36] 예국 왕궁지

라는 생각으로 조사를 하였고, 고대 왕도가 있을 만한 위치를 찾을 수 있었다.

[사진 3-37] 예국 왕궁지에서 채집한 와편 유물

사천면 사기막리 안싯골이 그곳이다. 지금은 운전 면허장 주변으로 와편이 산재해 있고 왕도의 구조가 발견되었다. 사천천 상류에 해당되는 곳으로 일대에서 인위적으로 성을 조성하고 건물지를 만든 흔적과 유물이 많이 발견되었다.

사천천 상류가 고대 강릉의 왕도라는 것을 입증하는 관련 유적들이 발견되고 있으며 특히 사천천 길목을 지키는 석교리 토성에서는 삼국시대의 와편이 발견되었다.

특히 안싯골 도성에서 유사시에 올라갈 수 있는 운계봉 남쪽의 산 정상에 토성이 있어 왕도의 조건을 갖추고 있었다.

또한 안싯골 건물지가 명주군 왕릉과 남북 일직선으로 신성선에 있기에 신라 말기까지 이용된 왕궁지였음을 알 수 있었으며 왕릉 입지 선택에서 왕궁의 위치와 남북의 일직선상에 배치되어 있음을 알 수 있었다.

앞으로 많은 정밀 조사가 있어야 하겠지만 지금까지 발견된 고대 왕도들의 입지와 비교해 보아도 손색이 없다. 다만 경작과 주변 개발로 인해 많이 변모가 되었을 뿐이다.

6) 완주군 일대의 고대 왕도 유적

(1) 지형 조사

만경강, 소양천, 전주천이 어우러지는 완주군의 동쪽은 서방산을 비롯한 거대한 산들이 겹겹이 군집을 이루고 있으며 서쪽은 벌판과 하천이 형성되어 있다.

만경강은 서쪽으로 흘러 익산을 지나면서 바다나 새만금 간척지로 이어지

[사진 3-38] 험준한 절벽으로 조성한 포곡형의 수양산산성

[사진 3-39] 거대한 산들과 하천으로 둘러싸인 완주군

는 물길이다. 바다와 가까운 완주군은 배가 자유로이 드나들던 곳임을 알 수 있다.

이곳은 서쪽은 강으로 둘러 싸여 있고 동쪽은 험준한 산들로 가로 막혀 있어 외부에서 쉽게 들어올 수 없는 지형에 속한다.

도성 내부에는 야산들이 줄지어 있고 가까운 동쪽에는 수양산이라는 험준한 산이 있다. 수양산은 멀리서 보아도 인위적으로 많은 공사를 하여 절석(切石)한 흔적이 나타난다.

서쪽의 드넓은 벌판과 만경강, 전주천, 소양천이 어우러지는 수상 교통의 요지로서 세력 집단이 거점으로 터전을 잡기에 좋은 곳이라는 것을 알 수 있었다.

(2) 땅 이름과 문화성 조사

완주는 고대 왕도를 보호하기 위해서 인위적으로 조성한 저수지와 작은 소류지가 많다.

특히 농업용 저수지로 활용하기 위하여 최근에 조성한 것보다, 농업용으로 알맞지 않은 작은 평지의 계곡을 막아 저수량이 적은 물막이 소류지가 확인되

[사진 3-40] 고대 도시의 중앙 신성선(神聖線)에 세워진 입석. 높이 1.4m, 폭 1.8m, 두께 1m의 거대한 돌을 성벽 끝 부분에 배치하였다.

고 있다.

또한 1911년도 지도에 기록된 땅 이름 조사에서도 용 또는 물과 관련된 이름이 절반일 정도로 물과 관련된 지역이다.

(3) **고대 왕도와 유사성 비교**

완주군 용진면 일대의 왕도와 지금까지 찾아낸 고대 왕도를 비교해 보면 이곳과 춘천에서 찾아낸 맥국(貊國)의 왕도 구조가 유사하다.

① 맥국의 남쪽에는 소양강이 흐르고 완주군 용진면의 남쪽에는 소양천이 흘러 하천 이름이 유사하다.
② 산성이 석벽이며, 산 정상의 절벽계곡을 이용하여 외침을 막도록 조성한 것이 동일하다.
③ 맥국 왕도처럼 야산들이 수양산을 중심으로 부챗살 모양으로 길게 줄지어 방어망이 되고 있다.
④ 맥국 왕도의 중앙에는 왕대라는 지명이 있는데, 이곳 용진면에도 왕대골이라는 지명이 도시의 중앙에 남아 있다.

맥국 이외에 다른 왕도와 유사한 것은 다음과 같다.

① 중앙에 봉계라는 봉황을 나타내는 땅 이름이 있고 좌우에는 호동이라는 호랑이 또는 범골 등의 지명과 용복리라는 용을 나타내는 지명이 있는 배치는 고대 왕도의 특성을 잘 보여 준다(예: 전남 화순군 도곡면 신덕리).
② 서쪽에는 농경에 알맞은 거대한 들판이 있고 진산(鎭山)의 후면에는 조산(祖山)이 있는 전형적인 왕도 입지의 구조인 배산임수(背山臨水) 지형이다.
③ 자연 지형이 아닌 인위적으로 가공한 흔적이 많다.

④ 도시의 중앙에는 거대한 입석이 놓여 있어 고대 왕도임을 입증한다(예: 거창 가조 입석).

위와 같이 외면적으로도 고대 도시일 가능성이 있으며 수양산은 멀리서 보아도 석벽을 인위적으로 손질한 흔적이 확연하게 나타나므로 조사를 하게 되었다.

(4) **학술조사 현황**

① 화이트 맥주 회사가 있는 동쪽 편에서 인위적으로 거대한 토성을 쌓은 유적이 발견되어 가까운 곳에 왕궁지가 있음을 알게 되었다.
② 화이트 맥주 회사의 동쪽 산 밑에서 백제 초기의 와편과 토기편이 산재되어 있는 건물지가 발견되어 왕궁지가 있었던 곳임을 확인하게 되었다.
③ 백제 초기뿐 아니라 중기까지의 와편과 토기편 유물도 발견되어 삼국시대의 중심지라는 것이 입증되었다.
④ 수양산 정상의 절벽 지대를 조사한 결과 인위적으로 절벽을 조성한 흔적이 발견되어 인공적으로 석벽성을 조성하였다는 것이 확인되었다.

[사진 3-41] 왕궁지 주변에서 발견된 백제시대의 유물

[사진 3-42] 거대한 수양산 일대를 인위적으로 절석하여 절벽을 조성한 석벽성

⑤ 고대 왕도는 산성과 도성으로 구성되어 있는 만큼, 수양산을 멀리서 육안으로도 인위적으로 절벽을 조성한 흔적이 있어 조사한 결과, 수양산 산성은 거대한 산성임이 밝혀졌다.

- 인위적으로 석벽을 가공하여 절벽을 조성한 거대한 성벽성이 발견되었다.
- 인공으로 절벽을 조성한 흔적의 절석 잔해가 남아 있어 방대한 구역의 토목 공사가 있었음을 입증한다.
- 왕궁과 가까운 보리암 사찰의 위에는 거대한 토성이 남아 있고 곳곳마다 군사 시설이 조성되어 있다.
- 고대의 와편 유물이 지표에서 발견되고 있어 정밀 조사를 한다면 많은 유적과 유물이 발견될 수 있는 곳이다.

[사진 3-43] 수양산 계곡을 막아서 거대한 절벽을 조성한 토성

이와 같은 조사 결과에서 알게 된 내용의 결론은 다음과 같다.

(5) 학술조사 결과

소양천과 만경강으로 둘러 싸여 있어 자연적인 해자(垓字)가 형성되어 있고 동쪽은 거대한 산들이 보호하고 있는 천혜의 요새지이다.

지금은 교량이 설치되어 왕래가 가능하지만 그렇지 않았을 때에는 쉽게 들어올 수 없었던 곳이다.

땅 이름과 인위적으로 조성한 지형에서도 고대 도시의 흔적이 남아 있다. 특히 왕대골과 봉황을 중심으로 배치된 용과 호랑이 지명에서 백제 이전부터 국가 단위의 세력이 형성된 곳임을 알 수 있다.

삼한시대의 토기편이 발견되며 각축전이 심할 때 이용될 수 있는 지형이라는 점에서 삼한시대 초기부터 세력의 거점이 되었다는 것을 알 수 있다.

[사진 3-44] 만경강 건너편 용진면의 고대 왕도

백제시대에도 지방관의 중요한 거점으로 만경강 · 소양천 · 전주천이 어우러지는 교통요지를 지켰던 것이 유물에서도 확인되고 있다.

또한 도시의 구조에서 전형적인 고대 왕도의 시설을 모두 갖추고 있다는 점에서 완주 일대의 중심지가 되었음을 알 수 있다.

역사 기록에 백제가 마한 54개국을 병합하였다고 나와 있는데 삼한시대에 하나의 국가 단위가 존재하였음을 알 수 있는 위치이다.

지금의 전주는 후백제와 관련된 왕도이지만 그 이전에는 용진면을 중심으로 한 일대에 왕도 세력이 형성되어 있었음을 알 수 있다.

무엇보다 거대한 세력의 본거지라는 것을 알 수 있는데 수양산성을 조성한 거대한 규모에서 국가 단위의 강대함을 충분히 알 수 있다.

만경강과 소양천이 어우러진 용진면과 봉동 일대는 수백 년 동안 완주의 중심이 되어온 곳이며 전주 이전에 전라도의 중심적인 세력 본거지였다는 것이 밝혀지고 있다.

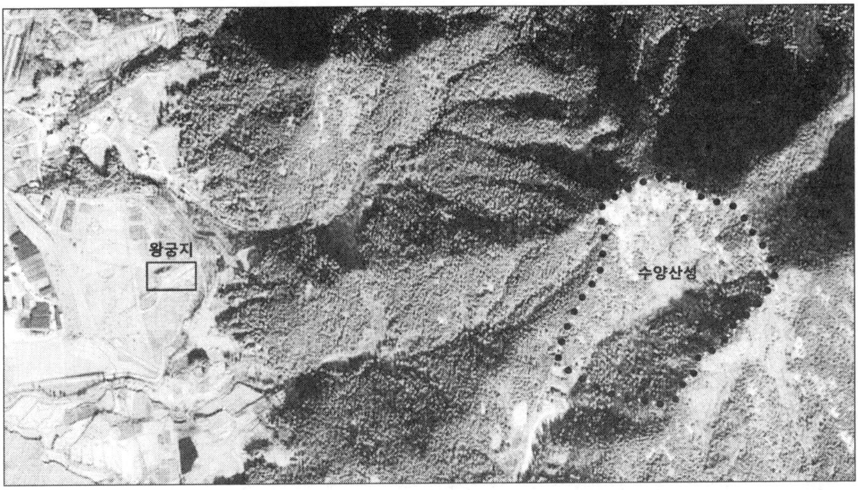

[사진 3-45] 왕궁지와 산성. 동서가 길고 남북이 짧은 전형적인 고대 왕궁 구조이다.

[사진 3-46] 완주 지역에서 고대 왕도와 관련된 성터의 흔적 및 관련 땅 이름

전주보다 험준한 산성으로 연결되어 적의 침입에서 보호될 수 있는 지형이라 고대 왕도의 입지로 적합하다. 실제로 곳곳마다 적의 침입을 막아내기 위하여 늪지를 조성했던 흔적이 발견되고 있다.

수경재배인 벼농사를 하면서 고대 방어용의 늪지가 저수지로 변화된 것이 많은데 정밀 조사를 하면 군사적인 늪지가 많았음을 알 수 있다.

국가 단위의 세력 규모가 작은 소국시대나 백제의 지방정권 시대에 이르기까지 각축전이 심할 때는 이러한 지형을 우선적으로 선택을 하게 된다.

후백제는 규모가 큰 세력에 속하기에 지금의 전주 지역과 같은 넓은 위치가 적합하다. 용진면 일대의 들판은 만경강 상류에 대아댐과 경천댐이 없거나 지금의 제방이 없었을 시에는 침수 지대가 많아 경작할 수 있는 범위가 얼마 되지 않았기 때문이다. 도성의 규모도 지금과 같이 크지 않아 방어하기에 알맞은 지형이었다.

7) 완주 왕도의 특성 있는 유적

완주군 용진면의 왕도에서 청동기시대와 백제시대에 이르기까지 고대에 중심지로 이용된 유적이 중첩되어 발견되면서 그 중요성이 입증되고 있다.

같은 청동시기대인 완주의 도시 구조와 전남 화순의 왕도유적을 비교해 보면 완주 왕도의 특성이 무엇인가를 알 수 있다.

완주 왕궁지는 청동기시대의 중앙 입석과 백제시대의 왕궁지 유물이 혼재되어 있어 장구한 세월 동안 수양산 아래에 도읍을 정하였음이 밝혀졌다.

청동기시대의 입석이 백제시대까지 이용되어 유적이 혼재되어 있었던 것이다.

(1) 백제시대의 상삼리 토성과 청동기시대의 고인돌

상삼리 토성에서 소류지로 내려오는 계곡의 길목에는 고인돌 1기가 배치되어 있다. 주변에 돌이 전혀 없는 이곳에 인공으로 손질한 흔적이 있는 거대한 바위가 있어서 먼 곳에서 운반하여 배치한 고인돌임을 알 수 있었다.

상삼리 토성은 소양천이 굽어 도는 위치에 있어서 남쪽과 서쪽의 벌판을

[사진 3-47] 우측에는 소양천이 좌측에는 토성 야산들이 있다.

동시에 전망할 수 있기에 백제시대에도 소양천 일대의 중요한 군사적인 거점이 되었던 곳이다. 이곳은 백제시대의 유물의 퇴적도가 높은데 완주 남쪽 왕궁지 방어 지역임이 밝혀지고 있다.

상삼리 고인돌(N 35°52′ 06.0″, E 127° 10′ 36.1″)은 사람이 통행하기에 좋은 위치에 안치하여 침입하는 적에게 위협이 되도록 하였다.

(2) 용교산성 성벽 위의 고인돌

상삼리 토성과 연계된 용교산성에는 고인돌 3개가 나란히 배치되어 있으며 이곳은 왕궁지 중앙 입석에서 남쪽에 위치한다.

소양천을 지키는 용교산성 성벽 위에 고인돌은 죽은 후에도 영혼이 이곳을 지킨다는 뜻에서 조성한 무덤이다.

고인돌시대에도 이성을 사용하였다는 것이 입증되며, 백제시대의 성들과 나란히 소양천 변을 지키고 있어 시대는 다르나 동일한 방어선을 구축하였음을 알 수 있다.

[사진 3-48] 용교산성 성벽 위에 조성된 고인돌. 소양천을 바라보고 있다(N 35˚ 51′ 27.6″, E 127 11′ 29.1″).

소양천 변에 줄지어 있는 야산의 토성에서 백제시대의 와편과 토기 유물이 출토되는 곳과 고인돌이 있는 곳이 겹친다. 그러므로 완주 용진면에서 발견된 왕궁지는 청동기시대 또는 그 이전부터 삶의 중심이 되었던 곳이다.

용진의 구억리의 소양천 주변에는 토성이 있으며 토성의 정상에는 금성분(일명: 전방후원분)으로 보이는 백제시대의 무덤이 조사되었다. 또한 토성으로 올라가는 계곡의 입구에는 호랑이 모양으로 조성한 바위가 있었다.

(3) 완주 왕궁지 북쪽의 만경강 건너편 유적

완주 왕궁지 북쪽의 만경강 건너에는 봉동 지역이 있는데, 이 지역과의 연계성이 어떤가도 조사했다.

봉실산 서쪽의 평지에는 용암리, 추동리, 은하리 등 3곳에 거대한 고인돌이 분포되어 있다.

3곳의 고인돌도 성벽 위에 조성되었는데 청동기시대에 각 마을이 서로 다른 구역이었음을 알려주는 유적이다.

북쪽의 벌판 성벽 위에 조성한 용암리 고인돌은 3개의 거대한 바위가 나란

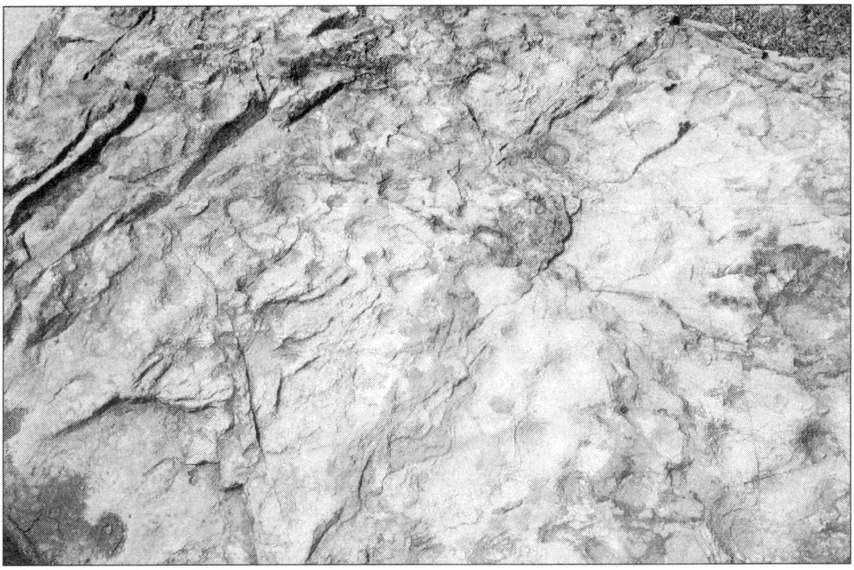

[사진 3-49] 성혈이 새겨진 용암리 고인돌

[사진 3-50] 은하리 고인돌 위편에서 채집된 유물들 (연질 와편 등). 장구한 세월 동안 거점이 되어 왔음을 알 수 있다.

히 줄지어 있었다.

봉실산 입구에 있는 추동리의 언덕 위에 있는 삼바위라 부르는 3개의 고인돌은 주민들이 당산제를 지내오던 곳으로 소도(蘇塗)가 있었던 곳으로 추정된

[사진 3-51] 용암리 고인돌 주변에서는 전혀 돌을 볼 수 없다. 이 고인돌들은 먼 곳에서 운반해 온 것으로 가운데의 돌에는 성혈이 무수히 새겨져 있다(N 35° 57′ 38.6″, E 127° 09′ 14.9″).

[사진 3-52] 새 모양의 은하리 고인돌(N 35° 57′ 13.8″, E 129° 09′ 43.3″)

다. 봉실산을 산신으로 정할 수 있는 위치로서 지금까지도 지내는 당산제는 청동기시대의 제의가 전해진 것으로 보인다.

완주의 왕궁지 북쪽에 해당되는 은하리 고인돌은 새 모양이며 들판에 있는 토성의 성벽 위에 조성되어 있다.

새 모양의 고인돌이 있다는 것은 고인돌을 형상화하였다는 증거이다. 이러한 거북이 모양과 새 모양의 고인돌을 여러 곳에서 찾게 되어 단순한 무덤이 아닌 어떤 뜻이 담겨 있다는 것을 알 수 있었다(하남시 이성산성 거북바위 아래 토광묘 무덤).

제일 남쪽에 있는 용교산성의 세 바위와 완주의 중앙입석과 은하리의 새 고인돌은 남북 방향으로 일직선이다.

사신도와 같이 남북으로 배치되어 있다는 것은 청동기시대에도 신성선에 대한 개념으로 도시를 구성하였다는 뜻이 되므로 앞으로 연구 과제가 되고 있다.

용진면 왕궁지 북쪽의 만경강 쪽에도 남쪽의 소양천과 같이 청동기에서 백제시대의 유적이 중첩되어 있어 완주 지역에서 발견된 왕궁이 얼마나 뿌리 깊은 역사성이 있는가를 알 수 있다.

지금까지 수많은 왕도를 조사하였으나 이곳처럼 장구한 세월 동안 중심지로 이용된 것이 명확하게 발견된 곳이 없을 만큼 역사성이 깊은 곳이다.

이곳은 후백제 이전에는 소국의 왕도였고 백제시대에는 제후국의 중심지로 이용되었음이 중첩된 유적과 유물에서 입증되고 있다.

8) 섬(신안군)에서 최초로 발견된 고대 왕국

지금까지 섬은 행정적으로 육지에 속하거나 독립된 국가가 없었던 지역으로 생각하고 있었기에 역사적인 면에서는 관심 밖이었다.

그러나 최근에 섬도 독립된 왕국이 존재하기에 좋은 지역이라는 것을 알게 되었다.

대표적으로는 전남 화순군 도곡면 신덕리 지역에서 청동기시대의 왕궁지와 세계적인 거대한 조각 유적들을 발견하면서 관심을 갖게 되었다. 또한 경남 진주시 대평면 대평리에서 신석기 말기의 왕궁지를 찾게 되어 주변을 살펴본 결과 낙동강으로 삼면이 둘러싸여 섬과 같이 독립된 하회 지형임을 알고,

[사진 3-53] 기와편이 발견되고 있는 왕궁지

고대에는 섬처럼 보호·관리하기 좋은 곳이 소국의 도읍지로서 적합한 곳이었음을 알 수 있었다.

그러던 중 전남 신안군 안좌면에 있는 안좌도에서 왕궁지를 발견하였다.

하나의 왕도가 발견되면, 왕도를 보호하는 성터와 해자 등 군사 시설, 신앙 유적, 왕릉 등 관련된 많은 유적이 밀집·산재되어 있기에 왕궁지는 관광 자원으로 가치가 높다.

특히 안좌도는 최초로 발굴하여 그만큼 문화재가 많았다. 간단한 조사에서도 엄청난 문화 자원이 묻혀 있다는 것을 알 수 있었다.

증도면에서는 성터를 찾아냈고 곳곳마다 지금까지 알려지지 않은 거대한 유적들이 있었다. 또한 짧은 시일 동안의 조사에서도 외침을 당하지 않기 위해서 많은 군사 시설을 조성하였다는 것을 알 수 있었다.

무엇보다 해양 관광 자원과 연계할 수 있는 유적들이 많다는 점에서 흥미로운 문화 자원이었다.

어떤 면에서는 오히려 육지보다 더 많은 유적들이 분포한 지대이다.

[사진 3-54] 삼한시대의 희귀한 와편과 고려시대까지의 유물이 출토되고 있다.

신안 지역의 고대 왕도 유적에서는 왕도와 관련된 결정적인 유물인 고대 기와편이 발견되고 있다(안좌면 읍내리).

앞서 언급했듯이 삼한시대에 기와를 사용할 수 있는 집은 왕궁이나 신전이다.

군사적인 보호 시설로 에워싸인 입지와 도시 구조도 왕궁지임을 입증했다.

섬에 고대의 기와집이 오랫동안 있었다는 것은 왕궁지였음을 입증하며, 유물 연대의 폭이 넓은 다양한 와편과 토기편이 출토되어 오랫동안 한자리에 터전을 잡고 있었던 왕도였음도 알 수 있었다.

고인돌이 주변에 배치되어 있고 그 당시와 관련된 유물이 출토되어 청동기시대의 유적 지대임을 입증한다.

이러한 왕궁지 구조는 전남 화순군 도곡면 신덕리 청동기 유적과 동일하다.

왕궁지 서쪽에 거대한 석벽성(石壁城)이 조성되어 있다. 사진 3-55와 같이 인위적으로 표면을 손질하여 왕궁지를 둘러싼 견고한 성을 조성한 유적에서 국력을 알 수 있다.

안좌면 지역의 왕도에서는 섬 사람들이 얼마나 피나는 노력으로 살고자 하였던가를 알 수 있는 흔적도 곳곳에서 발견되었다.

[사진 3-55] 왕궁지 서쪽의 산 정상을 인위적으로 손질하여 조성한 석벽성(石壁城)

[사진 3-56] 암태면 오도리에 있는 거대한 호랑이 바위 조각

암태면 오도리 선착장 주변에서 발견한 거대한 유적들은 대기하는 짧은 시간에 조사한 것으로 다음과 같다.

오도리마을 뒷산에는 눈과 코가 돌출되어 있고 입을 벌리고 있는 호랑이 머리 모양의 거대한 바위가 있었다.

호랑이 형상으로 고대의 성벽 입구를 위엄 있게 조성한 것으로, 좌청룡 우백호를 조성한 군사 유적지도 다른 곳에서 발견된 예가 있다.

이 산의 동쪽에는 거대한 돌로 새를 조각한 유적이 조성되어 있었다.

사진 3-57은 거대한 돌을 인위적으로 조성했다고 믿기 어려울 만큼 엄청난 공력으로 쌓은 유적이다.

맨 위에 있는 돌은 사진 3-58과 같이 안쪽에서 보면 머리를 들고 하늘을 쳐다보는 새를 조성한 것으로 고대에 군사 지역에 많이 조성했던 조형물이다. 아랫부분에 인위적으로 바위를 떼어낸 흔적이 있다.

새는 하늘과 통하는 사자로서 맹금류와 함께 군사적인 유적에서 돌로 형상화한 것이 곳곳마다 발견되고 있다.

이와 같이 짧은 시간에 도로에서 살펴보아도 많은 유적이 발견되어 섬에 얼마나 역사적인 유적이 많이 있는가를 알 수 있다. 육지보다 관광화할 수 있는 유적들이 많다는 것을 단적으로 보여 주는 것이다. 거대한 세력이 없었던 시기에는 세력권을 형성하기에 섬은 그 어느 곳보다 좋은 곳이었음을 알 수 있다.

[사진 3-57] 인위적으로 조성한 암태면 오도리 선착장의 유적

[사진 3-58] 머리를 들고 있는 새를 상징하여 조성한 거대한 유적

9) 가야 제국 간이 조사

(1) 거창 가조의 전기 원가야

▶ 위치: 거창군 가조면 병사리 당동마을(N 35° 43' 30", E 128° 00' 38.1")

필자는 가야는 어떤 국가이기에 멸망할 때까지 연맹체로 유지되었나 하는 의문이 있었다.

어릴 때 김해 지방에 이모님이 살고 있었기에 김해 쪽을 자주 다녀서 낙동강 줄기의 지형을 잘 알고 있었으며 최근에는 남원의 남원경을 찾아내면서 지리산 일대를 답사하였고 무주 쪽도 둘러볼 기회가 있어 지형을 살펴 보았다.

또한 아라가야였던 함안과 대가야였던 고령의 지형을 살펴보면서, 나름대로 정리하면서 가야란 어떤 국가인가를 살펴보게 되었다.

또한 고향이 경남 의령이라 진주와 마산을 자주 들락거렸고, 산청은 허준

[사진 3-59] 넓은 들과 높은 우두산이 있는 거창군 가조면 사병리 일대의 전기 대가야의 왕궁지

관계로 오래전에 답사한 적이 있었다.

그런데 가야를 역사적인 눈으로 살펴보게 된 것은 최근의 일이다. 가야 지역은 험준한 지리산과 낙동강으로 연결되어 일정 단위로 분리되어 통합할 수 없는 지형이라는 것을 알게 되었다.

춘천과 같은 산악 지대에서 오랫동안 독자적인 세력권을 유지할 수밖에 없었던 것처럼 거창도 일정 규모의 독자 세력을 형성할 수 있는 격리된 지형이었다.

거창의 왕도는 명지대 정연대 씨의 안내에 의하여 찾아낸 철 생산지를 관장한 왕도를 찾고자 조사를 하던 중에 찾아냈다.

거창의 지형을 살펴보면 사방이 거대한 산으로 둘러싸여 들어갈 수 있는 통로가 한정되어 있다. 가야 문화권에서 거창만큼 큰 세력이 안정적으로 형성될 수 있는 거대한 분지 지형이 드물다는 것을 알게 되었다.

그동안 찾아낸 고대 왕도와 거창 왕도의 지형을 비교한 내용은 다음과 같다.

① 다른 고대 왕도와의 지형 비교

• 고대 왕도는 강과 하천으로 연결되어 있다.

왕도가 발견된 위치의 서쪽에는 가천천이 흐른다. 이 가천천은 황강으로 이어져 낙동강과 연결된다.

• 단일성이 아닌 복합적인 구조로 되어 있다.

가조의 왕궁지는 평야 지대의 높은 산자락에 있기에 언듯 보기에는 성으로 보기 어려우나 실제로는 군집을 이룬 도성으로 구성되어 있다.

• 배후에는 거대한 진산의 보호막이 조성되어 있다.

동쪽에는 장군봉을 비롯한 의상봉이 있으며 뒤편으로 우두산과 가야산으로 연결되어 있는 거대한 산악 지대이다.

• 유사시에 대비하여 도성과 산성이 연계되어 있다.

퇴로가 조성되어 있고 장군봉 주위에는 성들이 조성되어 있는 것이 발견되었다. 또한 지형 선택이 잘된 거대한 산성 내에 고견사가 있었다.

[사진 3-60] 산 계곡의 협곡이 산성으로 조성되어 있다.

• **왕도로 행하는 길목에는 군사성이 포진되어 있다.**

북쪽의 고기리에서 북방을 지키는 거대한 성들이 발견되고 있으며 들어오는 길목에는 곳곳마다 성들이 있다.

특히 고기리의 토성들은 엄청난 토목 공사에 의해서 조성된 것으로 나타난다.

• **가까운 곳에는 넓은 평야 지대가 있다.**

가조의 서쪽의 들판에는 가야 문화권에서 제일 거대한 벌판이 조성되어 있으며 이보다 작은 규모의 거창읍의 들판도 넓은 면적이다. 모두 거대한 산으로 둘러싸인 분지의 지형에 독립적으로 조성된 평야이다.

• **땔감의 공급이 원활한 곳이다.**

가조의 동쪽은 거대한 산들이며 전체가 산으로 둘러싸여 많은 땔감을 생산할 수 있는 입지 조건이 형성되어 풍부한 땔감이 공급될 수 있는 곳이다.

• **연계된 세력권의 유적과 유물의 밀집도가 높다.**

이곳의 많은 유물은 일본으로 유출되었다고 한다. 왕궁지에서 출토된 기와편들은 삼국시대로 연대가 올라가는 유물로 가야 왕도와 관련된 유물임이 밝혀지고 있다. 고견사에서 채집된 와편 중에서도 삼국 초기로 연대가 올라가는 것이 발견되었다.

• **땅 이름이 왕도와 관련되어 있다.**

왕도의 동쪽에 있는 산은 고대 이름인 우두산이라는 지명이 남아 있다. 또한 지역 전체를 일컫는 지금의 '가조(加祚)'와 그 이전의 '가소(加召)'라는 땅 이름은 일반적인 이름이 아니다. '가소'는 가야의 서울이라는 줄임말이며 지금의 '가조'도 가야의 도읍지임을 표현하는 뜻이다.

[사진 3-61] 입석, 당집, 산 정상이 일직선으로 줄지어 있다(2007년 5월 24일 사진).

우가천이라는 이름도 고대 도읍지를 말하는 '소'가 한자화된 것으로 고대 왕도 지명이다. 또한 왕도 주변의 창촌, 가동, 가서, 가북, 상가남, 하가남 등의 지명도 다른 왕도와 동일하게 나타난다.

고대 왕도 지역에 나타나고 있는 땅 이름과 같은 샘말이라는 지명도 남아 있다.

• 독립된 위치이며 물의 공급이 원활한 입지이다.

왕궁지는 독립된 높은 토대로 조성되어 고대 왕도의 특징을 잘 나타내고 있으며 주위에는 하천이 흐르고 있다.

• 고대에 왕은 지상의 신이고 왕궁은 신전(神殿)이기에 고대의 왕궁지는 신앙과 관련된 거대한 신성선(神聖線)으로 연결되어 있다.

◇창촌의 입석 ~ 당집 ~ 고견사 약사불

◇왕궁지 ~ 장군봉(탄생봉, 쇠뿔형 봉우리) ~ 별유산(탄생봉)

[사진 3-62] 왕궁지 남쪽에 있는 당집(2007년 5월 10일 사진)

이와 같이 두 줄의 신성선으로 연결되어 있다.

• 방어 시설이 치밀하게 조성되어 있다.

장군봉을 중심으로 10줄 정도의 부챗살처럼 뻗은 산줄기가 왕궁지를 중심으로 좌우로 감싸고 있는 지형이며 가조 분지로 들어오는 길목에는 거대한 성들이 배치되어 있다.

• 왕궁과 주변 시설이 모두 토성으로 조성되어 있다.

고대 왕도와 왕궁은 대부분 토성으로 조성되어 있으며, 가조의 왕궁지도 토성으로 조성되어 있다.

• 토목 공사의 공력도가 높고 기와편 유물이 출토된다.

경지 정리를 할 때 가조 들판에서 많은 와편이 발견되었다는 주민들의 이야기를 들을 수 있었으며, 가조 일대에서 인위적인 지형 변동이 많은 형태의 군사 보호 지형이 발견되었다.

② 거창의 지명

거창의 옛 땅 이름은 가소, 거열, 거타, 제창 등이 전해 온다. 경덕왕 때 거창으로 개명되었고 조선시대 가조로 변환되었다.

가소는 가야의 도읍지라는 뜻으로 '소'는 도읍지의 서・사・새와 동일하다. 맥국 왕도의 소양강과 우두산과 같이 '소'는 한자로 '우(牛)'로 변화된다. 거창에도 우두산이 있으며 왕도 앞으로 흐르는 하천은 우가천이다.

'소'는 새롭게 솟아오르는 원천이라는 뜻이며, 조선시대부터 쓰인 가조는 가야의 시원이라는 뜻으로 땅 이름이 변화된 것이다.

거창이라는 이름도 크다는 뜻이며 대가야의 이름을 이어 받은 뜻글자임을 알 수 있다.

가야산의 원래 이름은 소머리산으로 한자로는 우두산이다. 맥국의 우두산과 같으며 하북 위례성의 우이봉 모두 소와 관련된 산으로 도읍지를 말하는 소・사・새와 관련된 땅 이름이다. 모두 솟아오른다는 뜻이 포함된 삼한시대의 땅 이름이다.

하천변에는 왕도의 지명인 창촌이 있으며 그 옆에는 샘말(원천)이 있다. 이 지명은 하남 백제의 사창리와 샘재, 하북 위례성의 창동과 샘말과 비슷하다.

[사진 3-63] 연질과 경질의 와편이 여러 종류 발견되고 있다.

[사진 3-64] 장군봉 주변의 봉우리

[사진 3-65] 고견사 주변의 봉우리

[사진 3-66] 고견사 약사불

[사진 3-67] 견암폭포가 있는 절벽

또한 하가남, 상가남, 가동, 가북 등으로 오방 오부제의 왕도의 도시 구조가 나타나고 있다.

조산과 진산도 있는데 조산은 우두산이며 진산은 장군봉이다.

가조 왕도와 지형이 비슷한 곳은 다라국의 왕도가 있는 합천의 미타산이 있다. 규모는 가조 왕도보다 작으나 산의 모양이 비슷한 지형이다.

③ 가조에서 본 산성과 도성의 구조

가조 사병리의 왕궁지에서 장군봉으로 올라가면 계곡에 이른다. 이 계곡에서는 춘천의 수리봉산성과 같이 절벽으로 된 산성이 발견되었고, 장군재 주변에서는 토석 혼축성이 발견되었다.

또한 이 산줄기는 고견사까지 연결된 장성으로 화순의 종괘산과 같은 산성 구조를 보인다.

[사진 3-68] 장군봉 주위에 토석 혼축성의 일부가 남아 있다.

고견사는 가야 왕도의 원찰로 동쪽에 약사불이 있다. 이 불상은 가야시대에 조성한 불상이라는 것이 여러 면으로 입증되고 있다.

이곳에서 출토되는 유물 중에는 가야 초기의 와편도 있다.

특히 고견사 위치는 초기에 신전이 있다가 불교가 들어오면서 사찰을 지은 것으로, 가야 초기의 절터로 나타난다.

우리나라에서 이러한 험지에 사찰을 지은 곳은 드물다. 고대 왕도와 관련성이 없다면 사찰 건립이 어려울 만큼 험준한 절벽으로 이루어진 지형이다.

④ 거창과 고령의 연관성

고령과 거창의 고대 왕도는 가야산을 중심으로 정확하게 동서로 배치되었다.

고령은 거대한 고분들이 있는 대가야 왕도라고 알려진 곳이다. 거창은 아직 정밀 조사는 안 되었으나, 가야시대의 왕도라는 것은 조금도 변함이 없는 유적이다.

고대 국가를 가늠하고 학술조사를 할 때는 어떤 규모의 세력이 기거할 수 있는가 하는 지형 구조와 관련된 제반 사항을 검토하게 된다.

고령과 거창의 세력을 입지적인 조건에서 비교 조사한다면, 고령은 백제의 웅진 수도와 가조는 한성 왕도와 비교된다.

즉 고령은 외침을 막아내기에는 좋은 곳으로 처음에는 대가야의 부수도 역할로 선택된 땅으로 볼 수 있다.

고대에는 항상 수도와 부수도 개념으로 입지를 정하여 유사시에는 이전할 수 있도록 해 놓았다. 잦은 전쟁 때문에 도성에서 살다가 산성으로 이전하는 것처럼 위급할 때를 위한 비상 대책을 수립하지 않을 수 없었다.

영토 내에서 이전이 가능한 지역을 선택하여 항상 위급할 때를 대비하는 것이 생존을 위한 작전에 속하는 천도이다.

전기 대가야의 왕도는 거창의 가조임이 여러 면으로 입증되고 있으므로 정밀 조사가 요구된다.

거창과 고령의 전체적인 유물의 양상을 비교해 보면 고령은 가야 말기의 유물이 많고 거창은 가야 초·중기의 유물이 많다. 물론 고령에도 가야 초·중기의 유물이 없지는 않지만 비율 면에서 거창보다 현격하게 적다.

이러한 비교에서 대규모 세력의 이동이 있었다는 것을 알 수 있으며 이는 거창 가조에 있었던 왕도가 어느 시기에 고령으로 옮겼다는 증거가 된다.

⑤ 신앙성의 비교

고대 국가의 왕도를 오랫동안 조사하면서 느낀 것은 자연 숭배사상에서 무엇보다 중요시하는 것은 신앙과 관련된 지형이라는 점이다.

특히 왕도는 성스러운 위치에 정한다. 우두산은 숭배되어 온 산으로 지금도 동쪽의 마을 이름이 숭산마을로 불리고 있다.

하남 백제 왕도의 검단산을 『삼국사기』에 숭산(崇山)으로 불렸는데 우두산도 이와 맥을 같이 하고 있어 가야 왕도와 관련된 산이라는 것이 밝혀진 것이다.

우리말로 소머리가 우두(牛頭)로 한자화하여 우두산이라는 이름으로 불리게 된 것이다.

왜 고대에는 왕도를 소머리라고 하였을까?

백제 초기 십제국과 연결된 산도 우이봉이라 하며 우리말로는 삼각산이다. 또한 춘천 맥국의 왕도에 있는 산도 우두산이다. 전기 가야의 왕도인 거창 가조에도 우두산이 있다. 이 세 곳을 비교하여 왜 우두산이라 하였는가 그 뜻을 살펴보기로 한다.

우두산을 대부분 소와 관련된 것으로 알고 있으나 춘천의 우두산은 그 모양이 일반적인 작은 야산에 불과해 형상적으로는 소와 아무런 관련이 없다.

결국 우두산은 왕도와 관련된 산 이름임을 알 수 있다.

왕도의 도읍지에는 대부분 '소', '서', '새'와 같은 이름이 붙어 있다. 신라의 서라벌, 백제의 소부리, 도읍지의 일반 명칭인 서울, 마한의 새밝골 등이 그 예이다.

탄생의 신(神)을 으뜸으로 여기는 신앙에서 시작되는 것이 고대의 왕도이다.

『삼국사기』에 백제가 나라를 세운 뒤 동명묘(東明廟)을 세웠다는 뜻은 떠오르는 태양을 숭배하는 사당을 세운 것으로 이것이 왕도의 기본이다.

새로움은 탄생의 영역을 의미하며 신의 영역에서도 우선되는 위치가 '소머리'이다. 소머리는 새로움이 우선되는 위치라는 뜻이다.

태양이 떠오르는 탄생의 신을 모시는 곳을 소머리라고 하였던 것으로 지금까지 짐승의 소와 연결하였던 것은 잘못된 것이다. '소'는 새로움이며 '머리'는 처음 또는 높음을 의미한다.

거창의 우두산에는 탄생을 의미하는 봉우리가 있는데 새싹이 대지를 헤치고 나오는 모양이다. 왕도의 신앙지로 더없이 신성한 구역이었음을 알 수 있다.

삼각산(북한산)도 우리는 소의 귀나 뿔 모양으로 보았으나 고대인들은 탄생의 모양과 같은 새로움의 형상으로 보았던 것이다.

(2) 김해 금관가야

▶ 왕도 가능 위치: 김해시 동상동 분산성 아래

금관가야의 왕도인 김해를 처음으로 답사하여 왕궁이 있을 만한 지형을 유심히 살펴보았다.

왕궁이 있을 만한 위치는 낙동강 입구를 지키는 해양 통로이자 배산임수 지형으로 왕도의 입지를 갖추고 있었다.

지형이 너무 많이 훼손되어 건물지를 찾아내는 데는 시일이 걸렸지만 위치를 대략 살펴보는 것만으로도 가능지를 찾을 수 있었다.

수로왕릉과 허왕후 능이 있는 곳은 도성 내부이며 북쪽에도 여러 겹으로 토성을 이루었던 형태가 남아 있었다.

분산성과 연결된 작은 봉우리를 살펴본 결과 고대 왕궁과 연결된 성으로 사용한 흔적이 나타났으며 그 줄기와 연결된 롯데 캐슬 아파트 아래에서 산재

[사진 3-69] 아파트 아래쪽에서 왕궁 가능지가 확인되고 있다.

[사진 3-70] 구지봉에서 발견된 와편

[사진 3-71] 추정 왕궁지에서 발견된 와편

된 고식 기와편이 발견되었다.

그 주변의 와편이 분포된 넓은 면적은 경작과 공사로 인하여 많이 훼손되어 있었다. 왕궁지라는 것을 입증하는 와편을 채집하고 돌아왔다.

구지봉에는 최근에 세운 돌기둥이 있었는데 그 주변에 가야시대의 와편이 산재되어 있었기에 고대 신전 건물이 있었다는 것을 알 수 있었다.

패총이 있는 것으로 보아 왕도 앞의 성벽까지 바닷물이 들어온 지역이며, 금관가야는 낙동강 하류에 속하는 곳으로 대외무역 진출기지라는 것을 알 수 있었다. 위치적으로 낙동강과 연결된 가야 문화권의 입구인 이곳은 소금의 수급・해양 통로로서 경제적으로 김해와 연결될 수밖에 없는 입지이며 한때는 맹주국이 될 수 있는 위치이다.

(3) 고령 대가야

▶ 왕궁 가능 위치: 고령군 고령읍 연조리

향교를 지나서 우측으로 올라가면 작은 운동장이 있는데, 그 위의 언덕(농업기술센터)에서 왕궁지임을 나타내는 와편 유물이 발견되었다.

왕궁지 남쪽에는 지산동 고분이 있으며 서쪽에는 주산성이 연결되어 있다. 고령은 협소한 편이나 작은 세력을 안정적으로 보호하기 알맞은 위치로 백제의 공주와 같은 지형이다.

[사진 3-72] 고령 왕궁지 토대

[사진 3-73] 왕궁지에서 본 고령

[사진 3-74] 고령 왕궁지 주변에서 채집된 와편

박물관의 유물 전체를 보아도 가야 말기의 유물이 대부분으로 가야가 축소될 무렵의 왕도였음을 알 수 있다.

(4) 창녕의 비화가야 및 영산의 고대 왕도

① 비사성 왕도와 창녕천

창녕군 전체를 조사해 보니 창녕읍과 영산읍에서 2개의 왕도가 발견되었다. 또 이곳에는 243개의 소류지 중 해자의 역할을 하고 있는 것이 많아 수중도시였음이 밝혀졌다.

[사진 3-75] 송곳지에서 본 창녕읍

창녕천은 주변에 고대 유적이 밀집되어 있는 곳이자 도시의 중앙을 관통하는 상징성이 있는 하천이다.

창녕천 조사에서 삼국시대 왕궁지가 발견되었는데, 왕궁을 중심으로 비중 있는 유적을 동서남북으로 배치한 도시 구조가 나타났다.

창녕천의 물길을 살펴보면 상류에서는 동서로 일직선으로 흐르던 하천이 술정리 동탑지에서는 서북쪽으로 꺾어진다. 도성을 보호하기 위한 해자(垓字)로 활용하기 위하여 인위적으로 물길을 돌린 것이다.

옛 명칭이 비사벌이었던 이곳에서 왕도가 발견되어 '비사 도성'으로 보았다. 창녕천은 고대 비사성 중심의 물길 통로로서, 하천 전체가 비사성 고대 도시와 밀접하게 관련되어 있음이 다음과 같이 밝혀지고 있다.

② 창녕천과 왕도의 구성

고대 왕도의 중심을 흐르는 창녕천과 같은 하천들은 수로(水路)를 겸한 군사적인 해자(垓字) 역할을 한 것으로 입증되고 있다.

많은 사람들이 살아가는 왕도는 도시 구성을 위해서 많은 물자를 외부에서 운반해 오지 않으면 유지할 수가 없다. 무엇보다 수로가 개설되어 있어야만 생필품과 땔감을 지속적으로 운반해 올 수 있다.

창녕읍 내에 물품을 운반하여 저장했던 사창동(司倉洞)이라는 옛 지명이 창녕천 주변에 전해지고 있고, 호국사찰(護國寺刹)로서 창녕천 수로 변을 지켰던 사찰 유적 남아 있다.

또한 도시를 보호하는 군사적인 늪지(술정리 늪 지대)가 남아 있어 창녕천은 교통과 군사적인 목적으로 이용되었다는 것이 입증되고 있다.

1918년도의 고지도에도 송곳지가 그려져 있어 이 저수지가 가야시대에 이미 조성되었다는 것이 밝혀지면서, 비사성을 보호하기 위한 해자였음을 알 수 있다.

또한 송곳지 옆에는 조산(造山)이라는 명칭의 마을이 있으며, 송곳지와 마을 사이에 있는 야산은 형태나 위치상 금성분(金星墳)일 가능성이 있다.

조산도 금성분을 지칭하는 것으로 보이며, 정상부에는 민묘가 있어 조사하기가 어려우나 인위적으로 조성한 면에서 왕도 앞을 지키는 금성분으로 여겨진다.

③ 창녕천과 비사벌 문화

창녕의 비사성(比斯城) 왕도 배치도

(1) 왕궁지	(7) 왕궁지 북쪽 고분군	(13) 왕궁지 서쪽 고분군
(2) 술정리 동탑	(8) 어울리 들	(14) 술정리 늪 지대
(3) 술정리 서탑	(9) 고마이 들	(15) 어울리 소류지
(4) 직교리 당간지주	(10) 억만리 고분군	(16) 교하동, 학천, 봉천
(5) 관룡사	(11) 왕궁지 원찰	(17) 목마산성
(6) 교동 고분군	(12) 명덕지	(18) 술정리 당산나무

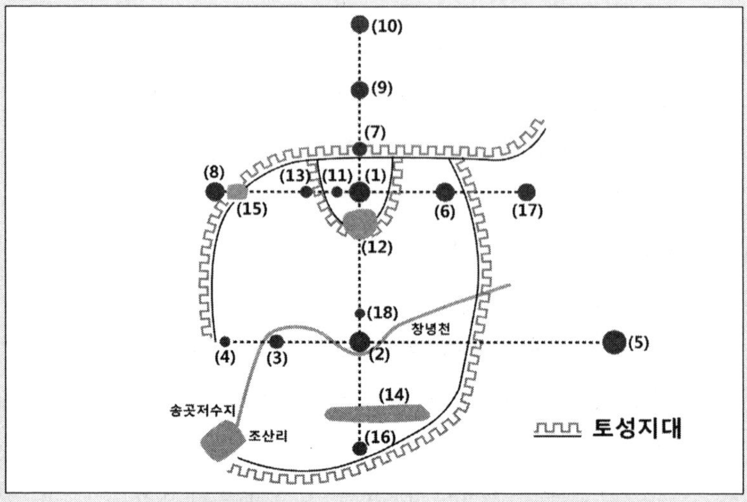

[그림 3-2] 비사성 신성선(神聖線) 배치도

창녕 지역은 각종 문헌에서 비지국(比只國), 비자화(比自火), 비사벌(比斯伐), 비자벌(比自伐), 비화(比火) 등으로 불렸다. 변함없이 이어진 지명은 '비'이다.

창녕과 '비'의 어원이 어떤 관련성이 있는가를 논하지 않을 수 없다. '비'라는 단어는 창녕의 대표적인 명칭이자 정체성을 담고 있기 때문이다.

최근 조사에서 창녕의 우포 늪지를 비롯한 수많은 소류지와 연못 등이 고대 도시를 보호하는 해자라는 것이 드러났다.

이러한 면에서 '비'는 우리말 그대로 하늘에서 내리는 '비'를 상징한다. 옛 어른들이 물 한 그릇 떠 놓고 '비나이다' 하면서 하늘에 간절히 기원하는 '비' 역시 생명의 근원인 물이다.

비사벌의 '사'는 물건을 '사다', '사오다' 등의 '사'가 아닌 인위적인 대가로 취하거나 가진다는 뜻이다. 즉 '비사벌'은 하늘에 내린 비를 취득한 벌판이라는 뜻이다.

[사진 3-76] 명덕지와 왕궁지(향교 동쪽 언덕 위)

장구한 세월 동안 비사·비화·비자 등은 '빛'으로 지명이 변화될 소지가 있어 지금까지 대부분 '빛'으로 해석했다.

고대인들은 하늘에서 내린 빗물과 원래 있었던 바닷물과 같은 것을 다르다고 생각하여서, 하늘에서 내린 물을 담고 있는 창녕에 '비'라는 지명을 붙인 것이다.

하늘에서 내리는 '비'라는 해석은 '빛'보다 무리가 없다.

④ 비사벌 왕도 유적 배치에 따른 설명

• 왕궁지

창녕 향교와 붙은 동쪽 언덕 위로서 이 일대에서 삼국시대의 와편과 토기편이 채집되고 있으며, 청동기시대부터 중심지라는 것이 밝혀지고 있다.

지금은 장구한 세월 동안 경작지로 쓰여 많이 낮아지고 훼손되었으나 고대 왕궁지의 전형적인 지형으로 조성되어 있는 구조이다.

• 술정리 동탑

술정리 동탑지는 창녕천 변에 위치한 사찰이다. 이곳에 사찰지를 선택한

[사진 3-77] 술정리 동탑

것은 제정일치 사회였던 고대의 도시계획에 의한 배치 구조 때문이다.

고대 왕도는 왕궁을 중심으로 비중 있는 시설을 동서남북 방향으로 배치했고 신성선(神聖線)이 조성되어 있다. 술정리 동탑사지는 비사벌 왕도의 남쪽이며, 도시의 중심 사찰에 속한다.

고대 왕도의 중심에는 종교적인 건물이나 상징성이 있는 신앙적인 구조물을 배치했다. 이곳은 부여 백제 왕도의 정림사지나 한성백제 왕도의 하남시 천왕사지와 같은 도시 중심의 호국사찰이다.

지도상으로는 시계 방향으로 약 16도 기울어 있으며 나침반의 자북(磁北)은 약 23도 기울어 있다. 수백 년 동안 지구의 세차 운동에 의해서 지금과 달리 방향이 변화되었음을 알 수 있다.

왕도의 중심에 동탑지를 조성하기 위해서 창녕천의 물길을 U자 형으로 변형한 것으로 보이며, 사찰의 방향성을 얼마나 중요시하였던가를 알 수 있다.

• 술정리 서탑

술정리 서탑은 동탑지에서 서쪽에 있다. 두 탑이 신성선의 방향(나침반 약23도의 기울기)의 동서로 배치되어 있는 것이다.

동탑지・서탑지・직교리 당간지주가 나란히 일직선으로 배치된 구조에서 비사벌 왕도 원찰의 신성선의 기울기를 알 수 있다.

물길인 창녕천을 통해 운반되는 도성에 필요한 모든 물자들과 도성에 들어오려는 사람들을 보호・감시해야 했다. 초기 불교는 호국불교로서, 주야로 많은 사람들이 불공을 드릴 수 있으면서 중요한 통로인 물길을 감시하는 사람이 상주할 수 있는 위치에 절을 지은 것이다.

• 직교리 당간지주(幢竿支柱)

당간지주는 사찰 앞에 설치하여 그 주변이 신성한 사찰임을 알 수 있도록 하는 영역 표시의 지주이다.

직교리(直橋里) 당간지주와 서탑지 사이에는 창녕천이 흐르고 있다. 이 지주와 직교리라는 지역의 명칭에서 이곳에 교량이 설치되어 있었다는 것을 알 수 있다.

비사벌 왕도의 문전이자 해자로서 창녕천을 동서 방향으로 차단하는 동탑지・서탑지・당간지주로 이어지는 사찰지의 구조로 초기 불교가 얼마나 철저하게 보호・감시한 호국적인 종교인가를 알 수 있다.

• 관룡사

고대 사찰은 기존의 토착 신앙지나 왕궁을 중심으로 동서남북의 오방에 군사적으로 중요한 위치에 건립하게 된다.

그동안 관룡사 사찰이 건립된 위치에 대한 의문이 있었으나 왕궁지 위치를 알아냄으로써 왕도의 동쪽에 위치했다는 것이 밝혀지고 있다.

기존의 사신도(四神圖) 사상의 좌청룡・우백호・남주작・북현무와 같은 배치에 불교가 접목되어 이러한 위치가 선정되었던 것이다.

관룡사(觀龍寺)라는 사찰의 명칭도 좌청룡 방향인 동쪽에 해당되고 관룡사 용선대의 석조석가여래좌상의 부처님도 동쪽을 향하게 조성되어 있다는 것

[사진 3-78] 동쪽을 바라보고 있는 관룡사 용선대의 불상

도 비사벌 왕도와 관련됨을 알게 한다.

• 교동 고분군

왕궁지를 중심으로 사방에 고분을 배치하는 것은 죽어서도 왕궁을 보호하겠다는 뜻이다.

왕궁지 동쪽은 너무나 잘 알려진 교동 고분으로 왕이 살았다는 것을 알 수 있는 왕관 등이 출토된 곳이다. 이 지역의 고분들은 왜정시대 도굴로 인하여 많은 유물이 반출되었다.

현재 왕궁을 중심으로 조성된 고분은 동 · 서 · 북쪽이 남아 있으나, 남쪽은 경작이나 도시화 과정에서 흔적이 사라진 것으로 보인다.

교동 고분군이 왜 이곳에 조성되었는가? 이곳은 왕궁의 동쪽 방향이고 목마산성으로 가는 길목이다. 또한 북쪽에 들판이 있어 군사적으로 적을 위협하는 시설을 하지 않으면 안 되는 위치이다.

왕궁을 보호하는 토성 성벽 가까운 곳에 고분을 조성하여 죽은 영혼이 이 지역을 보호하고 있다는 사실을 알리는 것이다.

정신적으로 적을 위축시킨 것이다. 아군에게는 필사적으로 사수하도록 한

[사진 3-79] 왕궁 동쪽의 교동 고분군

고분군이다.

• 왕궁지 북쪽 대형 고분

왕궁지와 연결된 북쪽 산 위에는 이 일대에서 규모가 제일 큰 고분이 도굴된 상태로 흔적만 남아 있다.

이 대형 고분은 왕도와 제일 가까운 위치에 있는데 위치나 규모상 그만큼 상징성이 강한 왕의 무덤이라는 것을 알 수 있다.

고대 무덤의 규모는 신분과 관련되어 있기에 대형 고분이 왕궁 주변에 많다는 것은 왕들이 장구한 세월 동안 통치하였음을 알게 한다.

• 어울리 들

'어울리'라는 말의 어원은 왕도와 관련된 고대 언어이다. 고대에는 왕을 '어하라'라고 했다. '울'은 막는 울타리로 성(城)을 의미한다.

왕도의 담장에 연결된 들판에 붙인 어울리 들이라는 우리말 지명은 어울리 못과 함께 왕도를 보호한다는 의미의 땅 이름이다.

어울리 못은 어물리 못이라고 말하는 사람도 있으나, 물과 못이 의미상 중복되으로 어울과 기능은 같은 내용에 속한다.

• 고마이 들

여러 왕도에서 동서남북 방향의 신성선에는 검, 감, 곰, 가무, 고마 등의 지명이 대부분 배치되어 있다.

이곳 왕궁의 북쪽에도 성스럽다는 뜻의 고마이라는 지명의 들이 있다.

• 억만리 고분군

왕궁을 중심으로 동서남북의 신성선에는 비중 있는 고분이나 신앙지를 조성하는데 억만리 고분군도 이러한 뜻에서 왕궁의 북쪽 방향 신성선에 위치를 정한 것으로 보인다.

• 왕궁지 원찰

고대 왕실은 초기 불교를 호국적인 면에서 받아들였다. 그리고 왕이 드나들기에 편한 왕궁 인근에 사찰을 건립했다.

[사진 3-80] 왕궁지 북쪽의 대형 고분

[사진 3-81] 사찰지의 석재를 이용한 향교 건축

향교가 있는 곳에 사찰과 관련된 유물이 산재해 있으며, 향교를 건립할 당시에 사찰의 탑이나 건물의 초석 등의 석재를 그대로 이용한 것으로 조사되었다.

특히 이곳에서는 삼국시대 초기 불교의 탑인 전탑(塼塔) 유물이 발견되어 왕궁지의 원찰이라는 것을 입증하고 있다.

우리나라에서 초기 불교의 전탑 유물이 남아 있는 곳은 흔하지 않다. 초기 불교는 국가에서 관장했기 때문에 비사벌 왕도의 면모를 알게 하는 유적자료이다.

• **명덕지**

이곳 주민들에 의하면 명덕지는 가야시대에 조성된 것으로, 그만큼 역사가 깊은 연못이다.

명덕지의 입수(入水) 시설을 조사한 결과 상고시대 왕궁지를 조성할 때 보호용 해자 역할을 한 연못이라는 것을 밝혀냈다.

고대 왕도는 왕궁지 남쪽에 사상적으로 궁남지(宮南池)를 조성한다. 가까운 예로 창녕 영산 왕도의 연지(硯池)가 있다.

[사진 3-82] 언덕 위에 조성한 명덕지 입수 수로(점선 부분)

명덕지는 왕도를 에워싸는 산줄기와 함께 정면을 보다 가까이 막는 해자의 역할을 겸하고 있다.

명덕지의 입수·출수 제방 시설 등에는 비사벌 왕도의 막강함과 고대 토목 공사에 대한 많은 내용이 포함되어 있다.

• 왕궁지 서쪽 고분군

동아대에서 이 지역을 조사한 결과 고분군이 있었다. 조사보고에서 왕궁 서쪽에도 고분을 배치한 것이 드러난다.

• 술정리 늪 지대

왕도에는 여러 겹으로 적을 막는 시설이 조성되어야 한다. 기습 공격을 당하면 나라가 멸망할 우려가 있기 때문이다.

또한 방어상 일정한 통로 외는 막지 않으면 안되며 내부 결속을 위해서도 철저히 통제를 할 수 밖에 없다.

술정리 늪 지대는 좌우를 막기에 알맞은 협소한 위치에 조성되어 있어 도성 방어용 늪지라는 것을 알 수 있었다.

[사진 3-83] 지도의 아래쪽에 있는 산의 돌출된 앞쪽을 남북으로 길게 막은 검은색 부분이 술정리 늪 지대이다.

일부 잘 남아 있는 술정리 늪 지대는 비사벌 도성이 얼마나 수중 시설에 역점을 둔 왕도인가를 보여 주는 좋은 유적이다.

현재는 방치되고 있지만 이를 정비하여 세계적인 수중도시를 조성하는 데 활용해야 할 늪지이다.

• **어울리 소류지**

왕궁의 서쪽에 왕과 관련된 명칭의 소류지가 남아 있어 왕궁의 위치를 가늠하는 기준이 되고 있다.

앞서 설명한 어울리 들과 같이 왕을 뜻하는 어하라와 막는 울타리를 뜻하는 '울'은 고대의 우리말이다. 위치상으로도 왕도로 들어오는 야산과 야산 사이의 협곡을 막는 곳에 조성되어 왕도 보호용 해자임을 알 수 있다.

• **교하동, 학천, 봉천**

왕궁의 남쪽에 있는 학천 또는 봉천이라는 지명은 사신도 사상에서 남쪽을 봉황으로 보는 것과 같다.

봉황 이전에 고대 국가 명칭에서 나타나는 '학'이라는 지명은 삼국 이전의 왕도 남쪽 지명임을 알 수 있다.

이와 함께 관용사와 용선대 등 왕궁의 동쪽에는 용과 관련된 명칭의 사찰을 조성했다.

• 목마산성

고대 왕도는 도성과 산성을 하나의 단위로 이루고 있다.

평상시에는 도성에서 살다가, 도성에서 항전할 수 없는 위급한 상황에는 가까운 산성으로 퇴로가 열려 있어야만 생존할 수가 있다.

목마산성은 왕궁과 가장 가까운 산성으로 고대 왕도의 도성 체재를 구성하고 있는 것이다.

• 술정리 당산나무

술정리 동탑지 북쪽 언덕 위의 당산나무로서 신성선에 속하는 곳에 있다.

[사진 3-84] 동탑지 북쪽의 당산나무

동제를 지내는 이 당산나무의 토속신앙은 그 근원이 불교 이전으로 올라가는 역사성이 있다.

당산나무는 한 번 정하면 나무의 수명이 다해도 그 자리에 다른 나무를 다시 심는다. 도시 중앙에 위치한다는 위치의 중요성 때문이다.

비사벌 왕도가 불교 유입 이전으로 올라간다는 것을 가늠할 수 있는 신성선(神聖線)에 위치해 있는 상징성이 있는 당산나무이다.

⑤ 창녕읍과 영산의 고대 왕도

고대로부터 창녕과 영산에는 별도의 세력권이 형성되어 있었다는 것이 밝혀졌다. 두 곳에서 각각 왕궁지가 발견되었기 때문이다.

우선 지금까지 남아 있는 유적을 비교해 보면 다음과 같다.

• 창녕 쪽 비화가야 유적

◇ 만옥정 주변(비화(非火)가야 왕궁 추정지)

◇ 목마산성(창녕읍 송현동 산 5-1번지, 비화가야 왕궁의 산성지)

◇ 화왕(火旺) 산성(창녕읍 산 323-1번지 일대, 배후 산성)

◇ 남조지(南造池 또는 남통, 창녕읍 여초리, 비화가야 궁남지 추정)

◇ 교동 고분군(창녕읍 교리 산 5번지, 왕도 고분)

◇ 창녕읍 송현동 고분군(송현동 산 9-2번지)

◇ 창녕읍 토천리 상토천(산 54번지), 고분군

◇ 소벌(우포)늪(대합면, 왕도 보호 늪지)

◇ 성산(城山)산성(이방면 성산리 산 63-2번지, 외곽 방어성)

◇ 송곡(松谷)산성(이방면 송곡리, 외곽 방어성)

◇ 대산(臺山)성(고암면 간상리 산 124번지, 외곽 방어성)

◇ 석빙고(창녕읍 송현리 288번지)

[사진 3-85] 창녕 말흘리 성혈 바위. 가로 540cm, 세로 460cm, 높이 180cm의 거대한 바위의 윗면과 옆면에 설혈이 무수히 새겨져 있다.

- 영산 쪽 고대 왕도 유적

◇ 영산 왕궁지(영산면 성내리)

◇ 영산 왕궁지 산성(영산면 성내리, 왕궁 호위성)

◇ 영취산성(영산면 교리 산 1-2번지, 배후산성)

◇ 영산 연지(영산면 서리, 왕궁의 궁남지)

◇ 영산면 동리(東里) 고분군

◇ 계성면 계남리(桂南里) 고분군

◇ 계성면 명리(明里) 고분군

◇ 장척늪(長者湖) · 유동늪(장마면) · 봉산 번개늪(盤介澤, 계성면, 왕도 보호 늪지)

◇ 고곡(鼓谷)산성(남지읍 고곡리 산 193번지, 외곽 방어성)

◇ 구진산성(남지읍 고곡리 산 220번지, 외곽 방어성)

◇ 신당산성(계성면 신당리 산3 · 4-1 · 5 · 6번지, 외곽 방어성)

◇ 석빙고(영산면 교리 410-2번지)

위와 같이 왕도가 아니면 구성될 수 없는 도시 구조와 후대에 행정구역으로 분리된 시설물(석빙고)에서 차이를 보이고 있다.

왕궁을 중심으로 도성과 산성이 형성되어 있고 남쪽에는 궁남지가 조성되어 있는 구조이다. 또한 왕도 주위에는 고분군이 조성되어 있고, 적이 들어 올 수 있는 길목에는 늪지가 있다.

특히 영산의 연지에는 5개의 원형 섬이 조성되어 더욱 금성의 5가지 운행을 표현하는 것으로 보이는 궁남지이다.

특히 영산 왕도의 앞에는 장척・번개・유동의 늪지가 줄지어 있고 지금은 없어진 거대한 '신늪'은 현재 땅 이름으로나마 전해지고 있어 얼마나 많은 늪지를 조성하였는가를 알 수 있다.

현재 창녕에는 243개나 되는 저수지와 늪지가 남아 있어, 고대에는 수중도시였음을 알 수 있다.

많은 늪지는 가까운 합천, 함안, 의령 쪽에 세력권이 형성되어 각축전이 심하여 위협이 되었음을 알게 한다.

[사진 3-86] 영산 연지에 있는 5개의 섬

우포 서쪽 낙동강 건너 합천(창녕읍에서 직선거리로 약 18km)에서는 다라국의 도읍지가 발견되었다. 또한 영산 남쪽 함안의 아라가야 도읍지도 유사한 거리의 간격(약 18km)에 위치하고, 의령군 의령읍에서도 고대 왕도가 최근에 발견되었다. 가까운 거리에 여러 세력들이 있어서 철저한 방어 시설이 요구되었던 것이다.

또한 낙동강 뱃길을 이용한 고대 국가로서 상류에는 대가야(고령)·성산가야(성주, 함창)가 있었고 하류에는 금관가야(김해)·소가야(고성) 등이 있어, 중앙에 위치한 창녕의 비화가야는 연맹 이전에 지형적으로 각축전이 심했던 곳으로 철저한 보호 시설이 요구되었다.

성내동의 영산은 궁남지인 연지의 북쪽 산기슭에서 산재된 와편이 발견되고 건물지에는 치(雉)가 조성되어 있어서 왕궁지임이 입증되고 있다.

(5) 함안 아라가야

▶ 왕궁 가능 위치: 함안군 산인면 내인리 안인마을(N 35° 17' 05.8", E 128° 26' 30.1")

아라가야 왕궁지라고 알려진 가야리 가야동을 찾아 갔으나 왕궁지가 될 수 없는 협소한 곳이었고 무엇보다 가까운 곳에 말살리, 도항리 고분군이 있어서 입지적으로 왕궁지가 될 수 없는 곳이었다.

지금까지 많은 학자들이 이곳을 왕궁 가능지로 보고 있지만 오히려 건너편 자양산 주변 지형을 살펴본 결과 가능지로 적합한 지역임을 알게 되었다. 이곳을 답사하여 안인 또는 내인이라 하는 마을의 위쪽에서 유물을 채집하였다.

마을 앞을 흐르는 하천의 이름은 검암천, 북쪽의 마을 이름은 구일리였다.

말산리 고분과의 사이에는 함안천이 흐르고 있다. 자양산에는 삼국시대 성터인 옥녀봉, 산 정상의 무지터, 그 아래의 말 바위라는 지명이 남아 있다.

기와골이라는 지명이 남아 있는 위치가 왕궁터임이 밝혀지고 있다.

또한 자양산 서쪽의 낮은 봉우리에서는 동제를 지내왔었다고 한다. 한해

[사진 3-87] 와편이 많이 산재되어 있는 자양산 아래의 안인마을

재라는 고개 이름도 남아 있다.

이 지역도 자양산을 중심으로 군사 시설이 잘 조성되어 있으며 왕궁지 주변은 하천과 절벽으로 구성되어 있었다.

왕궁지에서 본 말산리 고분은 서남간이며 왕궁지에서 발견된 유물은 와편이 많았다.

(6) 성주 성산가야

▶ 왕궁 가능 위치: 경북 성주군 용암면 대황 2리 구동굴, 대황산 아래(N 35° 53' 34.5", E 128° 1 5 ' 50.7")

이곳은 고려 이전의 도읍지라고 전해지고 있는 곳으로 왕궁지는 북쪽을 향하고 있으며 참샘골

[사진 3-88] 성산가야 왕궁 가능지

[사진 3-89] 대황산의 성산가야 왕궁지

[사진 3-90] 성산가야 성벽 밖 해자가 있었던 위치

에서 와편 등 유물이 발견되고 있다.

산 정상에는 돌단으로 된 천단이 남아 있다고 하며 그 아래의 낮은 봉우리에 제단이 남아 있어 산제를 지냈다고 한다. 마을 이름은 견동이며 그 전체를 첫골이라 한다.

대황산 북쪽에는 칠성산이 있으며 대황산과 신성선에 해당되는 위치이다.

(7) 고성 소가야

▶ 왕궁 가능 위치: 고성군 거류면 거류리 덕촌(N 34° 59' 29.4", E 128° 22' 00.3")

고성 소가야를 답사하기 전에는 작은 규모라서 소가야라고 생각하였으나, 막상 현지를 살펴보니 거대한 규모여서 상상해 왔던 것과는 달랐다.

무엇보다 거대한 섬 전체의 길목을 차단하여 충무, 거제, 통영 등지의 해양지대를 장악을 할 수 있는 위치였다.

소가야는 바다로 둘러싸인 지형이라 해양 세력의 왕도였음을 알 수 있다.

'소'라는 나라 이름도 물과 관련된 것으로 고대어 중에서 바다에서 생산되는 '소금'이나 '소나기'·'소도' 등이 물이나 처음이라는 뜻이 있기에, 소가야는 물가의 입구에 위치한 나라를 의미하는 것으로 보인다.

소가야의 왕도는 송학동 고분의 동쪽에 위치한 거류면 거류리 덕촌마을에 있다. 거류산성의 서쪽 아래에 속하는 곳이다.

풀 때문에 많은 유물을 수집하지는 못하였으나 좌우로 왕궁을 에워싸고 보

[사진 3-91] 거류산 아래 덕촌마을 주변의 소가야 유물 출토지

호하는 성이 일부 남아 있으며 지형적으로도 다른 왕도와 유사성이 있었다.

이곳에서 채집한 유물 중에는 해양 세력들이 사용하는 물레로 만든 주름이 있는 와편이 있어서 고성이 해양 세력들의 본거지임을 알 수 있었다. 또한 송학동 고분 주위에서 토제 그물추가 많이 발견되어 담당 공무원에게 보존할 것을 건의하였다.

또한 고성 시내에 있는 패총을 찾아가서 살펴본 결과 우각형 손잡이 1개를 채집하였다. 채집한 유물 중에는 청동기시대를 비롯하여 여러 시대의 유물이 있어 그곳이 과거에 바닷가임을 알 수 있었다.

(8) 함창 고령가야

▶ 왕궁 가능 위치: 경북 상주시 함창읍 이안리 오봉산 돛질(N 36° 32' 28.7", N 128° 10' 54.4", 고도 51.9m)

위치는 오봉산 아래이며 고대 지명은 돛질이다. 앞쪽의 들은 육포들이며 동쪽은 남성뜰이다.

[사진 3-92] 오봉산 고령가야 왕궁지

[사진 3-93] 오봉산산성

[사진 3-94] 오봉산과 공검지 평야 지대를 막은 연못

왕궁지는 북쪽을 바라보고 있고 북쪽에 왕릉으로 보이는 함창 김씨 문중에서 관리하는 무덤이 있다.

오봉의 명칭은 동쪽에서부터 봉화봉, 병풍봉, 무지봉, 밭봉, 매봉 순으로 되어 있다. 북쪽에 흐르는 하천은 이안천이며 이안천 변의 동쪽에는 거북산이 있다.

또한 왕궁지 동쪽의 철탑 주변에는 사찰지가 있었다고 한다. 그리고 매봉의 서쪽에는 숭덕산이 있다.

경북 상주시 공검면에 위치한 (N 36° 32' 00.4", E 128° 11' 04.0", 해발 49.2m) 공검지를 답사했다.

함창의 고령가야 왕도가 밝혀지면서 그 남쪽에 있는 공검지를 답사한 결과, 공검지는 고령가야 왕도를 방어하는 해자로 사용된 연못이라는 것이 밝혀졌다.

지금까지 일반인들은 공갈못이라는 이름으로 알고 있으나 실제 이름은 공검지로서 임금을 공경하는 연못이라는 뜻으로 보인다.

마한의 '공도'와 대구의 '공산' 등 '공'은 왕도와 관련된 땅 이름이다.

공검지는 산과 산 사이의 낮은 저지대 연못으로 이곳에 모인 물은 다른 곳으로 올려 사용할 수 없는 제일 낮은 위치에 있는 벌판에 있다.

지금도 토성의 흔적이 남아 있으며 벌판을 막기 위한 군사용으로 왕도를 지키려는 일종의 해자로 사용된 연못이라는 것이 발견됨으로써 고대사 연구에 중요한 자료가 되고 있다.

남쪽 벌판에서 들어오는 적을 막을 수 위치에 공검지 해자를 조성하였다는 것을 알 수 있는 표본이다.

(9) 합천 다라국

▶ 왕궁 가능 위치: 합천군 적중면 두방리(N 35° 31' 42.8", E 128° 17' 38")

북쪽에는 옥전동 고분이 있고 남쪽의 적중면 두방리에서 왕궁과 관련된 지형과 유물을 채집하였다.

지금의 두방리이지만 왜정시대에는 말방이라고 불렸으며 그 전에는 머리방이라고 불렸다.

[사진 3-95] 미타산 두방리 다라국 왕궁지

이곳에는 미타신이 있고 국사봉과 대왕봉이라는 봉우리가 있으며 왕도의 앞에는 월막이라는 토성의 흔적이 남아 있다. 거창 가조 왕도의 산과 같은 지형이지만 그보다는 작은 편이다.

동쪽에는 낙동강이 흐르고 북쪽은 넓은 평야 지대이다. 옥전동 고분과 황강을 사이에 두고 남북으로 배치되어 있다.

오직 남쪽만 산으로 막혀 있는 천혜의 방어 시설이 된 위치이다.

마을 이름인 머리방은 우두머리가 있는 곳임을 알 수 있는 지명이다.

산성은 조사되지 않았으나 산의 형상이 가조의 장군봉과 같아 산성이 있을 것으로 보인다.

고대 와편의 유물을 수집하여 이곳 향토사의 해설사 류영기씨에게 보관하게 하였다.

(10) **의령 임례국**(稔禮國)

① 의령군 주변과 고대 국가의 입지 조건

의령군을 중심으로 주변 지역에는 합천의 다라국, 창녕의 비화가야, 함안의 안라국이 지금까지 발견된 유적과 함께 나라 이름이 전해지고 있다.

그러나 의령군 지역만 고대 국가가 있었다는 추정만 있을 뿐 뚜렷하게 내세울 만한 근거가 없어 공백 지대로 남아 있었다.

그런데 최근 의령읍에 위치한 신라정(新羅亭)이라는 건물 주변이 지형과 유물 확인에서 고대 왕궁지로 밝혀지고 있기에 밝혀 보고자 한다.

영산 지역에서 고대 왕도를 찾아내면서 가까운 의령군 쪽에 강력한 고대 국가가 있었다는 것을 다음과 같은 이유로 알게 되었다.

- 창녕군에서는 비화가야 왕도로 알려진 유적과 다른 고대 왕도가 영산면에서도 발견되었다.

  영산 지역과 대치되는 위치의 의령 지역에 고대 국가가 있을 것이라는 것을 영산의 왕도 유적에서 예측하게 된 것이다.

- 영산 지역의 고대 왕도 구조를 살펴보면 왕도를 보호하기 위해서 늪지를 조성한 유적이 발견된다. 장척, 반개, 유동의 늪지가 나란히 조성되어 지금까지 남아있다.
  또한 위의 늪지와 함께 나란히 있었던 늪지는 '신늪'으로 최근에 없어진 늪지로 주민들은 지금까지 남아있는 늪지보다 규모가 큰 것으로 알고 있었다.
- 창녕의 우포 늪지는 합천의 다라국 쪽을 가로막고 있으며 영산의 늪지군은 의령 쪽을 막고 있어 당연히 의령군에 고대 국가가 있었다는 것을 영산 왕도에서 알게 된 것이다.
- 고대에는 강을 교통로로 형성하였던 만큼 황강 쪽에는 합천의 다라국이 있었는데 남강의 의령 쪽은 공백지로서 고대 왕도를 찾지 못했던 것이다.

② 의령 지역의 고대 왕도 위치

특히 의령 지역과 같은 산악 지대는 강을 이용하지 않으면 많은 사람들이 살아가기 어려운 곳이므로, 낙동강과 연결된 교통이 편리한 곳이 어느 곳인가를 살펴보게 되었다.

의령군 지역과 연결되는 강은 낙동강과 그 지류인 남강이다. 고대 소국시대에는 큰 낙동강보다 작은 남강이 교통과 군사적으로 유리한 곳이므로 남강을 주목하게 되었다.

의령군의 남강 변에 지금까지 발굴된 유적의 규모와 밀집도가 높은 곳이 어느 곳인가 조사해 보니 청동기시대의 입석이 있는 칠곡면과 가야시대 거대한 무덤이 조성된 의령읍이 있었다. 이 둘의 입지를 조사한 결과 의령읍이 왕도지로 적합한 것으로 밝혀졌다.

- 의령읍의 남쪽 중동리에는 대형 고분군(직경 17m · 21m, 높이 3.6m)이 4기

[사진 3-96] 임례국 왕궁지 주변. 높은 토대의 신라정 주변에서 유물이 발견되었다.

조성되어 있어 인근에 세력권이 형성되었음을 알 수 있다.

- 고대 왕도 주변에는 기반 세력권이 형성되어 있어야 한다.

  필자는 많은 왕도를 찾아내면서 고대 왕도는 왕도 이전에 세력권이 형성되어 있었던 곳을 중심지로 형성하기를 선호했다는 것을 알게 되었다. 의령읍과 가까운 칠곡면 신포리에는 청동기시대의 입석군(立石群)이 남아 있어, 고대의 세력권을 형성할 수 있는 입지적인 여건을 갖춘 곳임을 알 수 있다.

- 낙동강·남강으로 이어지는 교통 요지로서 가장 넓은 강변을 차지할 수 있는 위치이다. 다른 국가와 거리상으로도 세력권을 형성할 수 있는 곳에서 고대 왕도의 배치 구조가 발견되고 있다.

③ 학술적으로 왕도임을 입증하는 내용

- 신성선(神聖線)이 발견되고 있다(왕궁지와 중동리 고분).
- 지표조사에서 유물이 발견되고 있다(신라정 주변).

• 고대 왕궁이 있었던 곳에는 어느 한 부분이라 할지라도 그 흔적이 어느 정도 남아 있기에 신성선에 배치한 유적을 살펴보면 다음과 같다.

왕궁을 중심으로 신성선(神聖線)에 의하여 배치한 의령 왕도

① 우봉산(용덕면, 왕도 북쪽의 명산의 제사지)
② 가무넘이(용덕면, 가미마을, 성소(聖所))
③ 가무골(용덕면, 와요마을, 성소)
④ 가라(加羅)(의령읍, 나라 이름)
⑤ 고망실(의령읍, 성소)
⑥ 가마실, 가매바위(대의면, 부곡마을과 동굴의 성소)
⑦ 웅곡, 숫골(대의면, 천곡리 고분군 (탑꼬)사찰지)
⑧ 봉두리(鳳頭)(가례면, 봉황 및 고분군)
⑨ 신라정 주변(의령읍, 왕궁의 중심권)
⑩ 정암(의령읍, 왕궁 동쪽의 제사지)
⑪ 정암 마을과 들판(함안 법수면, 낙동강 건너편 넓은 지역)
⑫ 중동리 고분군(의령읍, 남쪽 배치 고분)
⑬ 운곡리, 상리 고분군(의령읍, 신성선에 배치한 고분)
⑭ 고무실(화정면, 왕도 남쪽의 제사지)

① (북쪽)
②
③
④
⑤
⑥ ⑦ ⑧ ⑨ ⑩ ⑪
(서쪽) ⑫ (동쪽)
⑬
⑭ (남쪽)

[그림 3-3] 신성선(神聖線)에 의한 유적 배치도

서쪽의 천곡리 고분군(4~6세기 후반)과 봉두리 고분군(4~6세기), 남쪽의 중동리 고분군(6세기전 중엽)과 상리 고분군(5~6세기) 모두 4~6세기 후반대에 속하는 유물이라는 점에서 임례국 시기의 무덤이라는 것을 알 수 있다.

④ 지명 조사

의령읍은 본래 의령군의 지역으로 풍덕리(豊德里) 또는 풍덕면이라 하여 서문(西門), 동문(東門), 동부(東部), 서부(西部), 상동(上洞), 소입(所入), 무동(茂洞), 정암(鼎岩) 등 8개 동리를 1914년까지 관활하였다. 이 땅 이름들이 모두 왕도나 권력을 가진 중심적인 위치를 표현한 것으로 밝혀지고 있다.

동부 · 서부, 소입, 가야(佳也), 한내, 칠곡 남쪽의 우두봉, 군청 뒤의 왕띄산.

대부분 왕도에서만 나타나는 땅 이름들이 밀집되어 있다. 또한 군사시설이 잘된 지형으로 해자 토성 등이 있었던 것을 유추해 볼 수 있는 자료가 전해지고 있다.

⑤ 의령 지역 고대 국가의 명칭

왕도가 발견되었다면 어떤 국가의 왕도이며 그 국가의 이름은 무엇인가? 또한 지금까지 『일본서기』 흠명기 23년에 기록된 바에 따라, 흠명 21년(서기 560년)에 신라에 의하여 멸망한 가야 10개국 중에 임례국(稔禮國)이라는 국가가 의령 지역에 있었던 것으로 보는 견해는 어느 정도 타당성이 있는지 살펴보자.

신라시대에 의령은 장함현(獐含縣)이었다. 어느 때인지 알 수 없지만 의령현으로 개명되어 경덕왕(서기 742~765년)때도 의령(宜寧)으로 불린 것으로 『삼국사기』에 기록되어 있다.

장함현에서 의령현으로 개명된 것은 위치 변화 때문으로 볼 수 있다. 칠곡면에 읍지가 있을 때는 장함면이었다가 지금의 의령읍으로 치소를 옮겼을 때 변화한 것으로 볼 수 있다. 장함과 의령은 전혀 다른 명칭으로 보이며, 개명 무렵에 치소의 위치 변화가 있었던 것으로 보인다.

임례국의 임(稔)자는 흔하게 사용하는 글자가 아니다.

고대 소국의 명칭은 지역의 명칭과 연관이 많다. 왕도가 발견된 의령읍의 고대 명칭이 풍덕(豊德)이기에 임례(稔禮)와 어떤 연관성이 있는가를 살펴보면 유사점이 있다는 것을 알 수 있다.

'임(稔)'은 풍요로움의 뜻이 있는 풍년 들 임, 곡식이 익을 임, 해(年) 임 등의 뜻글자로 풍덕(豊德)과 같은 뜻이다.

또한 례(禮)자를 파자하면 보일 시·가르칠 시(示)와 풍성할 풍(豊)이 합해진 글자이다. 또한 풍(豊)자는 고대에 례(禮)자와 동일하게 이용된 글자이므로, 모두 풍성하다는 뜻이다.

즉 풍덕(豊德)과 임례(稔禮)는 같은 뜻을 가진 글자이다.

왕도가 발견된 의령의 옛 이름인 풍덕(豊德)과 임례(稔禮)는 뜻이 같고 의령(宜寧)도 풍족함과 편안함이라는 뜻이 있는 지명이다. 여러 면에서 임례국(稔禮國)이라는 명칭은 의령 지역에 있었던 고대 국가로 볼 수 있는 나라 이름이다.

또한 하남시 백제 왕도의 덕풍(德豊)과 위례(慰禮), 의령의 풍덕(豊德)과 임례(稔禮)는 도읍지와 관련되었다는 유사점이 있다.

풍(豊)이 임(稔)으로 변화되었다는 것을 입증하는 것이 또 있다. 정곡면 신기마을의 나루터 명칭은 풍탄진(楓灘津)으로, 옛 기록에 나타나는 남강의 나루터로서 일반적으로는 '이물이나리'라고 불렀다는 것이다(『의령군지』 상권, 394쪽).

풍탄(지금의 남강)이 우리말로는 '이물이'로 '풍'이 '이' 또는 '임'으로 변화되었음을 입증하는 결정적인 예이다.

지금은 주물나루(主勿津)라 하는데 '주'도 '임'과 같은 뜻이다. 물건의 '임자'와 '주인'을 동일한 의미로 사용하기 때문이다.

즉 풍(豊)에서 임(稔)으로 다시 임에서 주(主)로 변화한 것이다.

의령의 옛 지명이 풍덕이며 그 앞을 흐르는 강이 풍강(豊江)이므로, 같은 뜻으로 나라 이름을 임례국이라 하였던 것이다.

고대에는 해당 지역 앞에 흐르는 강 이름은 그 지역의 명칭을 따서 지었다. 〈대동여지도〉에 진주 앞에서 흐르는 지금의 남강을 진강(晋江)으로 기록한 것만 보아도 의령 쪽의 남강은 풍강(豊江)으로 불렸던 것을 알 수 있다(〈대동여지도〉에는 풍탄(楓灘)으로 기록되어 있음).

위와 같이 종합적인 현황에서도 의령읍에 임례국이 있었다는 것을 알 수 있다.

한편 의령군 부림면 지역에 사이기국(斯二岐國)이 있었다고 추정하고 있으나, 조사 결과 명확한 위치를 찾을 수 없었으며 지금까지 왕도의 구조를 보이는 고대 도시가 발견되지 않고 있다.

또한 위치적으로도 초계의 거대한 들판과 가까워 왕도가 아닌 수비성이 위치해 있을 곳으로 보인다.

지금까지 조사된 유적과 유물이 미약하고 주변의 지세와 현황에서도 독자적인 구성이 어려운 곳이며, 변방의 군사적인 면에서 중요한 곳임이 밝혀지고 있다.

그러나 짧은 기간 내에 단정하기 어려운 면이 있어서 앞으로 신반 지역은 정밀 조사가 필요하다.

4. 고대사상

1) 백제의 태양숭배와 삼신사상(三神思想)의 기원

(1) 백제 신앙 유적에서 본 삼신제단과 신전

고대 유적을 찾아내어 태양숭배와 관련된 삼신사상을 규명하는 연구는 처음 시도된 것으로 역사를 밝히는 줄거리가 되고 있다.

지금까지 삼신사상에 대한 구구한 학설이 난무하였으나, 그 근본이 되는 유적을 찾아 밝히는 것은 고대사상을 연구하는 데 많은 도움이 될 것이다.

삼신사상과 음양오행설이 혼재되어 학문적인 오류와 혼란스러움을 자아냈기에 이를 차단하고 민족사상의 근본을 밝히고자 하는 데 큰 뜻이 있다.

우리는 아기가 태어날 때 삼신의 도움으로 태어난다고 하거나 삼신이 아기를 점지해 주셨다고 한다. 또 아이가 태어나고 자라는 과정을 삼신할머니가 도와서 이루어진 것이라고 말한다.

우리는 무엇을 삼신이라고 하는가? 지금까지는 삼신을 대부분 천지인(天地人)으로 알고 해석을 했으며 많은 문헌에서도 이를 정설로 표현하고 있다.

그러나 천지인은 포괄적인 뜻이며 그 중에서는 살아 있는 사람이 포함되어 있다. 근본적으로 사람을 신(神)으로 지칭하는 문제가 있고 방대하고 추상적인 면이 있기에 삼신의 원류는 아니다.

삼신과 관련된 고대의 실증적인 유적이 발견되지 않아 삼신이 무언인지 알 수가 없었던 것이다.

삼신의 근원이 무엇인가를 알기 위해서는 고대의 신앙 체계를 살펴보아야 한다. 신앙의 대상 목표가 뚜렷하다는 것은 『일본서기』에 나타나는 신(神)의 종류가 180종에 이르며 신사(神祠)의 종류도 다양하고 직분에 따라 신을 믿었기에 위계도 있었다는 것을 통해 알 수 있다.

이러한 면에서 본다면 천, 지, 인이라는 막연한 대상을 신으로 정할 수 없다는 것이다.

삼신에 대한 설이 여러 가지로 분화되어 다양하게 알려질 만큼, 삼신사상은 많은 분야에 적용되었기 때문에 원류를 알아내기에는 어려움이 많았다.

삼신의 원류를 조사해 본 결과 지금까지 알려지고 있는 것은 원류가 아니고 가지에 해당되는 것이었다.

필자는 음양오행설의 사상이 해와 금성에서 나온 사상이라는 것을 밝혀내면서 모든 기본 사상은 천문에서 비롯되었다는 것을 알게 되었다.

밤의 태양과 낮의 태양으로 사물을 구분한 음양이 사상으로 발전되었다는 것을 하남시 이성산성의 제사 유적인 신전 건물에서 알 수 있었다. 또한 오행(五行)은 금성이 순행하는 5가지의 괘도를 본 따온 것이다.

태양과 관련된 사상은 음양사상과 삼신사상으로 분류할 수 있다. 음양사상은 만물의 구성요소에서 나타나는 것을 표현한 것이며, 삼신사상은 탄생 · 성장 · 죽음에 이르는 3단계 순환 과정을 표현한 것이다.

민족의 탄생설화에서 왜 곰과 관련된 이야기로 비유했을까? 곰은 검은색이며 가슴의 반달 문양은 달을 상징한다. 달은 땅과 관련되어 생산을 뜻하므로 곰이 변한 여성도 사람을 키우고 태어나게 하는 모체로서, 모두 음양사상에 따라 비유된 것이다.

곰이 사람으로 변하는 동굴은 땅속으로 땅의 신이 사는 곳이며, 생명을 키우고 변화시키는 곳이다. 이 모든 것이 생명을 창조하는 음양사상을 내포한 고조선 건국에 대한 이야기이다.

음양사상, 삼신사상, 오행사상을 알면 고대사의 알 수 없었던 많은 내용들을 이해할 수 있게 된다.

그렇다면 삼신사상의 근원은 어디에서 나온 것인지를 실증적인 유적에서 살펴보면 다음과 같다.

백제의 500년 왕도를 조사하는 과정에서 태양과 관련된 제단과 신전 등이 3곳이 있다는 것을 알게 되었다.

한 곳의 제단은 나라를 건국하면서 조성하였다고 『삼국사기』의 기록에 나오는 동명묘 제단이며, 다른 두 개는 이성산성에 있는 9각지이다.

이성산성 9각지 중에 하나는 높은 언덕 위에 있고 또 하나는 어두운 계곡에 있다. 어두운 계곡은 달(12각지)의 계곡과 별(별자리가 새겨진 바위)의 계곡 사이에 있다. 9각지는 모두 태양신을 모시는 신전(神殿)임이 밝혀졌으며 주변에는 8각지가 있다.

그러나 태양과 관련된 제사처가 3곳이라는 점에서 어떻게 해석・구분해야 할 것인지 한동안 의문이었다.

고대에는 태양숭배사상이 발달하였으나 지금의 우리에게는 이와 관련된 많은 것들이 전수되지 않아서 잊어버렸고 학문적으로도 밝혀지지 않았던 것이다.

하남시 검단산 정상에서는 제를 올리는 제단이 발견되어 동명묘의 제단이 있었음이 입증된 것이다.

또한 이성산성에 있는 2개의 9각지를 조사한 결과 검단산의 제단도 『삼국사기』에 나타나는 동명묘(東明廟)로서 이름 그대로 떠오르는 태양신의 사당에 속하는 제사처임을 알게 되었다.

『삼국사기』 백제본기, 온조왕 원년(기원전 18년)에 따르면 백제가 나라를 세우면서 제일 먼저 설치하는 것이 동명묘의 제단이었다.

즉 떠오르는 태양을 국가의 제일 큰 신(神)이자 기본으로 삼은 것이다. 그리고 이성산성에 있는 2개의 9각지는 태양 신전으로서 낮과 밤을 주관하는 태양 신전(神殿)으로 구분했다.

왜 이렇게 태양신을 3개로 구분하였을까? 태양이 뜨고 지는 원리와 같이 태양에 의하여 생명을 유지하는 모든 만물들도 탄생과 성장을 거쳐 결말을 맺는 3주기를 갖고 있으므로, 그 주기마다 관장하는 신(神)이 다르다고 믿게 된 것이다.

그러므로 탄생의 동명묘 신전과 성장기 낮의 태양과 숙면하는 밤의 태양으로 태양의 하루를 표현한 3주기가 삼신의 기본이 된 것이다.

사람이나 동물들은 어미의 몸에 잉태하여 출산이 되어, 유년기를 지나서 성장이 멈출 때까지 자란 후, 삶을 마감하고 죽음을 맞이하는 3단계를 거친다.

어미의 몸에 잉태하여 출산되는 과정인 탄생이 하나의 단계이며 태어나서 독립적으로 살아가는 과정이 2번째 단계이며 생을 마감하여 다시 태어날 때까지를 숙면 기간을 거치는 3단계로 일생을 3단계로 나누어 각각의 단계를 관장하는 신으로 구분하였다.

태양과 관련된 3곳의 신전은 역할이 제각기 다른 3개의 태양이 삼신사상의 원류라는 것을 알게 하는 유적이다.

탄생과 성장의 2단계는 쉽게 알 수 있지만, 사후 세계는 인간의 사고가 보다 발달해야만 인식이 가능하다.

그러나 점차 사상이 발달하면서 죽음은 식물의 동면과 같다고 생각하여 환생한다는 것을 믿게 되면서, 땅속으로 들어간 밤의 태양의 삶도 인정하게 된 것이다.

이러한 논리는 불교의 윤회 사상으로 연계되었다.

이러한 삼신사상이 조선시대의 천문학에서 별자리를 세 구획으로 나눈 삼원(三垣)도 응용되었음을 알 수 있는 기록이 있다.

"태미원은 상원이라고 하여 시작하는 때이고, 자미원은 중원이라 하여 번성하는 때이며, 천시원은 하원이라 하여 결실을 맺어 감추는 때이다." (『천문류

草』, 이순지, 대유학당, 9쪽)

태양의 3단계가 모든 만물의 기본이라는 것이 사상적으로 정립되어 모든 만물에 적용되었던 것이다.

떠오르는 순간의 태양과 낮의 태양과 잠자는 태양의 3단계가 태양의 에너지를 받고 살아가는 모든 생명의 3단계 주기로 이어진다는 것이 삼신사상의 원류이다.

삼신의 근본은 태양 에너지를 받는 모든 동식물의 생명체에 전해지고 있기에 삼신사상의 주신(主神)은 태양이 되었던 것이다. 이는 백제 초기 왕도인 이성산성의 신앙 유적에서 입증된 것이다.

삼신사상은 밝음과 어두움의 반대되는 차이만을 논하는 음양사상과 달리 태양이 뜨고 지는 것을 3단계로 구분한 것이다.

태양은 만물의 생명을 관장하는 에너지를 공급해 주며 탄생·성장을 위한 먹이를 마련해 주는 자연의 주신(主神)이다.

우리를 이 세상에 태어나게 하고 성장할 수 있도록 하는 삼신의 실체가 정확히 무엇인가를 모르고 있다는 것은 자연을 홀대하여 왔다는 뜻이다.

식물이 싹이 트고 자라서 열매를 맺는 3계가 태양 에너지에 의해서 이루어진다는 것을 고대인들은 알고 있었다.

태양 에너지에 의존하여 살아가는 모든 동식물들은 탄생기와 활동기를 거쳐 일정기간 숙면이나 자연의 일부가 되어 쉬는 주기를 겪는다.

몇 시간 일을 하기 위해서 준비를 하고 일을 한 후에는 쉬는 것을 반복하는 것처럼, 하루 동안에도 아침에 일어나 준비를 하고 일과를 마친 후 밤에는 잠을 자는 주기가 있다.

이러한 하루의 주기가 일 년의 주기가 되고 또한 한 평생의 주기가 된다. 결국 3개 단위로 이루어지는 것이 삶의 주기이며 이를 관장하는 것이 삼신이다.

봄이 되어 날씨가 풀리고 온도가 높아지면 식물의 싹이 트기 시작을 하는 것은 결국 태양의 따뜻함에서 비롯된 것이므로 생명의 싹이 트고 성장하여 결실을 맺는 과정을 주관하는 자연의 신이 있다고 믿게 되었던 것이다.

(2) 생명을 관장하는 복합적인 신(神)인 삼신

삼신의 근원과 주신은 태양이지만 태양만 삼신이 될 수 없다. 생명이 태양이 있다고 무조건 탄생하고 자라는 것은 아니기 때문이다.

식물을 예로 들면 일정한 수분과 영양분이 더 필요하고 병충해와 바람과 같은 각종 재해가 없어야 한다. 자연의 다양한 보살핌이 없고 여건이 조성되지 않는다면 식물은 자라나지 못한다.

동물은 더욱 복잡한 과정을 거친다.

아기가 태어나고 자라는 것이 흔히 삼신할머니의 도움이라고 자주 말하게 되는 것은, 할머니가 자식을 키우고 돌봐주는 일에 대한 집안의 웃어른이기 때문이다.

서울 강남구에는 대모산(大母山)이 있는데 대모(大母)는 큰어머니에 속한다. 2003년 6월에 대모산을 조사한 결과 일원동 전체가 고대의 성이라는 것을 알게 되었고 위치 면에서 한성백제 왕도의 입구를 지키는 곳이며 규모면에서 왕도 다음으로 제일 큰 성터라는 것을 알게 되었다.

즉 대모산성과 도성은 한성백제 왕도 내부에서 제일 큰 역할의 성이 있었다.

즉 대모산성과 도성은 백성들을 보살피고 관장하는 대표적인 수도 방위성이라는 뜻에서 대모(大母)라는 이름이 붙은 것이다.

할머니 또는 대모는 집안에서 자식을 키우고 먹이는 내부 일에 책임을 맡고 있는 높은 어머니라는 뜻이다.

이러한 뜻에서 생명을 잉태하고 자라도록 하는 과정을 관장하는 역할의 우두머리가 삼신할머니인 것이다.

우주 만물의 삼신은 태양의 빛과 열뿐만 아니라 물과 흙으로 인하여 생명이 잉태하고 변화하며 결실을 얻는 3단계를 주관하는 신이다.

물과 태양빛 중에 하나라도 없으면 생명은 살아갈 수가 없다. 햇빛이 전혀 들지 않은 곳에 맑은 물을 오랫동안 두어도 생명체는 생성되지 않는다는 것을 고대인들은 알았던 것이다.

이와 반대로 아무리 맑은 물이라 할지라도 햇빛과 공기에 노출되면 미생물이 자라고 물이 썩으면서 생명이 자라날 수 있는 환경이 조성된다.

자연의 종합적인 면에서 탄생을 주관하는 신(神)·잘 성장하게 하는 신·결실까지 맺도록 주관하는 신이 있다고 생각하여, 이를 탄생과 성장, 결실이라는 3단계로 나눈 것이 삼신의 기본이다.

특히 탄생은 하찮은 씨앗 하나도 우리 마음대로 만들 수 없는 어려움이 있기 때문에 신(神)의 영역으로 보았다.

일본의 신사(神社) 중에는 시조나 시원에 관련된 것이 많다. 탄생이라는 것이 신비스럽고 어려워 탄생의 신을 제일 높은 신으로 보았던 것이다.

식물의 3단계 중 씨앗에서 싹이 트는 과정은 사람이 어머니 뱃속에서 10개월 동안 자라나는 과정과 같다. 이와 함께 태어나서 살아가는 과정과 죽어서 환생할 때까지를 3단계로 나눈 것이 인간의 삶이다.

잉태하고 성장하여 결실을 맺기까지는 여러 가지의 요소와 보살핌이 있어야 하기에 3단계를 간단하게 무엇이라 표현할 수 없었다.

이러한 복잡함을 단순하게 무엇이라고 지적하기가 어렵기 때문에, 지금껏 삼신의 실체를 명확하게 단정 지어 표현하지 못하였던 것이다.

세상 만물의 생명을 주관하는 태양의 도움과 함께 비가 내려야 하고 병과 재해가 없어야만 동식물이 자라고 이를 먹고 사는 사람도 살 수 있다. 그래서 태양을 중심으로는 광열에 의해서 변화·성장하는 능력과 좋은 열매를 맺도록 도와주는 모든 것을 삼신이라고 하였던 것이다.

태양의 삼신과 관련된 민속으로는 동지 때 팥죽을 쑤어서 삼신 성주께 올리는 경상도 지방의 풍습이 있다.

동지는 태양이 시작되는 시기로서 지금은 작은 설이라 하지만, 태양을 숭배했던 고대에는 태양이 부활하는 새해로 여겨 음을 물리치고 양이 상승한다는 점에서 양의 상징인 붉은 팥죽을 쑤어서 삼신에게 올렸던 것이다.

팥죽을 먹어야 한 살을 더 먹는다는 속설과 팥죽의 둥근 새알도 탄생을 의미하는 것으로 보인다.

태양이 부활하는 동지에 삼신에게 바치는 제물인 팥죽을 쑤어서 올린다는 것은 태양과 삼신이 연계성과 삼신이 생명을 관장하는 신이라는 점을 알게 한다.

'삶'이라는 단어와 3가지의 신이라는 의미의 '삼'이라는 단어의 발음이 유사한 것도 관련성이 있다.

씨앗이 생기는 과정은 지금도 신비한 것이며 무엇보다 제일 상위에 해당되는 것이 탄생의 순간이다. 이러한 뜻에서 백제 초기에도 떠오르는 태양을 제일 우선시하여 동명묘(東明廟)의 제단을 제일 으뜸으로 섬겼던 것이다.

이러한 삼신사상이 고대의 유적이나 유물에서 어떻게 나타나는지를 살펴보자.

(3) 종교와 삼신사상

불교는 기존의 토착 신앙과 맥을 같이 하여 거부감 없이 받아들인 종교이다. 토착 신앙과 접목된 산신각이나 칠성각처럼 불교도 고대 신앙과 동화되었기에 수용이 가능하였다.

불교의 삼세불은 과거의 연등불, 현재의 석가모니불, 미래의 미륵불로 구분된다. 태양이 떠올라 낮의 태양과 밤의 태양으로 순환하는 삼신사상의 기본과 같다.

불교에서 차(茶)를 마시게 된 것도 차로 우리는 식물의 싹을 신성시하였기 때문이다. 이는 탄생의 기운이 있는 것으로 동명묘에 제사를 지낼 때 차를 제물로 올리던 것과 같다.

천주교의 성부 · 성자 · 성신과 기독교의 하느님 · 동정녀 · 예수도 자연을 숭배하고 삼신에 근원을 둔 것이다.

삼신 중에서 으뜸은 탄생이며, 창조적인 신의 영역에 해당되는 만큼 중요시하였다.

고대인들도 탄생은 보다 높은 영역에 해당되기에 따로 구분하여 신성하게 여겼던 것이다.

특히 기독교의 예수 탄생일을 해가 시작되는 동지(冬至)로 보는 것도, 기독교가 근본적으로 떠오르는 태양의 탄생을 신성시하는 종교이기 때문이다.

기독교의 12제자는 태양 다음인 달을 상징하는 것이다. 백제 왕도의 이성산성에서 달의 신전인 12각지가 발견되어 서열상 태양 다음이 달이라는 것을 알 수 있었다.

달을 태양의 제자나 왕후(王后)로 보는 사상이 서양과 동양에서 있었던 것이다.

이처럼 삼신사상은 모든 종교의 근본이 되었으며 적용 폭이 넓은 것으로 밝혀지고 있다.

(4) 태양 속 삼족오(三足烏)의 뜻

고구려의 고분 벽화에 나타나는 세 발 달린 까마귀는 상징하는 것이 무엇인지에 대한 해석이 구구한 실정이다.

태양 속에 있기에 태양과 관련된 새라는 것을 알고 있을 뿐 삼족오에 대한 뜻은 몰랐다.

태양 속의 세 발 달린 까마귀에 대한 뜻을 알게 되면 태양과 관련된 많은 고대사상을 알 수 있다.

삼족오(三足烏)에서 발 족(足)자는 '뿌리, 근본, 가다, 달리다, 머무르다, 그치다, 산기슭' 등의 뜻을 포함한다.

발이 3개인 까마귀는, 몸은 하나이지만 3가지를 근본으로 지탱하고 있는 것이 태양임을 나타낸다.

고대인들은 태양이 만물에 전해 주고 있는 것이 오늘날 탄소라고 부르는 검은 물체라고 생각하여 까마귀로 표현한 것이다.

즉 식물을 불에 태웠을 때 타다 남은 검은 숯이 태양이 전해 준 물질이라는 것을 쉽게 알게 되었을 것이다.

하늘과 지상으로 왕래하는 새 중에서도 검은 새가 하늘의 탄소를 전해 주고 있다고 상상하고 비유하여 세 발 달린 검은색의 까마귀가 태양 속에 있다고 생각하였던 것이다.

세 개의 발은 근본인 하늘의 3가지를 의미하고, 고대에는 하늘에 떠다니는 것은 모두 새라고 여기는 관념이 있었다.

일본의 고대 국가 발상지인 아스카를 명일향(明日香) 또는 비조(飛鳥)라고 하는 것도 태양과 관련된 것이다. 태양을 나는 새로 보았던 것이다. 비조(飛鳥)는 아스카가 백제의 동쪽으로 태양새가 떠오르는 위치이기에 붙인 땅 이름이다.

태양은 3가지를 근본으로 하는 삼신사상의 주체이기에 삼족오라는 새를 상상하게 되었던 것이다.

달에 새의 날개가 그려진 기와 편이 백제의 왕궁지에서 발견되어 고대에는 하늘에 떠다니는 태양이나 달을 모두 새로 보았던 것을 알 수 있었다(『위례성 백제사 2』, 표지).

고대인들은 태양새는 하늘을 날고 그 빛은 불의 새인 주작이 지상으로 전해준다고 이해하였다. 특히 하늘의 모든 새 중에서 태양과 관련된 우두머리의 새는 봉황으로 상상하였다.

이러한 새와 관련된 사상은 동이족에서 보다 더 발달하였다.

태양 속에 살고 있는 삼족오, 빛과 열을 전해주는 불의 새인 주작(朱雀), 모든 새 중에서 우두머리로 여긴 봉황은 모두 하늘과 관련된 것이다. 이 또한 태양의 삼족오(三足烏), 불의 새 주작, 지상을 관장하는 봉황으로 3가지의 새로 구분하였다.

이것도 삼신사상에 의한 것으로 탄생, 성장, 결말로 이어진다.

지금까지 삼족오, 주작, 봉황에 대한 태양숭배 문화를 구분하지 못하여 혼

[사진 4-1] 몽고의 청동기시대 제단이 있는 새 모양의 산

란이 되었는데 필자는 태양새 문화로 규정하여 설명하고자 한다.

[사진 4-2] 청동기시대 제단에 그려진 그림(몽고 유적)

태양새 삼족오는 유일하게 동이족 문화임이 밝혀짐으로써 태양과 관련된 사상이 제일 발달한 민족이 동이족이었다는 것이 밝혀지고 있다.

이를 입증하는 유적들이 속속 발견되고 있다. 예를 들어 백제의 제단에 속하는 검단산 제단의 모양도 새의 형상으로 조성되었다.

즉 하늘에 예의나 제물을 바칠 때는 새의 등 위에 올려놓았던 것이다. 이러한 새 모양의 제단이 여러 곳에서 발견되어 고대 제단의 형상은 새 모양이라는 것을 알게 되었다.

또한 몽고의 수도 울란바토르에서 150마일 떨어져 있는 곳에서 청동기시대인 기원전 5세기 것으로 보이는 아부라카 제단이 발견되어, 필자가 그곳을 조사한 결과 새 모양의 산이었다.

새의 날개 아래에 제단이 설치되어 있었는데, 이를 통해 우리나라와 몽고가 공통된 하늘 숭배사상을 가졌다는 것을 알 수 있었다.

하늘과 지상을 연결해 주는 것이 새라고 믿었던 고대인들은 당연히 제단을 새의 모양으로 조성해야만 하늘과 연결된다고 생각하였던 것이다.

우리 조상들이 소도에 세운 솟대 끝에 새 모양을 표현해 놓은 것도 하늘과 통하기 위해서였다.

(5) 백제 삼족토기(三足土器)의 발생 원인

하남시 검단산에서 발견된 백제시대 제단도 새 모양으로 된 바위라서 새의 등 위에 제물을 설치하도록 되어 있었다.

제를 올리는 제단이나 제사를 지내는 기구까지 하늘과 관련된 상징성이 있는 모양으로 조성하여 사용하였다는 것을 알 수 있다.

백제의 성인 이성산성에서 까마귀 머리 모양의 토기 손잡이가 여러 개 발견되었는데 이러한 유물이 부여국에서도 많이 발견되고 있다는 이야기를 중국의 학자들에게 듣게 되었다.

삼족토기가 출토되는 곳은 백제의 유적지라 할 만큼, 삼족토기는 백제 지역에서만 출토되는 대표적인 유물이며 주로 제사터에서 발견되고 있다.

삼신사상에 의하여 만든 것으로 연구되고 있다.

초기의 삼족토기는 어른의 유방과 같은 모양을 3개 붙여서 만들었다. 필자는 이 삼족토기를 하르빈 박물관에서 부여국의 유물로 전시된 것을 본 적이 있다.

젖을 먹여 어린애를 자라게 하는 여성의 유방은 삼신과 같이 탄생과 성장을 의미하므로 유방 모양의 토기를 제기로 만들었던 것이다. 이러한 삼족토기가 점차 간소화되면서 백제의 삼족토기와 같이 변화된 것으로 이는 삶의 탄생・현재・미래를 위한 제사 의식에 사용한 토기임을 알 수 있다.

모든 사물의 시작하고 변화하여 결과를 맺는 삶의 순환 과정이 삼신으로 표현되었던 것이며, 태양숭배의 제사와 관련된 제기를 여성의 유방을 세 개

붙인 모양으로 제작하였던 것이다.

삼족토기가 발견되고 있는 지역은 한정되어 있는데 고구려나 신라 지역에서는 출토되지 않으나 백제 지역에서는 출토되고 있어서 삼신사상이 백제 지역에서 제일 발달하였음을 알 수 있다.

또 곡옥(曲玉)이 무엇을 상징하는지는 명확하지 않으나 삼신사상 중에 으뜸에 속하는 탄생을 표현하는 것으로 고구려보다 신라와 백제 지역에서 이 유물이 많이 출토되고 있어서 한반도가 고대 정신사상이 발달한 지역임을 알 수 있다.

동물이나 식물이 씨눈 상태일 때는 곡옥 모양을 하고 있다.

곡옥의 형상은 신의 보살핌이 있어야 하는 제일 중요한 시기의 형상과 닮았기 때문에 탄생의 신의 결정체로 생각되어 성스럽게 여겨졌던 것이다.

즉 곡옥은 삼신사상에서 탄생 신의 상징으로, 옥을 가공하여 몸에 지니거나 장식으로 사용하면 자신을 보호해 준다는 뜻으로 사용하였다.

이러한 삼신사상이 발달・적용된 것이 여러 면으로 고대 문화를 지배하였던 것으로 나타난다.

태양숭배의 제정일치 사회에서는 국가의 성립이나 제도에 태양의 주기와 같은 삼신사상을 적용하였다.

지금까지 삼신사상은 여러 가지로 분화되어 체계적인 사상으로 발전하게 된다.

삼신은 하나이자 셋이라고 말하는 것도 태양을 근본으로 그 속에 3가지 역할이 포함되어 있기 때문이다.

만물의 생명은 태양의 열과 빛에 의하여 성장을 하고 열매를 맺기 때문에 보다 큰 주체는 태양이다.

삼신사상은 생명을 잉태하고 성장과 열매를 맺는 모든 과정을 관장하는 태양의 운행을 본받은 사상이다.

지금까지 삼신을 단순하게 표현하기 어려웠던 것은 보이지 않는 여러 가지

역할이 포함되어 있기 때문이었다. 그리고 포괄적으로는 생명을 관장하는 삶의 신을 삼신이라 하였던 것이다.

햇곡을 한지에 봉하여 바가지와 오지그릇에 담아 안방 아랫목 윗벽에 모셔 두는 것을 삼신단지라 한다.

곡식은 씨앗이 자라서 열매를 맺는 생명체로 하늘 땅과 사람의 보살핌을 받아 병충해와 온갖 재해를 물리치고 형성된 고귀한 결정체이기에 삼신의 신체(神體)로 귀중하게 여겼던 것이다.

또한 삼신 중에서 아침에 떠오르는 태양과 밝은 빛・열을 으뜸이라 여겼다.

(6) 삼신사상으로 본 민족사

삼신사상이 얼마나 민족사에 적용되었는가를 알면 민족의 전통성을 알 수 있다.

특히 삼신사상이 어떤 근거에 의하여 발생하였으며 고대 국가에 어떻게 응용되고 얼마나 영향을 주었는가를 규명하면 통치와 관련된 동향을 알 수 있다.

고대에 삼신사상은 제정일치 사회의 정치와 관련된 기본 틀이 되어 지대한 영향을 끼쳤기 때문이다.

국가가 성립하려면 당위성이 있어야만 한다.

우선 지배 논리가 명확해야만 많은 사람들이 쉽게 인식하고 국가 형성에 호응을 하게 되는 것이다.

국가 즉 '나라'라는 용어는 '태양'의 고대어를 그대로 사용한 것이다. 태양을 국가의 개념으로 받아들인 것도 국가 성립과 태양이 밀접한 관련이 있기 때문이다.

태양은 만물의 생명에 지대한 영향을 주기 때문에 이에 대한 고마움은 자연에서 무엇보다 우선으로, 생명의 근원이 되었던 것이다.

국가의 지배 논리로 태양을 앞세운 제정일치 사회에서는 태양숭배의 제사를 우선으로 두었다.

태양에 대한 고마움의 표시인 제사를 지내기 위해서 제물을 바치고 이 제사를 기준으로 세금과 단위 조직이 점차 통합・발전을 하게 된다.

『삼국사기』 백제본기의 첫머리인 온조왕 원년(기원전 18년)에 "5월에 동명왕묘(東明王廟)를 세웠다"고 적혀 있어 건국에 우선되었던 제정일치 사회의 제사에 대한 중요성을 알 수 있다.

동명왕묘는 떠오르는 태양신을 모시는 사당을 말한다. 신(神) 중 으뜸인 태양신은 만물의 생명과 관련된 자연의 창조와 시작의 신이기 때문에 숭배하고 따르게 되었던 것이다.

나라의 운영 방침도 태양의 원리와 같이 따르지 않을 수 없는 것은 태양을 근본으로 하기 때문이다.

태양의 밝음에 의하여 아침에 일어나서 일을 할 수 있고 태양의 에너지에 의해서 음식이 제공되기에 태양을 숭배하는 제사를 지내고 서로 협력을 하게 되는 것이 국가의 기본이었다.

즉 태양신을 중심으로 국가가 형성되고 태양의 논리에 의하여 통치제도 까지 갖추게 되었던 것이다.

이러한 태양숭배의 제사와 관련해 고대 국가가 발생 했다면 고대 국가의 발생은 기원전 수천 년으로 올라갈 수밖에 없다.

이제부터는 삼신사상이 고대 국가에 얼마나 영향을 주었으며 어떻게 적용되었는가를 살펴보자.

우선 삼한시대는 마한, 진한, 변한으로 분리되어 있었으나 진국이 이를 통합하여 통치한 것이 『후한서(後漢書) 한(韓)전』과 『삼국지(三國志) 한(韓)전』에서 알 수 있다.

삼한의 제국왕은 모두 마한 사람이었다는 것은 각기 다른 나라가 아니라, 같은 통치 아래에서 3개의 분권으로 나누어 통치하였다는 것을 알 수 있다. 그중에서 진왕이 거주하는 직할 통치 지역은 마한의 목지국임을 기록하고 있다.

이러한 제도와 태양은 어떤 관련성이 있는가. 태양은 동식물의 생명과 관련된 에너지 즉 기운(氣運)을 갖고 있기에 태양의 원리를 통치제도에 적용한 것이다.

태양이 에너지를 생명체에게 주기 위해서 일정한 운행을 하는 것이 '해가는 길'이다. 해는 아침에 떠오르면 중천을 지나 일몰로 이어지는 순행의 3단계 과정을 반복한다.

제정일치 사회의 태양숭배와 진국시대의 통치제도를 비교하면 다음과 같다.

진국(辰國) = 삼신(三辰(진))이라 함은 해, 달, 별의 총칭

「진한」 = 떠오르는 태양의 밝음

「마한」 = 중천에 떠오른 태양의 밝음

「변한」 = 지하 세계로 내려간 태양

태양이 모든 동식물을 태어나게 하고 성장·발육하여 열매를 맺게 하는 위력이 있기에 태양숭배의 국가는 성립의 이념에서도 세 갈래로 분립하였음을 알 수 있다.

이러한 제도는 삼한 이전의 고조선에서도 적용되었다. 일찍이 단재 신채호 선생은 삼조선(三朝鮮) 분립시대라는 내용을 아래와 같이 표현하고 있다.

『사기(史記)』의 봉선서(封禪書)에, 삼일신(三一神)은 천일(天一)·지일(地一)·태일(太一)이니. 삼일 중에 태일이 최귀(最貴)하며, 오제(五帝: 동서남북 중 오방의 신)는 태일(太一)의 좌(佐)라 하며, 진시황(秦始皇) 본기에 천황(天皇), 지황(地皇), 태황(太皇)의 삼황 중에 태황이 최귀(最貴)라 하며, 『초사(楚辭)』에 「동황태일(東皇太一)」의 가명(歌名)이 있고, 『한서(漢書)』 예문지(藝文志)에 「태일잡자(泰一雜子)」의 서명(書名)이 있으니, 「삼일신(三一神)」과 「삼황」은 곧 고기(古記)에 기(記)한 「삼신」·「삼황」의 류(類)이니, 삼일신을 다시 우리 고어로 역하면 천일은 「말한」이니 상제를 의미한 것이요, 지일은 「불한」이니 천사

(天使)를 의미한 것이요, 태일은 「신한」이니 「신」은 최고 · 최상이란 말이니, 「신한」은 곧 「천상천하 독일무이(獨一無二)」를 의미한 것이니, 「말한 · 불한 · 신한」은 이두 자로 마한(馬韓) · 변한(弁韓) · 진한(辰韓)이라 한다.

『조선 상고사』, 110쪽

위의 기록에서 우리가 알고 있어야 할 것은 삼신(三神)보다 더 구체적인 것은 삼일신(三一神)으로 명명해 3신이 각각 분리된 것이 아니라 하나의 모태에서 분류되었다는 것이다.

삼황인 천황(天皇) · 지황(地皇) · 태황(太皇) 중에서 태황이 제일 귀하고, 동황태일이라는 명칭은 동쪽의 태양이 최고 · 최상이라는 것을 표현한 것이다. 태황은 떠오르는 태양, 천황은 하늘에 떠 있는 중천의 태양, 지황은 지하로 내려간 태양을 뜻한다.

태양숭배에서 발생한 것이 삼신사상이며, 삼신 중 으뜸은 아침에 떠오르는 태양인 동황태일이었다.

식물에게 물을 줄 때에도 생기의 차이 때문에 저녁보다는 아침에 물을 주는 것이 훨씬 좋은 것으로 나타난다. 또한 생명이 탄생할 때가 제일 조심스럽고 어려움이 많은 것도 식물이나 동물 모두 같다.

(7) 삼신과 고대사상

지금까지 전해지고 있는 삼신과 관련된 내용은 삼신황제와 삼신, 우주 만물이다.

황제(皇帝)	삼신(三神)	진국(辰國)	고조선	제주도 시조	고구려 왕	동식물	사물	우주 만물
태황(太皇)	광열(光熱)	진한(辰韓)	환인(桓因)	양을나	동천왕	탄생	시작	천(天)
천황(天皇)	생화(生化)	마한(馬韓)	환웅(桓雄)	고을나	중천왕	성장	과정	인(人)
지황(地皇)	화복(禍福)	변한(弁韓)	환검(桓儉)	부을나	서천왕	맺음	결과	지(地)

나머지 내용은 모두 필자가 뜻에 따라 구분한 것이다. 위의 표에서 삼신에

대한 내용은 『환단고기』에 다음과 같이 표현되어 있다.

> 대조신(大祖神)을 삼신이라 부르고 하늘의 주재자라고 하였다.
>
> 고로 태양으로 의상(儀象)을 삼고, 광열로써 공능(功能)을 삼고, 생화발전(生化發展)으로써 마음을 삼고, 화복보응(禍福報應)으로써 정의(正義)를 삼는다.
>
> 『환단고기』, 임승국 역, 248쪽

위의 내용을 정리하면, '큰 으뜸의 신은 삼신이며, 삼신은 하늘을 관장하는 신이다. 삼신의 구조는 태양을 기본으로 하며, 빛과 열로 공과 덕을 쌓고 그 뜻을 발전시켜 나아가 길함과 흉함에 따라 옳고 바른 뜻을 펼친다'는 내용이다.

생명의 근원 · 변화 · 결과를 말하고 있으며 이 모두가 삼신이라는 것을 밝히고 있다. 이러한 논리가 원류이며 그 이외에 지금까지 삼신이라고 지칭하였던 것은 하나의 가지에 불과한 것이다.

불교의 윤회와 자연 순환의 원리는 바람의 풍백(風伯) · 구름의 운사(雲師) · 물의 근원인 눈이나 비의 우사(雨師)의 삼신(三臣)으로 삼산(三山)의 숭배사상은 방장 · 영주 · 봉래로 구분하였다. 위와 같이 삼신의 원리는 시작과 끝으로 이어지는 것을 3단계로 구분하여 적용한 것이 고대사상으로 발달하게 된 것이다.

아기가 태어나서 삼신상을 차릴 때도 3그릇의 밥과 미역국, 3색 나물 등을 차린다. 이는 탄생 · 성장 · 죽음을 관장하는 삼신에게 아이를 보호해 달라는 뜻이 있으며, 사람이 죽었을 때도 3그릇의 저승사자 밥을 떠 놓는 것도 탄생 · 성장 · 죽음을 관장하는 삼신에게 저승길을 잘 인도해 달라고 대접하는 것이다.

우리 민족은 1, 3, 5, 7, 9의 숫자를 많이 이용한다. 1은 근본이며, 3은 삼신과 관련이 있고, 5는 금성의 5가지의 운행의 오행이며, 7은 삶과 죽음을 인도하는 칠성신앙과 관련이 있는 숫자이고, 9는 태양을 지칭하는 제일 큰 숫자여서 성수로 여겨졌기 때문이다.

(8) 태양숭배와 관련된 백제의 삼신사상 유적

하남시 백제 왕도의 제사처로서 이성산성에서 발견된 2기의 9각지는 태양신의 신전이다. 하나는 높은 곳에 있고 다른 하나는 낮은 계곡에 있다.

금성으로 지칭되는 8각지와 함께 하나의 조를 이루고 있는 9각지가 두 곳은 밤의 태양과 낮의 태양으로 구분하여 조성한 것이다.

또한 동쪽의 검단산 정상에는 동명묘 제단이 있었다는 것을 입증하는 제단터가 발견되었다. 제단은 돌로 새의 모양을 조성한 것으로 그 위에 제물을 진설하게 되어 있다.

백제 왕도에는 태양과 관련된 제단이 3곳으로 검단산의 동명묘는 동황태일(東皇太一)에 해당되는 태황(太皇)이며 이성산성에 있는 2기의 9각지는 천황(天皇)과 지황(地皇)에 해당되는 태양 신전이다.

고대인들은 태양이 밤에 잠을 자기 위해서 땅속 어딘가에 들어갔다가 다음날에 다시 동쪽으로 떠오른다고 생각하였기 때문에 밤의 태양을 위한 신전까지 조성하였던 것이다. 일출의 태양, 중천의 태양, 일몰 후 밤의 태양으로 구분한 것으로 삼신사상으로 발전한다.

하늘이라는 이름도 태양이 운행하는 밝은 울타리와 하나의 개념인 '한울'에서 발생한 것으로 보인다.

만물은 태어나서 성장하다가 어느 시기에는 씨앗으로 동면하기 위해서 땅으로 돌아갔다가 봄이 되면 되살아나는 순환을 겪는다. 태양이 아침에 떠오르고 저녁에는 땅속으로 들어갔다가 이튿날에 다시 떠오르는 것과 같은 순환을 계속 반복하는 것이다. 그래서 만물의 주기를 삼신이 관장하는 것으로 생각하게 되었다.

순환 과정 전체를 삼신이라 하며, 그 속에는 태양이 떠오르는 것과 같은 탄생의 신(神)과 성장 과정을 관장하는 신과 다시 태어날 때까지 지켜주는 신이 있다고 믿게 된 것이다.

백제의 진산이자 숭산(崇山)으로 기록된 검단산 정상에는 하늘과 가깝고 햇빛이 제일 먼저 내리는 곳에 동명묘라는 사당을 세워 삼신의 으뜸되는 신전을 세웠다(검단산 정상에 통신부대를 조성한 사람이 그곳에 돌로 쌓은 단이 있었다는 제보를 1992년에 해왔었다고 방송국 기자가 들려주었다).

밥 3그릇, 신발 3켤레, 동전 3닢을 저승사자에게 대접하는 상례(喪禮)도 저승사자 3사람이 와서 생명을 거두어 간다고 생각해서 행했다. 이것도 삼신과 관련되어 있음을 알 수 있다.

저승사자 3사람은 각각 탄생 · 삶 · 맺음에 대한 화와 복을 모두 거두어 가는 3가지 직분을 담당한 것이다.

『환단고기』 삼성기전 하편에는 다음과 같이 참고할만 한 내용이 있다.

> 구환(九桓)은 모두 삼신을 한 뿌리의 조상으로 삼고, 소도를 관리하고 관경(管境)을 관리하며 벌을 다스리는 것 등을 모두 다른 무리와 더불어 서로 의논하여 하나로 뭉쳐 화백(和白)을 하였다.
>
> 『환단고기』 삼성기전 하편, 임승국, 35쪽

9는 태양을 상징한다. 고대 관직에서도 왕은 9를 제후는 7을 대부는 5를 일반 사민은 3을 상징한다는 것과 하남시 이성산성 9각 건물이 태양신의 신전이라는 것은 이미 필자가 밝힌 것으로 9환은 태양신을 믿는 소국의 왕들로, 이들이 모두 삼신을 하나의 뿌리로 여기면서 소도와 각자의 영토를 관리하면서 하나로 뭉쳐 나라를 다스렸다는 것이다.

고대에는 태양의 섭리에 의하여 나라를 다스리는 제도를 정하고 이를 기준으로 뭉치며 운영하였다는 내용이며, 진국 내부에서 삼한으로 분리하여 통치한 제도를 입증한다.

(9) 백제의 대외 진출과 삼신사상 제도

백제가 대외 진출을 하게 된 기본사상에 대해서는 태양숭배사상에 의해서 진출한 것으로만 밝혔을 뿐 보다 구체적인 것은 밝혀내지 못하였는데, 그 원인은 삼신사상의 발생 과정이 지금까지 밝혀지지 않았기 때문이다.

앞에서 이미 밝혔듯이 최근의 태양숭배와 관련된 연구 과정에서 백제는 삼신사상에 의해서 일본이나 중국으로 거점을 정하였던 것으로 밝혀졌다.

백제가 일본으로 진출하여 고대 왕도의 거점을 정한 위치는 아스카이며 한문으로는 명일향(明日香) 또는 비조(飛鳥)이다.

태양숭배 문화에서 명일향이라는 밝은 태양과 관련된 것은 이해를 할 수 있으나 비조라는 나는 새와 관련된 지명은 이해하기가 어려웠다.

그러나 태양새 삼족오와 연관지어 생각해 보면 이해가 가능하다.

백제는 일본의 아스카 지방과 중국의 요서 지역이라는 하나의 태양 체계로 이어지는 해가는 길에 입지를 선정했던 것이다.

또한 태양은 새벽별인 모닝 스타(금성)와 이브닝 스타(저녁별 금성)을 거느려야 한다는 천문사상과 군사적인 좌청룡·우백호 개념 등은 식민지를 설치하지 않으면 안 되었던 사상과 제도였다.

이것을 입증하는 것이 일본의 천황 무덤이 금성분(전방후원분)으로 조성되어 있으며, 백제 멸망 시에 구원군을 편성하여 당과 백강에서 전투한 내용 등이다.

일본의 아스카 지역을 지칭한 비조(飛鳥) 천계(天界)를 넘나드는 것은 새 밖에 없기에 지어진 땅 이름인 것이다.

백제인들의 삼신사상 시각에서, 떠오르는 태양새(삼족오)가 날아오르는 곳에 있는 비조(飛鳥)라는 뜻으로 아스카로 이름 지은 것이다.

아침에 떠오르는 해가 새와 관련되었음을 알 수 있는 문자로 이튿날을 표현하는 익일(翌日)이 있다. 익(翌)자는 깃 우·날개 우(羽)자가 포함되어 있어, 날개를 펴는 새로 다음날을 표현하는 것이다.

해가 떠오르는 것을 태양새가 날개를 펴고 날아오르는 것으로 인식하였음을 알 수 있는 문자이다. 이러한 백제의 사상에 의하여 일본의 고대 국가가 성립되었다는 것을 알 수 있다.

즉 백제가 삼신사상에 의해서 동쪽으로 진출하여 식민지를 세운 것이 일본이다.

그 당시 얼마나 삼신사상이 강하였는가를 알 수 있는 것은 백제의 서방 진출의 위치이다. 백제가 요서 지방으로 진출한 지역은 (『위례성 백제사 1』, 88쪽 참조) 난하(灤河) 지역을 중심으로 당산과 북경으로 이어지는 위치로 일본의 아스카 지역과 백제 왕도와 동서로 일직선이다.

즉 일본의 아스카 지역과 중국의 요서 지역으로 백제가 진출하게 된 것은 무엇보다 태양숭배 문화의 해가는 길에 의하여 대외 진출 위치를 정했기 때문이다.

(10) 백제와 중남미의 삼족토기 문화 비교

백제의 태양숭배 유적에서 나타나는 삼신사상이 마야와 잉카 문화와 어떤 관련이 있는가를 비교하는 것은 고대 사상을 연구하는 데 많은 도움이 된다.

지금까지 우리나라의 태양숭배 문화에 대해서 심층적으로 연구한 적이 없기에 고대의 문화를 이해할 수 없었던 점이 많았다.

또한 우리 민족인 동이족과 몽고, 에스키모, 인디안 민족이 체질적으로 같다는 것은 일반화된 사실이다.

고대사상 면에서는 얼마나 유사한가를 유물과 유적으로 가늠해 보고자 하는 것이다.

삼신사상에 의해서 발생한 토기 중 특이한 형태를 한 삼족토기가 다른 나라에서도 발견되고 있는지를 살펴보고 얼마나 동질성이 있는가를 비교해 보기로 한다.

우리 민족은 단군 조선에서 예맥, 부여, 진국(삼한시대), 삼국으로 이어지는 나라를 세운 것으로 보고 있다.

삼국 중에서 유일하게 삼족토기를 사용한 백제는 북만주의 부여국에서 내려온 일파가 한강권 진국의 마한 영역에 나라를 세운 것으로, 충남 부여로 도읍지를 옮겼을 때 국가의 명칭을 남부여라 할 만큼 전통성이 강한 국가이다.

백제의 삼족토기는 일반적인 생활 용품이 아니었다. 신라나 고구려에서는 이용을 잘 하지 않는 3개의 발이 달린 토기는 발이 잘 부서지는 특성이 있는 기능보다 상징적인 의미가 포함된 토기이다.

삼족토기는 태양숭배의 삼신사상에 의해서 제사용으로 사용된 토기임을 앞에서 이미 열거하였다.

불교가 들어오기 전에 자연에 기초를 둔 숭배에서 태양은 제일의 숭배 대상이었다. 백제, 부여, 마야의 인디오 문명, 안데스의 잉카 문명도 태양숭배의 문화이다.

삼족토기를 비교해 보면, 백제의 삼족토기는 뾰족하게 단순화・전형화되어 짐승의 젖꼭지와 같은 형태로 변화된 모양이다. 삼국 중에서 유일하게 사용한 삼족토기는 불교의 유입으로 사라지게 된다.

그런데 중남미의 토기에는 유일하게 백제와 같은 삼족토기가 포함되어 있다.

앞으로 이에 대한 조사 연구가 있어야겠지만 고구려와 신라 지역에도 없는 삼족토기가 남미 지역에서 유일하게 발견되고 있다는 것은 두 지역에 같은 문화가 있었다는 것을 입증한다.

삼족토기는 삼신사상의 바탕을 중요시한 동이족 문화가 체질적으로 같은 인디언 문화와 연결된다는 물증이 되고 있다.

이와 함께 마야와 잉카 문명에서도 하남시 이성산성의 8・9・12각지의 금성・해・달의 신전 배치와 같은 배열 구조로 신전을 배치한 것으로 밝혀지고 있다.

또한 윷놀이도 우리나라에서 발생한 것으로 백제 때 남미로 건너간 문화임

[사진 4-3] 백제의 삼족토기

[사진 4-4] 부여의 삼족토기

[사진 4-5] 중남미의 삼족토기(우측 아래)

이 입증되고 있다.

해상 활동을 활발하게 진행한 한민족의 태양숭배문화에 의하여 남미 지역으로 진출하였을 가능성이 충분한 것으로 밝혀지고 있다.

백제 지역에서 출토되고 있는 중국 동진(東晋)의 자기, 일본 지역으로 진출한 역사성, 『일본서기』에 동남아 지역과 교류한 백제에 대한 기록에서 충분히 백제의 일부가 남미로 진출하였을 가능성이 있음을 알 수 있다.

부여 것과 달리 짐승의 젖꼭지와 같은 모양의 삼족토기가 백제 지역과 남미에서 함께 출토되었다는 것은 같은 사상으로 연결된 민족이라는 뜻이다.

백제가 중국・일본으로 진출할 정도라면 충분히 남미 지역으로도 항해하였을 가능성이 있으며, 중국의 대륙보다 동양의 지중해라 할 수 있는 백제 지역에서 해양 진출을 위해 건너갔을 가능성 많다.

이러한 것들을 아래와 같이 종합하면 중국보다 백제가 남미에 진출하였을 가능성이 있다.

① 삼족토기
② 윷놀이
③ 푸른 반점
④ 조우관(鳥羽冠)
⑤ 백제의 이칭은 송골매를 뜻하는 응준(鷹準) 또는 응유(鷹遊)로 남미의 건국설화 속 독수리와 뱀과 동일함

남미에서는 태양과 금성을 독수리와 뱀이 함께하는 것으로 보지만, 백제는 하늘의 제왕이라 할 수 있는 송골매를 백제로 지칭하였다는 것을 다음 기록에서 알 수 있다.

① 남부여라 이름하고 응준(鷹準)이라 일컬으며 신라와 겨뤄 왔네

『제왕운기(帝王韻紀)』 하권 백제기, 이승휴, 1287(충렬왕)

② 1층: 일본(日本), 2층: 중화(中華), 3층: 오월(吳越), 4층: 탁라(托羅), 5층: 응유(鷹遊), 6층: 말갈(靺鞨), 7층: 계단(契丹), 8층: 여진(女眞), 9층: 예맥(濊貊)

『삼국유사』 황룡사 9층탑편

『제왕운기』에서는 백제를 하늘의 제왕이라 할 수 있는 매(응: 鷹)와 관련된 '응준'이라 하였고 『삼국유사』에서는 '응유'라는 나라 이름으로 백제를 지칭하였다.

응준은 매의 법도와 같으며 응유는 매가 놀고 있는 요람이라는 의미가 있다.

신라가 황룡사 9층탑을 건립할 당시에, 백제는 신라의 적대국이었는데 이 탑을 세우고(서기 645년) 15년(서기 660년)만에 나당연합군에 의하여 멸망하였다.

신라는 각 층위별 주변국을 불심으로 제압하고자 황룡사 9층탑을 세웠다고 한다. 그중에 백제가 포함되어 있었다. 나라 이름 중에서 응준과 비슷한 '응유'라는 국가 이름이 백제이다.

백제 왕도를 조사한 결과에 의하면 맹금류와 같은 새를 조성한 군사 유적이 여러 곳에서 발견되었다(예: 강동구 고덕동의 바우백이, 둔촌동의 매바위, 상일동의 봉황바위, 하남시 검단산 제단 주위의 새바위, 상사창동의 봉황바위 등).

이와 같은 기록에서도 백제는 천황 국가로서 새 중에서도 하늘의 제왕이라 할 만큼 날쌘 송골매를 나라의 표상으로 삼을 만큼 새와 관련된 국가였음을 알 수 있다.

이와 함께 멕시코 국기에도 반영된 아즈텍의 독수리와 뱀의 신화, 상하 이집트의 대표적인 상징 동물인 독수리와 뱀, 크메르 신화의 독수리와 뱀 모두 태양과 금성 문화에서 분화된 것이다.

동양에서 백제를 유일하게 맹금류인 매로 지칭하였다는 기록은 아스텍족이 남미로 이주하여 독수리(남미는 매가 없는 곳으로 알려짐)가 뱀을 물고 앉은 자리를 도읍지로 정했다는 멕시코의 건국설화와 통한다.

이 외에도 같은 언어와 놀이 문화 등이 있으나 위의 5가지를 살펴보아도 ②, ③, ④, ⑤번은 중국과는 부합되지 않고, 모두 같은 나라는 유일하게 백제밖에 없다.

일본과 중국으로 진출한 백제의 항해술은 충분히 남미 지역으로도 이주한 백제인들이 있었다는 것을 알게 한다.

(11) 조선의 도교에서 본 소도(蘇塗)와 삼신사상

경복궁 동쪽의 삼청동은 옥청원시천존(玉淸元始天尊)·상청영보천존(上淸靈寶天尊)·태청도덕천존(太淸道德天尊)의 삼신을 모셨던 곳이라 하여 삼청이라는 명칭이 붙었다.

이곳은 조선시대에 도교를 주관하던 소격서(昭格署: 밝을 '소', 바로잡을 '격')가 있었던 곳으로 삼청성진(三淸星辰)의 초제(醮祭)를 지냈던 곳이다.

이곳을 조사한 결과 고대의 소도 유적과 같은 구조로 배열되어 있어 조선시대 말기까지 소도와 같은 사상이 전해 내려왔었다는 것을 알게 되었다.

삼청동은 도교의 중심지로 조선시대 말기까지 무속촌이 조성되어 있었던 곳이다.

도교에서는 원시천존을 가장 높은 신으로 보았는데 모든 사물의 원천이 되는 대상을 신으로 정한 토속 신앙이 포함된 것이다.

조선 말기의 지도를 보면 삼청동에는 제성단(祭星壇)이 있었다. 제성단은 고려·조선시대에 태백성(금성)에 제사 지내던 곳으로 초기 토착 신앙이 지속되어 왔던 곳이다.

[사진 4-6] 기천석 제단

[사진 4-7] 운용천 우물

이곳 유적들은 아래와 같이 일직선으로 배열되어 있다.

청와대 뒷산의 북악산 정상 ~ 고암회(高巖回) 석각단 ~ 기천석(祈天石)(선교), 강일암(康日庵)(불교), 서월당(徐月堂)(유교) 명문의 제단석 ~ 느티 당산나무 ~ 운용천(雲龍泉) 명문 우물

기천석(祈天石)이라는 돌단에는 철종 4년에 새겨진 '함풍(咸豊) 3년(서기 1853년) 계축(癸丑) 중춘(仲春)'이라는 제단의 연대를 알 수 있는 글씨가 새겨져 있다.

북악산 정상에서 고암회 사이에는 또 다른 유적들이 많으나 청와대 보호구역에 속하기에 조사하지 못하였다.

도교는 유교, 불교, 신교 모두를 포함한 제단을 조성하였다.

고암회라는 석각은 북악산 산봉우리가 내려다보는 성지임을 뜻하는 명문이다.

조선시대 말기까지 토속 신앙이 전수되어 왔었다는 것을 알 수 있으며 불

[사진 4-8] 고암회 각석

[사진 4-9] 조선시대에 임금이 사용하던 8각 우물

교, 유교, 신교 중에서 으뜸을 신교로 보았던 것이다.

수천년 동안 제일 오랫동안 숭배하여 온 원시신교가 종교의 뿌리가 되어 왔던 것은 그만큼 깊은 사상이 포함되어 있기 때문이다.

지금은 다른 종교에 밀려 자연 숭배에 대한 원시 신앙의 내용이 전해지지 않아 소멸되어 가고 있지만, 제정일치 사회에서는 이를 근본으로 나라를 통치하였기에 이를 알지 못하면 고대사를 이해하기 어렵다.

도교에서 원시 토속적인 신앙인 신교를 제일 중요시하게 되었던 것은 자연의 근본이 함축되어 있기 때문이다.

깊이 있게 생각하면 할수록 자연 숭배사상의 위대함을 인정하게 되면서 진리를 깨닫게 되는 것이다.

삼국시대의 8각 우물이 조선시대 말기까지 임금의 우물로 사용되었다는 것은 태양숭배사상이 전수되었음을 알게 한다.

임금이 사용하는 우물이 금성을 지칭하는 8각 우물이라는 것은 임금이 곧 태양이라는 것을 표현한 것이다.

또한 모든 종교가 태양을 중심으로 자연 숭배와 연결·분화되었다는 것과 태양의 삼신사상의 맥을 이었다는 것을 아래 내용에서도 알 수 있다.

[사진 4-10] 소원을 비는 안동 하회마을 느티나무(수령 600년)

신교(神教): 삼신 상제(三神上帝)

불교(佛教): 법신불, 보신불, 화신불의 삼신불사상

대일여래, 아미타불, 미륵불

도교(道教): 옥청, 상청, 태청

유교(儒教): 무극, 태극, 황극

기독교: 성부, 성자, 성신의 삼위일체

동학: 유불선, 시천주(侍天主), 인내천(人乃天) 교리

인도 문화: 브라만(창조의 신), 비쉬누(유지의 신), 쉬바(파괴의 신)

위와 같이 우리의 토속 신앙인 삼신사상이 기본이 되어 모든 종교도 탄생, 성장, 숙면과 같은 3단계로 구성되어 있음을 알 수 있다.

삼신사상과 같은 내용이 모든 종교의 근본이자 중심이 되었던 것은 태양의 에너지가 생명체의 기본이며, 그 무엇보다 눈에 보이는 정확성이 있기에 많은 사람들이 진리로 받아들였기 때문이다.

(12) 삼신사상과 차(茶) 문화 발생 시원지 연구

역사와 관련된 차를 음용해 오면서 항상 차의 시원에 대하여 궁금하였다.

차는 일반 음식과 달리 헌다식(獻茶式)이라는 전통적인 행사를 치루는 신성한 음식으로 제의와 관련되어 있음을 알 수 있다.

제사(祭祀)를 차례(茶禮)라고 하는 어원의 내용에 따라 차를 제사에 사용하였다면 지금의 술을 올리게 된 이유는 무엇이며 어떤 변화에서 술로 교체되었는가. 또한 지금의 녹차가 성행하게 된 것은 삼국 말기로서 불교에 의해서 전래된 것으로, 그 이전 제사에 사용된 차는 어떤 차인가. 그리고 천제 의식 이외 각종 제의에 사용한 제물은 어떻게 선택하였는가. 이 모든 것이 우리가 모르고 있는 역사적 공백이다.

특히 차는 제사와 관련된 음식으로 불교 유입 이전에도 차를 올린 기록에서 본다면, 지금의 녹차와 다른 향토 차가 있었으며 지금까지 우리가 모르고 있을 뿐이라는 것이 모든 정황에서 나타난다.

『조선세시기』 18쪽(『동국세시기』 원일편(元日篇), 홍석모, 동문선출판사)에 정월 초하룻날에는 다음과 같이 기록되어 있다.

> 서울 풍속에 이날 사당에 제사 지내는 것을 차례(茶禮)라 한다.

제사에 차를 올렸다는 것은 제정일치 사회의 역사와 관련되어 있기에 차 문화의 정립은 고대사를 밝히는 중요성을 내포한다.

차 문화의 정립은 차를 애용하는 사람들의 정체성에서도 절박한 과제가 되어 왔다. 제사를 지낼 때 다식(茶食)이라는 차 음식을 올리고 제사를 지내는 것을 차례(茶禮)라 하는 어원이 남아 있어, 제사 의식에서 차를 올렸다는 것이 명확해지고 있기 때문이다.

또한 차례라는 명칭으로 보아 차는 제사의 대표적인 주체가 되었음을 알 수 있고, 남아 있는 차를 올리는 의식도 제물의 주체로서 격식이 높았던 의식임을 알려 준다.

그러나 차를 제사에 올린 이유와 차를 사용하게 된 기원에 대해서 지금까지 깊이 있게 연구된 바는 없다.

녹차가 성행하면서 차 문화에서도 우리의 고유성이 잠식되어 마치 왜래 문화인 양 인식되고 있다.

중국에서는 어원적으로 제사를 차례라고 하지 않는데 우리와 일본은 제사를 차례라고 하여서 중국과 차이가 있다는 것을 알 수 있다. 제를 올리게 된 기원 시기가 어느 때인지 알 수 없을 만큼 오래되었기에 차를 올리게 되었던 기원도 그만큼 올라간다.

이러한 각종 종합적인 연구에서 우리나라는 중국보다 훨씬 앞선 차 문화 발생의 시원지라는 것이 밝혀지면서 많은 입증 자료가 드러나고 있다.

또한 녹차는 위도가 36도 이상인 북부 지역이나 남쪽 지방이라 할지라도 지대가 높고 추운 곳에서는 자생하지 않기 때문에 지금의 녹차를 전 지역에서 사용하지 않았다는 것을 알 수 있다.

또한 문헌상으로도 지금의 녹차를 심기 시작한 것은 삼국 말기였고 보편화되지 않았다는 것을 알 수 있다.

필자는 그동안 차를 올리게 된 제사의 근본적인 내용을 알 수 없어 차 문화를 이해하는 데 의문이 되어, 차의 근원에 대한 연구 조사를 하였다. 차는 문화성이 강하기 때문에 오랫동안 관심을 갖고 추적하게 된 것이다.

차 문화에는 역사 연구를 축적하고 수많은 실증적인 고대 유적을 찾아낸 후에야 접근할 수 있었다.

장구하고 복합적인 역사 연구에서 맺어진 것으로 차 문화의 근원을 찾는 일은 단순한 과정이 아니었다.

그동안 밝혀진 내용을 간단하게 열거하면 아래와 같다.

① 차와 물에 대한 고대사상

차와 관련해 전해오는 말 중에서 뜻이 깊은 것이 있다. 『동다송』의 "차는 신(神)이요 물은 채(體)이니 진수(眞水)가 아니면 그 신(神)을 나타낼 수 없고"와 『다신전(茶神傳)』의 "물이 좋아야 차 맛도 좋다"이다. 왜 차를 신(神)이라 하였는가에 대한 의문이 앞서고 물과 관련되어 그 뜻이 깊다는 것을 알 수 있다.

차에 대한 것을 알기 위해서는 우선 차와 함께 올리는 물에 대한 고대사상을 연구하지 않으면 안 되었다.

간단하게 설명을 하면, 물은 하늘이 내려 주는 자연 중에 유일하게 만질 수 있으며 생명을 창조하면서 땅과 하늘을 순환하는 성수(聖水)이다.

신라 경주의 도시 가운데에 조성한 첨성대를 우물 모양으로 축조한 것은 하늘과 통하는 우물을 조성함으로써 성스러운 터전인 왕도를 하늘의 구조와 같이 배치하여 천자의 나라임을 밝히려는 것이었다.

우리가 흔히 결혼할 때 혼숫감이 없으면 물 한 그릇 떠 놓고 예를 올린다고 하는 말은 물이 곧 신(神)이라는 뜻이다. 기독교에도 물세례가 있다.

차와 관련된 것은 무엇보다 물이며 어떤 물이 좋은가에 대한 구분도 하였을 것이다.

물과 관련된 기록으로는 조선 초기에 지은 『용재총화』가 있다. 우리나라의 3대 명수로 알려진 곳은 첫째가 충주 달천이며, 둘째가 오대산 우통수이고, 셋째가 속리산 삼타수라는 내용이다.

오대산 우통수와 관련된 기록으로는 『삼국유사』 명주 오대산 보질도 태자 전기에 '두 태자(보질도, 효명태자)는 함께 예배하고 날마다 이른 아침이면 골짜기의 물을 길어다가 차를 달여서 일만 진신(一萬 眞身)의 문수보살에 공양을 하였다'는 것이 있다.

태화 원년(서기 647년)에 신라의 두 태자는 오대산으로 도피하여 수행한 것으로 기록되었는데, 오대산 골짜기에서 차를 달였다는 자세한 기록에서 삼국시대에 불교에서 차를 공양하였다는 것이 입증된다.

또한 문수보살은 대일여래(大日如來)의 5지(智)를 상징하는 보살로서 대일은 태양이 밝게 비치는 것을 5지는 금성과 관련된 5가지의 운행을 상징하는 것으로(『백제역사문화자료집』, 백제문화연구회, 2000, 113쪽), 태양과 관련된 천계의 보살에게 차를 올렸던 것이다.

오대산은 태양숭배 제사와 관련된 높은 지형의 성지로서 대(臺)를 두고 대일여래 천계의 보살에게 치성을 올리기 알맞은 곳으로 보았던 것이다.

이곳에서는 삼국 초기의 유물(연질 회백색 타날문 토기편)이 채집됨으로써 불교 유입 이전부터 이곳을 신성시하였던 것으로 밝혀지고 있다.

진여원(眞如院)터 아래에 암자를 지었으며, 높은 위치에서 나오는 하늘 샘인 우통수로 차를 끓여 오대(五臺)에 올렸다는 기록을 통해서도 불교 이전에 태양숭배의 신앙지로서 불교가 이와 맥을 같이하게 된 것을 알 수 있다.

고대인들은 동서남북과 중앙의 방위는 우주 전체의 원기를 표현하는 구분으로, 고분 벽화에도 사신도를 그려서 우주의 원기에 대한 보호의 신이 있다고 믿었다.

오방 신에 대한 사상은 해가 뜨고 지는 방향의 태양숭배에서 분화된 만큼 오대산처럼 높은 위치의 오대는 태양숭배의 제사처로 적합한 지역이었다.

즉 오대산은 태양과 지상을 연결해 주는 높은 위치의 중심으로 동서남북의 기준이 되는 곳이다. 두 태자가 중대(中臺)의 아래에 암자를 짓고 거처하게 된 것도 태양신의 정기를 받고자 위치를 선정했기 때문으로 보인다.

불교는 토착 신앙과 접목되어 많은 부분에 토착 신앙이 배어 있으며 지금도 산신각과 칠성각이 사찰에 배치되어 있어 자연 숭배와 밀착되어 있음을 알 수 있다.

위치 선정에서 태양의 꽃인 연꽃(태양이 뜨면 피고 지면 오므림)이 피어 있는 것을 보고 위치를 정하였다는 기록에서도 오대산이 태양숭배와 관련되었음을 알 수 있다.

태양숭배의 성지에서 솟는 성수에 차를 타서 대일여래(大日如來)의 문수보살에게 올리는 종교적인 의식이 거행되었던 것이다.

제물은 제사와 관련 있는 것을 공양하는 만큼 차와 태양숭배와 관련이 있다는 것을 알 수 있다.

우리가 너무나 잘 알고 있는 설화 중에서 에밀레종을 만들 때 아기를 넣었다는 설과 용궁에 제물로 바친 심청과 관련된 이야기에서 제사와 관련 있는 제물을 바친다는 것을 확인할 수 있다. 에밀레종을 처음 만들기 때문에 탄생과 관련된 아기를 바치고, 용왕에게는 물의 음(陰)과 관련된 처녀를 제물로 바쳤다는 이야기이다.

제사와 관련성이 있고 성스러운 것을 선택하여 신에게 바치는 것이다. 『삼국유사』에는 이보다 앞선 시기의 가락국기편에 다음과 같은 내용이 전해지고 있다.

> 수로왕의 17대손 '갱세급간'이 조정의 뜻을 받들어 그 밭을 주관하여 해마다 명절이면 술과 단술을 마련하고 떡·밥·차·과실 등 여러 가지를 갖추고, 제사를 지내어 해마다 끊이지 않게 하고, 그 제삿날은 거등왕이 정한 연중 5일을 변동하지 않으니, 이에 비로소 그 정성 어린 제사는 우리 가락국에 맡겨졌다. 거등왕이 즉위한 기묘년(서기 199년)부터 구형왕 말년에 이르는 330년 동안 변함이 없었다.
>
> 『삼국유사』 가락국기편

지금의 녹차가 어느 시대 들어 왔는지도 기록으로 살펴보자. 『삼국사기』에는 신라 흥덕왕 3년(서기 828년)때 "사신 대렴이 당에 갔다가 돌아오는 길에 차 종자를 가져오니 임금은 지리산에 심게 하였다"라는 기록과 선덕왕(서기 633~647년) 때 차 마시는 것이 성행하였다는 기록이 있다.

위의 기록들을 대조해 보면 오대산에서 차를 공양한 약 2백년 후에 녹차 씨를 들여왔으며 이보다 훨씬 이전의 600년 전 가야시대에도 차를 제사에 이용하였다.

이러한 기록에서 지금의 녹차와 다른 수입 차를 이용하였을 수 있다는 의문이 앞선다. 그러나 지금의 녹차 이외의 또 다른 종류의 향토 차가 있었음을 예시하고 있다.

그 이유는 몰래 도망온 신라의 두 왕자가 지형적으로 위도 36도 이상인 추운 강원도 오대산에서는 생산이 되지 않는 차를 수많은 부처에게 공양하려면 많은 양이 필요하기에 현지 조달이 가능한 차를 이용해야 한다.

지금의 녹차가 아니면 차로 이용할 수 없는 것은 아니며 '차'라는 단어는 보통 명사로서, 녹차가 유입되기 이전에 사용한 향토의 '차'가 있었다는 것을 알 수 있다.

우리가 달여 마시는 약도 일종의 차로서 중국의 녹차가 들어오기 수천 년 전부터 병을 고치거나 나지 않게 하기 위하여 노력해 왔던 것이 약차의 근원이다.

다만 차를 제사에 올리는 차례라는 의식을 언제부터 하였으며 그 당시에 사용한 전통차가 무엇인가 알아내는 것이 과제이다.

- 제사 때 모시는 신(神)이 좋아하거나 관련된 제물을 바쳐야만 신이 노하지 않고 반겨 준다.
- 신에게 올리는 제물은 신성시하여 정성으로 키우고 보호하여 왔었다.

지금의 녹차나무는 우리가 전통적으로 성스럽게 생각하면서 보호하여 왔던 식물이 아니므로 전통차로 이용되지 않았다는 것을 알 수 있다.

또한 가야시대에 지금과 같은 녹차나무가 있었는지는 알 수 없으나 지금의 녹차가 삼국 초·중기에는 우리나라에서 널리 보급되지 않았다는 것은 분명하다.

그러나 삼국 이전에 차례를 지내지 않았다고는 할 수 없고 향토 차가 없었다고 볼 수 없다.

근본적으로 차를 제사에 올리게 된 이유가 무엇인가를 알아야만 해답을 얻을 수 있다.

지금까지는 불교의 유입으로 녹차가 우리나라에 들어와 보급·확산된 것은 부인할 수 없는 사실이다.

그러나 녹차가 들어오기 전에 우리의 제사에 고유의 향토 차(鄕土 茶)를 사용했느냐 아니면 지금의 녹차를 처음부터 제사에 사용하였는가 하는 것은 밝혀야 할 문제이다.

② 삼신사상과 차 문화

우선 제사에 차를 올리게 된 이유가 무엇인가를 밝혀야만 향토 차의 존재를 밝힐 수 있다.

제사는 일반적인 행사와 달리 함축된 사상에 의한 규범을 철저히 지킬 만큼 제도적인 성격이 강하다.

누구나 어릴 때 제사 차림에 대하여 어른들이 논란을 하는 것을 많이 보았을 것이다. 또 우리 속담에는 참견하지 않아야 할 것에 참견하는 사람을 보고 "남의 제사상에 감 놓아라 배 놓아라 한다"는 말이 있다. 그처럼 논란이 많은 것이 제사 차림이다.

이러한 제사에 차가 보편화되려면 어떤 관련성과 공감이 있어야만 한다. 제의에 채택이 되었던 만큼 차를 올리는 격식과 제사는 밀접한 관계가 있음을 알 수 있다.

우선 '茶'는 풀(艹)과 사람(人)과 나무(木)가 조합된 글자이기에 나무와 풀과 사람이 관련이 있다. 지금도 차는 나무의 어린 새싹을 사람이 채취하여 이용하고 있는데, 그 뜻을 담은 것이다.

어린 새싹을 제사에 올린다는 것은 어떤 의미가 있는가. 필자는 우리나라의 고대 왕도를 17곳이나 찾아내면서 태양숭배사상 중에 떠오르는 태양과 관련된 탄생의 신을 제일 성스럽게 여겼다는 것을 알게 되었다.

필자는 오래전부터 이를 알게 되면서 이와 관련된 제사 의식에 대한 연구를 하였다. 그리고 삼신 중에서 제일 신성하게 여긴 탄생의 신과 관련된 의식으로 행해진 것이 차례임을 알게 되었다.

고대의 태양숭배에서 떠오르는 태양은 생명을 창조하는 힘의 근원이기에, 고대인들은 탄생의 신에게 제사를 지낼 때 제의에 무엇을 바쳐야 될 것인가 오랫동안 고뇌하고 생명의 기초와 시작에 대해 생각하면서 탄생의 신에게 올리는 제물을 선택한 후 정례화하였을 것이다.

동물은 식물을 먹고 생명을 유지하기에 먹이 사슬의 기초이자 생명의 기초는 식물이다.

특히 우리나라는 추운 겨울이 지나 봄이 되면 생명의 기초인 식물이 처음으로 새싹으로 돋아난다. 그러므로 새싹은 탄생의 뜻이 함축되어 있는 시작의 제물이다.

탄생의 동명묘(東明廟) 제례 의식에서 봄에 피어오르는 새싹을 하늘과 통하는 성수에 타서 올리는 것이 격식에 맞았던 것이고, 여기에서 차 문화가 시작하게 된 것이다.

물에 새싹을 타서 올렸던 것은 물이 하늘과 통하는 통로라고 고대인들은 생각했기 때문이며, 이것은 청동기시대의 소도(蘇塗)에서 입증되고 있다.

전남 화순 대곡면의 소도 유적을 조사한 결과 신앙 유적이 아래에서 위로 줄지어 서 있었다. 그 순서는 다음과 같다.

우물 ~ 당산나무 ~ 천군무덤 ~ 칠성단 ~ 제단 ~ 천단

제일 아래는 우물이 있으며 그 위에는 당산나무가 있고 또 그 위에는 방울 등 청동 일괄 유물이 출토된 천군(天君)의 무덤이 있었다. 그런 식으로 서쪽에서 동쪽으로, 낮은 곳에서 산 정상까지 일직선으로 줄지어 있었다.

우물 위에 느티나무가 배치되어 있어 신목임을 알 수 있었는데, 이러한 신

목(神木)은 보호되어 왔고 제사와 관련되어 있기에 신성한 소도 구역에 심어졌다는 것을 알게 되었다.

숭배하는 신과 관련되어 있어야 하고 생명력이 길어야 하는 등 여러 면으로 신목(神木)이 될 수 있는 요건을 갖추어야만 숭배의 나무가 될 수 있다.

고대인들이 제물에 대해서 얼마나 정성을 드렸는가에 대한 기록은 다음과 같다.

『삼국사기』 고구려 유리왕 19년(기원전 1년)의 기록에는, 제물로 사용할 돼지가 도망을 가자 '탁리'와 '사비' 두 사람을 시켜 잡아오게 하였으나 돼지를 잡아 오는 도중에 다리를 못 쓰게 하였다는 말을 들은 왕이 '제천의 희생을 어떻게 상하게 할 수 있느냐'고 분개하여 두 사람을 구덩이에 묻어 죽였다는 것이다.

하늘에 올리는 제물은 정성껏 성스럽게 다루어야지 부정을 타게 해서는 안 된다는 것이다. 제물에 대한 보호와 신성함을 최우선으로 하였음을 알 수 있다.

위의 내용들을 종합해 보면 으뜸이 되는 떠오르는 태양인 탄생신 제사에 올린 것은 신성시하면서 보호되고 있는 신목이었다.

즉 신목으로 보호된 나무의 싹이 탄생의 기초가 되기에 동명제의 제물로 사용했던 것이 차의 기원임을 알 수 있다.

이러한 천제 의식은 왕이 사는 도읍지에서 거행된 예가 많기에 『동국세시기』에 정월 초하룻날 서울에서 사당에 제사 지내는 것을 차례라 하였다는 어원에서 일반적인 제사와 다른 점이 있다.

삼신사상의 으뜸이 되는 떠오르는 태양을 숭배하였던 기본적인 관념을 기초로 탄생을 중요시하였던 것이다.

일본에 시원과 시조와 관련된 신사가 많은 것도 이러한 것을 반영한다. 또 우리가 하늘의 해를 태양(太陽)이라고 하는 어원도 태어나다, 탯줄, 탄생과 관련된 '태'와 관련되어 있다.

고구려 시조인 동명성왕의 잉태와 탄생에 대한 기록에서도 유화의 몸에 햇빛이 비쳤는데 피해도 따라다녀 드디어 아이를 배고 알 하나를 낳았는데 크기가 닷 되들이만 했다고 한다.

고대인들은 새가 알을 따뜻하게 품어서 생명을 길러 내는 것을 보고 생명의 잉태와 탄생이 태양의 따뜻함에서 이루어진다고 생각했던 것이다.

③ 당산(堂山) 신목(神木)의 선택과 보호

우리나라의 당산나무는 역사의 나무로서 수령이 천 년이 넘는 나무도 있다. 천 년 동안 섬겨 왔으므로 단순한 나무가 아닌 역사를 간직한 나무이다.

또한 유일하게 보호되어 왔던 나무로서 제사터인 소도 지역에 심은 나무라는 것을 유적에서 알게 되었다.

조사 결과에 의하면 마을의 당산은 대부분 윗 당산과 아랫 당산으로 구분되어 있고, 윗 당산에는 소나무가 많으며 아랫 당산에는 느티나무가 주종을 이루고 있었다.

소도나 당산에 신목(神木)으로 이용되어 왔던 나무들이 왜 신목으로 선택되었는지는 밝혀지지 않았다. 당산나무는 느티나무, 소나무, 팽나무가 대부분이다. 그 이외의 수종도 있긴 있으나 당산나무의 주종은 위의 세 종류이다.

이 세 종을 표본으로 왜 신목으로 추앙을 받게 되었는가 살펴보자. 민속에서 목신으로 섬겨 왔던 나무들이 하늘에 올리는 제사와 관련된 제물로 사용되기 위해 신목으로 보호되었다는 것이 각 신목의 조사 연구에서 공통적으로 나타나고 있다.

• 느티나무

한자로는 槻(느티나무 귀), 欅(느티나무 거)라 하며 그 이외에도 여러 명칭이 있다. 우리나라 당산나무 80%가 느티나무이며, 그중에는 수령이 천 년이 넘는 나무도 많다.

『경도잡지(京都雜志)』(유득공, 서기 1749~1807년)와 『열양세시기(洌陽歲時記)』(김매순, 서기 1776~1840년)에는 부처님이 탄생한 사월 초팔일에는 느티나무 잎으로 시루떡을 만들어 '느티떡'을 먹었다는 기록이 전해지고 있다. 석가 탄신일의 대표적인 성스러운 음식인 느티떡이 탄생과 관련된 음식으로 제사에 사용되었던 것이다. 그러므로 탄생과 느티나무가 연관성이 있음을 알 수 있다.

일단 새순이라는 점이 탄생과 유사성이 있다.

특히 느티나무는 대표적인 당산의 신목이면서 토종이며 역사성이 있는 나무로서, 지금도 고사를 지낼 때 시루떡을 올리는 것과 같이 탄생의 신에게 느티나무 잎을 이용한 떡을 올렸던 것이다.

이러한 뜻에서 본다면 느티나무는 주신인 떠오르는 태양신에게 올리는 제물로 사용하였던 전통에서, 불교가 유입되면서 주신인 석가모니 탄생일에 올리는 제물로 변화되었던 것이다.

토착 신앙을 배타성 없이 전통도 받아들인 불교가 수용하였던 것이다.

한의학에서는 느티나무 잎을 계유(鷄油)라 하며 잘 낫지 않은 종기에 좋다고 『본초강목』에 기록되어 있다.

계유(鷄油)는 닭의 기름이라는 뜻이며 이는 닭에서 나온 에너지를 말한다. 닭은 떠오르는 태양을 상징하는 동물이며, 기름은 양기(陽氣)에 속하는 에너지로서 계유는 떠오르는 태양의 정기를 표현한 것이다.

결국, '느티나무 잎 = 계유(鷄油) = 떠오르는 태양의 양기(陽氣)'인 것이다.

느티나무는 태양의 에너지인 양기가 강한 식물에 속한다. 또한 우리는 새벽에 닭이 울면 귀신을 쫓는 밝음이 오기에 귀신이 물러간다고 여긴다.

느티나무는 양기가 강하여 음기(陰氣)인 귀신을 막는 액막이 나무로서 보호하게 된 것이다.

느티나무의 생리 구조를 살펴보면 볕이 잘 드는 넓은 공간에서 잘 자라며 잎에서는 노랑색이나 붉은색의 물이 침출되므로, 떠오르는 태양과 관련된 닭의 기름과 같기에 계유로 표현하게 된 것이다.

종기를 치료하는 효능도 음기를 물리치는 저항력을 길러 주는 것이기에 숭배하게 된 것이다. 또한 연약한 아기가 건강하도록 저항력을 키워 주는 음식이라 아기 석가모니 탄생의 음식으로 사용한 것이다.

인간이 제일 먼저 숭배하게 된 것은 태양이며 태양 중에서도 떠오르는 태양을 우선시하였는데, 그것을 식물로 비유한 것이 느티나무 잎인 계유였던 것이다.

종교의 근원은 태양숭배이며, 태양숭배의 소도 유적에 심어진 느티나무가 신단수(神壇樹)라는 것을 알게 되어 신성시하게 된 이유를 알게 되었다.

정신을 지배하는 신앙적인 차원에서 느티나무는 장구한 세월동안 으뜸으로 평가받는 신단수가 되었다.

태양숭배사상의 상징적인 동물인 봉황의 머리는 닭의 머리이다. 닭을 표현한 것이 태양과 관련된 사상으로 계유는 삼한시대 이전에 지어진 명칭임을 알 수 있다.

느티나무의 단풍색도 양기가 강한 붉은색과 노란색으로 변하므로 태양과 같은 색이다.

게다가 맛이 순하고 부드러운 느티나무 잎은 커피나 녹차와는 달리 카페인이 없어 누구나 수시로 마실 수 있는 부담 없는 음료임이 연구 조사에서 밝혀졌다.

석가모니 탄생의 대제전의 대표적인 음식을 만드는 데 단순히 계유(느티나무 잎)를 사용한 것이 아니라 먹어본 결과에 의해서 결정했던 것이다.

또한 제의에 사용하는 것은 성스러운 것이 아니면 올릴 수 없어 항상 보호되어 왔던 신목(神木)에서 제물을 채취하였음을 알 수 있다.

일본의 어느 신사(神社)에서는 신성한 곳에서만 재배한 곡식으로 제사에 올리는 풍습이 지금까지 전해지고 있다.

녹차나무는 우리나라에서 신성시하였다는 기록은 없고 또한 신목으로 사용한 적도 없다.

느티나무가 대표적인 신목으로 추앙받게 된 이유로 지금까지 밝혀진 내용은 아래와 같이 몇 가지 들 수 있다.

◇ 수명이 긴 생명력이 영험성을 띤다.
◇ 신성한 나무임을 검증하는 다양한 사상이 함축되어 있다.
◇ 병충해가 적어 관리하기가 좋고 마을 입구와 같이 습기가 많은 지형에서 잘 자라서 마을의 거목으로 여름철 회의 장소를 제공한다.
◇ 느티차의 색은 주홍색으로 태양의 색과 같다.
◇ 『본초강목』에 저항력을 키워주는 약효가 있다고 적혀 있다.
◇ 하늘과 땅을 연결해 주는 신단수(神檀樹)라는 사상과 원산지가 우리나라로 알려지고 있다.

위의 내용을 입증하는 문헌 기록을 살펴보면, 우리 민족이 신목을 얼마나 중하게 여겼는가를 알 수 있다.

> 2월에 궁중의 괴수(槐樹)가 저절로 말라 죽었다. 3월에 우보 흘우가 죽으므로 왕은 울며 슬퍼하였다.
>
> 『삼국사기』 백제본기 다루왕 21년(서기 48년)

> 괴수(槐樹)가 우는 데 사람의 곡성과 같았다(멸망의 징후로 보았음).
>
> 백제 의자왕 19년 9월

위의 기록의 괴(槐)자는 회화나무와 느티나무 둘 다 뜻하기에 혼돈할 수 있다. 그러나 회화나무는 원산지가 중국이며, 학명도 학자수(學者樹)로서 『삼국사기』에 나타나는 내용들은 길흉 징후를 점치는 나무이기에 느티나무로 해석된다.

느티나무를 지칭하는 귀(櫷)자를 파자하면, 나무 목(木)과 구(龜)가 결합된 글자이다. 龜의 뜻은 거북, 틀, 거북 등껍질 등이다.

거북이는 음과 양을 오르내리는 동물로 고대에는 점복을 치는 도구로 사용되었다. 느티나무도 이와 같이 흉년이나 풍년을 점치는 나무로 지금까지 전해지고 있다(느티나무 잎이 일제히 싹이 트면 풍년이고 그렇지 않으면 흉년이며 위쪽에서 먼저 싹이 트면 풍년이다).

느티나무를 지칭하는 또 다른 한자인 거(欅)에서 거(擧)자는 들다, 오르다, 움직이다라는 뜻이 있어서 올리는 나무라는 뜻에서 제물(祭物)임을 표현하고 있다.

느티나무를 '괴목(槐木)'이나 '괴수(槐樹)'라고 하며 점을 치는 것은 나무가 죽는 것을 불길하게 생각했기 때문이다.

또한 느티나무 잎을 우린 물은 천제를 올릴 차로 적합하다. 필자의 장기간 복용과 많은 사람들의 반응에서 녹차보다 맛과 효능이 탁월한 것으로 입증되고 있다.

느티나무는 마을 입구와 같이 습기가 많은 지역에서 잘 자라는 특성이 있으며 특히 마을 집회 장소로 적합한 정자나무이다. 신목 앞에서 결정한 것은 신에게 맹세한 것과 같으며 성스러운 장소이기에 소도의 집회 장소가 되었던 것이다. 고대에는 무덤 위에 향당(享堂)이라는 건물을 지어 놓고 중요한 논의를 했는데 이곳도 망자의 무덤에서 맹서를 한다는 뜻이 있는 장소이다.

또한 느티나무는 최근 조사에 의하면 벌레가 침입하면 독성 물질을 배출한다는 것이 밝혀지고 있으며, 나뭇잎을 차로 만들었을 시에 침출된 물이 태양의 정기를 머금고 있는 주황색이라는 특징 등이 있다.

이러한 느티나무를 고대인들은 영복, 귀목, 신목이라고 하며 봄에 싹이 트는 것을 보고 길흉의 점을 쳤다. 귀목과 신목이라는 이름 그대로 영적으로 신의 나무로 보았던 것이다.

느티나무는 민간요법에서 잎은 종기와 지혈제로 쓰고 열매는 눈을 맑게 하고 흰머리를 검게 하는 데에 쓰인다. 최근에는 목재에서 추출한 카달렌 성분이 천연 폐암 치료제로 개발되고 있다는 산림청의 연구 결과도 있다.

나무에도 사상이 배어 있다는 것은 재목의 특성과 약으로의 효능 등 많은 내용을 포함하나 본 서술에서는 이 정도로만 요약하기로 한다.

떠오르는 태양신에게 제물을 바칠 때는 당연히 하늘과 관련된 성스러운 나무인 신목의 새싹을 탄생의 제물로 올렸던 것이 밝혀지고 있다.

• **소나무**

신목의 어린잎을 차로 이용하였다는 것을 입증하는 또 하나의 나무로 소나무가 있다.

봄에 나오는 소나무의 어린잎이나 순과 송화는 먹을 수 있다. 특히 4~5월에 채취하는 송화는 송화차(松花茶), 송화강정, 제사 음식인 송화다식의 재료로 사용된다.

송편이라는 추석의 떡도 다식의 일종으로 중국의 월병(月餠)이나 일본의 월견단자(月見團子)와는 다른 점이 있다.

탄생과 관련된 삼신사상에 의하여 천제를 올릴 때 신목(神木)의 잎을 따서 제사 음식에 사용한 유래에서 형성된 떡이 송편이다.

소나무라는 명칭도 소도(蘇塗)와 관련된 솟아오른다라는 의미로, 소나무가 동명사상(東明思想)과 관련된 신목임을 알 수 있다.

송편(松片)이라는 말도 소나무 조각이라는 뜻으로 중국의 월병이나 일본의 월견단자의 둥근 모양과 달리 송편은 초승달 모양이다. 달의 명절인 추석에 달의 탄생을 의미하는 초승달 모양의 송편을 만들었던 것이다.

신목인 소나무 잎의 향내를 머금게 하는 것도 송편이 제사 음식임을 알게 한다.

떡을 찔 때 소나무 잎을 깔아서 신목의 향기를 머금게 함으로써 신의 음식을 성스럽게 하였던 것이다.

소나무 숲의 향이 건강에 좋다는 현대의 보고에서도 소나무가 인간에게 유익한 나무라는 것을 알 수 있다.

소나무는 우리의 애국가에 나올 만큼 우리 민족의 가슴에 와 닿는 나무이다. 재목 · 땔감 · 구황식품으로 사용되며 약효 성분이 많고, 척박한 땅에서 잘 자라고 수명이 길고 늘 푸름의 성스러움이 나타난다.

소도나 당산의 대표적인 느티나무는 마을 어귀에 심었다면 소나무는 산 위의 당산에 심어 목신으로 섬겼다.

느티떡과 송화다식, 송편은 지금에 이르기까지 전해지고 있는 음식이 되었다.

• 팽나무, 은행나무, 오리나무

당산의 신목으로 지정된 나무 중 팽나무는 남부 지방에 많다. 팽나무 액은 사찰에서 감로차의 주요 재료로 사용하며, 어린 순은 날것으로 먹거나 나물을 해 먹을 수 있고, 열매도 날것으로 먹거나 식용유로 만들어 먹기도 한다.

팽나무의 한자 명칭은 박목(朴木) 또는 청단(靑檀)으로 밝음과 제단을 의미하는 명칭임을 알 수 있다.

잎은 연중 채취하며 종창에 효과가 있는 것으로 전해진다.

은행나무의 원산지는 중국으로 알려져 있으며 이 나무를 신목으로 정한 곳이 소수 있으나 느티나무와 팽나무가 주종을 이루고 있다.

은행나무는 벌레 등이 침범하지 않고 고목으로 오래 사는 특성에서 후대에 신목으로 정해진 것으로 보인다.

은행나무는 학문의 상징으로 유교와 관련된 향교에 심어진 것이 많으며, 자생하는 나무가 아니라 사람이 인위적으로 심어야 하는 나무이다.

처음에 유입될 때 신목으로 들어온 것이 아님을 알 수 있는, 역사가 짧은 외래 수종이다.

또한 토종 오리나무를 당산목으로 사용한 마을도 있다. 서울 양천구 신정 3동의 신트리마을의 당산나무가 오리나무였다.

중국에서는 오리나무를 차조(茶條)라는 명칭으로 불러 왔기에 명칭에서도 차와 관련된 뜻이 있으며, 간을 보호하고 술독을 풀어주는 약리 성분이 있는 것으로 알려지고 있다.

이외의 극소수의 신목은 은행나무와 같이 후대에 고목이라는 특성에서 당산나무로 정해진 것으로 조사되었다.

우리나라 고유 수종의 당산나무인 소나무와 팽나무가 송화차 · 감로차로 이용되고 오리나무도 차조라는 명칭으로 차와 관련된 나무라는 것을 알게 되면서, 필자는 가장 흔히 당산나무로 사용된 느티나무를 차로 이용하게 되었다.

④ 차(茶) 이름에 대한 연구

느티나무는 밀식을 하면 살지 못하는 넓은 지역에서 자라는 나무로 이름에 '넓다'라는 뜻을 포함하고, 하늘에 천제를 지내는 나무로서 '하늘'과도 관련 있다. 우리말에 세상을 뜻하는 '온누리'나 '하늘' 등은 넓다는 뜻의 '느'를 어원으로 한다. 또한 '티'는 탯줄, 태어나다, 티눈 등의 탄생을 뜻하는 태를 어원으로 한다. 그러므로 '느티'는 하늘 또는 넓은 탄생이라는 뜻을 포함한다.

이러한 이름의 뜻을 지녔으며 청동기시대 동명 천제를 지냈던 소도 유적 연구에서 떠오르는 태양의 동명제를 지낼 때 제물로 사용하였다는 것이 밝혀지고 차의 색이 주홍색인 느티나무는 탄생의 제물로 사용된 차(茶)로 밝혀지고 있다.

'티'는 탄생뿐 아니라 티를 낸다, 티눈, 티끌, 싹이 트이다 등 작은 조각이나 새로운 움이 튼다는 뜻으로도 쓰이는 말이다.

넓은 하늘, 탄생과 관련된 이름으로 떠오르는 태양이라는 '처음'과 관련된 신에게 올리는 제물이 느티나무였다.

소나무는 윗 당산의 솟아오르는 지역의 언덕에 있는 나무라는 뜻이며 느티나무는 아랫 당산의 넓은 지역에 있는, 대칭성이 있는 위치와 관련된 신목 이름이다.

소나무라는 이름도 소도에 심어진 나무와 관련이 있기에 붙은 것으로 보인다.

차(茶)라는 글자는 당(唐: 서기 618~684년) 때부터 사용했으며, 차의 또 다른 명칭은 '티'이다. 샤머니즘과 교류한 네덜란드 상인들에 의해 해상무역으로 중국의 차가 전해진 유럽에서는 차를 티(TEA)라고 부른다. '티'는 중국의 푸젠어(福健語)인 '테'에서 유래되었다고 알려지고 있다.

즉 신앙적으로는 '티'라는 뜻이며, 당산에 자라는 '느티'라는 명칭도 샤머니즘과 관련된 나무 이름인 것이다.

이러한 뜻에서 차의 고어는 '티' 라는 것을 알 수 있으며, '느티나무' 라는 이름에도 '차와 관련된 나무'라는 뜻이 포함되어 있음을 알 수 있다.

티(TEA)는 작은 움이 트는 어원의 탄생을 의미하는 '태'와 같은 뜻을 포함한다.

어머니와 연결된 탯줄, 태어나다, 태아, 태양 등 탄생과 자람의 뜻인 '태'가 '티'의 원어인 것이다.

한편 '차'라는 말은 차오르다, 물이 차다, 차츰, 차갑다, 춥다, 처음 등 모두 처음과 관련 것으로 태양이 시작되는 동지의 기후가 차가운 겨울이므로 시작을 의미하는 계절에 어원을 두었다.

'차'와 '티'는 유사성이 있는 말로 처음을 의미하고 있다. 우리말에도 '티'라는 말을 여러 면으로 응용하고 있다. 제사・차례의 전통과 어원에서 '차'를 사용한 의식은 천제 의식에서 비롯된 것으로 그 시원은 알 수 없을 만큼 오래되었음을 알 수 있다.

다만 우리는 느티차나 송화차를 사용하였고 중국 남쪽에서는 지금의 녹차를 사용하였다는 차이가 있으며, 한자(漢字)에는 '티' 라는 글자가 없기에 '차' 라는 글자가 통용되었던 것이다.

현대에도 느티나무는 오동나무, 먹감나무와 함께 3대 우량목재로서 괴목이라 하며, 잘 썩지 않고 벌레가 없고 단단하여 산림청에서도 밀레니엄 나무로 선정할 만큼 좋은 나무이다.

필자는 느티나무에 관심을 갖고 그 잎으로 차를 만들어 처음으로 마셔 본 결과, 지금의 녹차보다 부드럽고 쓴맛이 덜하고 심폐를 맑게 하여 안정감을 주어 편안한 마음을 갖게 하는 특성이 있음을 알게 되었다. 이러한 뜻에서 좋지 않는 것을 막는 '액(厄)막이' 차라는 명칭을 붙일 수 있었다. 차로 장기간 이용해 보니 고유의 선동차라는 사실을 체험적으로도 알 수 있었다.

⑤ 불교와 유교의 유입과 자연 천제(天祭)의 차례 문화

처음에는 탄생의 뜻이 내재되어 있는 어린 새싹을 하늘과 통하는 물질인 물에 띄운 차를 제단에 올렸다.

그러나 많은 제사에 차를 올리게 되면서 저장을 하게 되었고, 제사가 끝난 후에 음복(飮福)을 하면서 탄생의 정기가 배어 있는 차의 맛을 음미하면서 차를 일상에서도 이용하였을 가능성이 있다.

탄생의 정기를 하늘에 고하는 의미에서 어린잎을 저장해 두었다 천제를 지낼 때 사용하게 된 것이 차의 기원으로 볼 수 있다.

오래 사는 나무는 여러 종류가 있지만 대부분 느티나무와 팽나무, 소나무를 당산나무로 정한 이유는 향토 수종이며 봄철에 차로 사용할 수 있는 나무이기 때문이다.

불교가 들어오면서 녹차를 알게 되었고 토착 자연신앙이 점차 약해지면서 천제보다 가정의 제례를 중시하게 되어 조상이 살아 있을 때 즐겨 먹었던 술을 올렸고 제사에는 술이 보편화된 것이다.

일반 제례와 달리 탄생의 신에게 올린 차례는 대중화되지 않았던 제례 의식이며, 불교와 유교가 들어오면서 떠오르는 태양과 관련된 동명제가 퇴색되고 북극성 신앙으로 대체되면서, 천제와 관련된 향토 차에 대한 의식은 점차 사라지고 조상 제례에서는 조상들이 생전에 즐겨 마셨던 술을 올렸던 것이다.

신목이 제사 음식에 사용되었다는 것은 그만큼 성스러운 나무를 제의의 제

물로 이용하였다는 것을 알게 한다. 신에게 올리는 음식은 신성하게 보호하고 해당 신과 관련이 없으면 제상에 올리지 않았던 것이다.

⑥ 동명제(東明祭)와 차례(茶禮) 의식

차를 마시고 차를 올릴 때에는 다도라는 격식이 있는데 왜 이러한 격식이 생겼는가? 우리가 흔하게 마시는 음료와 주류에는 이러한 격식이 없다.

지금까지는 차를 마시는데 왜 이러한 격식이 생겨나게 되었는지에 대한 의구심이 있었고, 헌다식의 시원도 알기 어려웠다.

헌다식은 촛불을 켜고 향을 피우고 절을 4번하는 복잡한 절차를 거치는데 하늘과 관련된 천제 의식으로 볼 수 있다.

불교에 의하여 녹차가 유입하기 전에는 느티차, 송화차 등의 고유차를 사용해 왔던 것이 밝혀지고 있다.

즉 불교 이전에 토착 자연숭배 천제 의식에서 전해진 다도가 있었던 것이다.

다도는 태양숭배와 관련된 동명제 의식에서 시작된 것으로 조사되고 있다.

삼신 중에서 으뜸인 탄생의 신, 즉 떠오르는 태양의 동명제(東明祭)를 올릴 때 나무에 처음으로 돋아나는 새싹을 물에 타서 올리게 된 것이 차의 시원이다.

이러한 삼신사상과 천제에서 시작된 차 문화이기에 우리나라의 차 문화가 다른 나라보다 앞서고 있다는 것이 여러 면으로 밝혀지고 있다.

그러한 것을 입증해 주는 것은 우리가 즐겨 먹는 송편이며 이는 신목(神木)을 소재로 한 제사 음식이다.

앞에서도 밝힌 것과 같이 동방의 극동 지역인 우리나라는 탄생과 관련된 해가 떠오르는 성지로서 삼심사상과 천제 의식과 함께 차 문화가 그 어느 곳보다 발달할 수 있는 입지 조건을 갖추고 있다.

차신(茶神)도 제사와 관련 있는 뜻이다. 또한 수명이 긴 나무는 그만큼 오래 살 수 있는 성분을 갖고 있기에 인간에게도 좋다는 것이 점차 밝혀지고 있다.

소나무란 명칭도 솟아오른다는 의미로 소도와 관련된 삼신사상에서 탄생과 처음이라는 근원을 두고 있다.

큰 제사나 천제를 지낼 때는 돼지보다 '소'를 제물로 바치는 것에서 짐승의 소뿐 아니라 소나무, 소금, 소도 등도 신성시하였다.

고대의 소금 산지에서는 소금과 관련된 신앙이 있었다. 지금도 좋지 않은 것에 소금을 뿌리는 관습이 남아 있는데 부정과 액을 막는 데 사용할 만큼 신성시하였던 것이다.

불교 초기에는 태양과 관련된 중양절에 차를 올렸다는 기록이 있다.

『삼국유사』 경덕왕(景德王), 충담사(忠談師), 표훈대덕(表訓大德)편에 경덕왕이 충담대사와 대화하는 과정에서 "소승은 3월 3일과 9월 9일에는 차를 달여서 남산 삼화령(三花嶺)의 미륵세존(彌勒世尊)께 드리는데 지금도 드리고 돌아오는 길입니다"라고 말하는 장면이다.

3과 9는 삼신사상과 관련되고 태양 상징성이 있는 숫자로서, 특히 9월 9일은 중양절(重陽節)이라 하였다.

중양절은 양(陽)이 겹치는 날로, 삼국시대부터 조선시대까지 비중 있는 명절로 여겼다.

금성의 오행을 5월 5일 단오로 기념한 것과 같다.

불교가 유입되면서 태양숭배보다 북극성을 중심으로 한 신앙과 부처님 위주의 신앙 체계에 신목이 부합되지 않기에, 향토 차는 점차 퇴색되었던 것이다.

⑦ 성소(聖所)에서 재배(栽培)한 제물

제사상에 올리는 제물은 구입 과정에서 값을 깎지 않으며, 제사 음식을 차리는 장소와 함께 정갈하게 하기 위해서 격식이 많았다.

특히 고대에는 성소(聖所)에서 재배한 것을 제물로 이용하였다. 지금도 당제에 올리는 술은 당제 하루 전 초저녁에 당산인 성소에 술항아리를 묻어 급히 숙성하여 사용하는 풍습이 있다. 필자도 그렇게 당제를 지낸 적이 있다.

또한 일본의 신사에서는 지금도 성스러운 신전(神田)에서 재배한 것을 제물로 사용하는 풍습이 남아 있다고 한다.

제사와 관련된 제물은 산출되는 위치까지도 성스러운 곳이어야 산출되어야 한다는 뜻이 있음을 알 수 있다.

위와 같은 뜻에서 동명제의 차례를 지낼 때는 다른 곳에서 가져온 차보다 소도의 성소에서 자라는 신목의 새순을 따서 사용하였다는 것을 알 수 있다.

⑧ 태양숭배와 찻잔 유물의 상징성

삼국시대의 찻잔은 어떤 모양으로 만들었을까?

까마귀 머리형 손잡이(『위례성 백제사 2권』, 244쪽) 토기가 이성산성 8각지(금성 신전) 주변에서 많이 발견되었다.

태양신에게 올리는 차례에는 관련된 찻잔을 사용하였을 것인데, 하늘에 올리는 제사임으로 새인 까마귀 머리형 손잡이 찻잔을 이용하였을 것이라고 유추해 볼 수 있다.

석가 탄신일의 느티떡 · 송화차 · 송화다식 · 흰 송편은 제사와 관련된 음식이다. 향토 수종인 느티나무와 소나무는 신목으로 삼한시대의 소도 유적에서 그 역사성을 알게 되었다.

불교 유입 이전부터 성소에서 재배된 것을 제물로 사용한다는 뜻에서 신목은 제사 음식으로 이용되었으며, 불교가 들어오자 접목되었던 것이다.

신목을 제사와 관련된 음식 중 지금까지 일반에게 널리 전해진 것은 송편이다. 소나무 잎은 수시로 쉽게 채취할 수 있기 때문에 지금까지 일반화된 제례음식으로 남아 있고 다식에서도 이러한 전통이 전해지고 있다. 고대부터 전해진 우리의 느티차나 송화차가 대중화되지 않았던 것은 천제에 올리는 차례에 사용된 것으로 일반 조상 제례에는 술을 올리게 되었기 때문이다.

또한 불교와 함께 유입된 녹차가 기호식품으로 확산 · 성행된 것은 최근이다.

신목은 신을 대신하는 제물이며, 신목에서 채취한 차는 신이 준 선물이기에 신이라고 할 수 있다.

마음을 안정시키고 몸을 정화시키는 신의 정기가 배어 있는 차는 목신(木神)에서 나온 성스러움을 포함한다.

이러한 면에서 본다면 차의 문화는 상고시대로 올라가는 것으로 특히 삼신사상이 발달한 우리나라의 제의에 우리 고유의 향토 차인 느티차와 송화자 등을 이용한 시기는 삼한시대보다 훨씬 이전이다.

차 문화에서 밝혀진 삼신사상은 탄생・성장・죽음의 3가지로 분류되어 있고 그중에서 제일 성스러운 것은 탄생 신이다.

또한 백제 왕도의 태양숭배 유적에서도 삼신은 탄생・성장・죽음의 3가지로 구분되어 있어, 차 문화 발생과 관련된 삼신사상의 근본이 보다 명확하게 밝혀지게 되었다.

이러한 여러 면에서 지금까지 차 문화 발생지가 중국으로 알려져 있으나, 사상적으로 우리나라가 제일 앞서 있기에 차 문화 발생의 시원지는 한반도임이 밝혀지고 있는 것이다.

(13) 백일잔치와 탄생의 중요성

아기가 태어나서 100일이 되면 백일잔치를 빼놓지 않고 정성껏 하는 것은 우리나라가 단연 으뜸이다.

지금까지는 태어나서 100일 동안 무사히 산 것을 축하하는 뜻에서 백일잔치를 하였다고 생각하여 왔다.

그러나 왜 100일이라는 날짜를 정하였는가에 대해서는 명확한 해답을 할 수가 없었다.

아기가 태어나 금줄을 치는 기간은 삼칠일(21일)이며, 21일이 지난 후에는 금줄을 치우고 다른 사람들의 방문을 허락하였다.

왜 태어나서 21일 동안을 외부인들이 접근하지 못하는 날짜로 정하였는가에 대해서도 명확한 해답이 없다.

삼칠일도 백일처럼 20일이나 30일로 정하지 않고 21일이라는 날짜를 정하였다는 것은 사상적인 어떤 뜻이 담겨 있다고 보아야 할 것이다.

또한 사람이 죽으면 49일 만에 사십구재를 지내는 것은 무엇을 의미하는 것인가. 우리는 이러한 것들은 지금까지 내려오는 전통이라는 이유로 지내왔다.

아기의 백일도 단순하게 100이라는 숫자에 준한 것이 아니라 분명히 어떤 의미가 있었던 것이다.

백일잔치의 상차림은 백설기, 삼색의 떡, 삼색의 나물, 세 그릇의 흰 쌀밥과 미역국을 차리고 정한수 한 그릇을 준비하는 것이 보편적이다. 돌잔치나 생일처럼 미역국을 두어서 생일과 동일하게 여겨졌음을 알 수 있다.

100일이라는 기간은 삼신사상과 관련이 있다. 난자와 정자가 만나서 수태가 되면 평균 266일 만에 아기가 탄생하는데, 여기에 100일을 합하면 만 1년인 366일로서, 이 날이 진정한 1년의 생일이 되는 날이라는 것이다.

그래서 서양에서는 아기가 세상 밖에 나왔을 때를 생일로 정하여 1년 후부터 한 살로 치지만 동양에서는 태어나면 이미 한 살로 친다.

결국 백일잔치는 원초적인 탄생의 씨앗부터 계산하여 출생부터 100일이 되는 날짜가 정확한 생일이라는 뜻에서 잔치를 하였던 것이다.

삼신사상에서 제일 우선시하는 것은 원초적인 탄생이기에 아기가 태어나서 처음으로 생일을 축하하는 행사가 백일잔치인 것이다.

백일 상차림에서 삼색의 떡과 나물, 세 그릇의 밥과 미역국은 삼신(탄생, 성장, 숙면)에게 감사의 뜻을 전하고 잘 보살펴 달라는 염원에서 올리는 것이다.

아기가 태어나면 금줄을 치고 삼칠일의 21일 동안 외부인들의 접근을 막는 것은 병균 때문이기도 하지만 삼신의 3과 죽음의 신(神)인 칠성이 교차하는 시기가 21일에 해당되어 위험한 고비가 되는 날짜이기 때문이다.

즉 죽음의 고비를 세 번 넘기는 기간이 21일로서 외부의 불경스러움과 접촉을 피하고 근신해야 하는 것이다.

또한 사람이 죽고 난 후에 지내는 사십구재의 49일은 죽음의 신인 칠성과 관련된 것으로, 망자를 칠성판에 올리는 것도 죽음은 칠성이 인도한다는 사상과 관련되어 있다. 49일은 칠성신의 최대수의 날짜(7×7=49)로 이날을 기해서 이승과 관련된 모든 것을 청산한다는 뜻에서 하직의 제삿날로 정하였던 것이다.

특히 백일잔치는 보이지 않는 원초적인 탄생까지 깊이 있게 생각하는 극동지역에 살고 있는 동쪽 민족의 사상이다.

이러한 전통들은 근본을 중요시하는 깊은 뜻이 포함되어 있다.

우리 민족은 처음을 중요시하였다는 것은 태양 중에서도 떠오르는 태양을 중요시하였고, 신목에서도 피어오르는 새싹을 차로 이용한 차례(茶禮)를 지냈으며, 유일하게 제사상에는 어린 고사리나물을 올리는 것에서 탄생과 처음을 얼마나 중요시 하였는가를 알 수 있다.

처음을 중요시하는 것은 신주단지에 벼나 씨앗을 넣어두고 가신으로 모시는 것과 왕족이 탄생할 때 태를 안치하는 태실묘에서 엿볼 수 있는 장태(葬胎) 문화도 우리 민족이 얼마나 탄생의 근본을 중요시하였는가를 알 수 있다.

더구나 사람이 처음 생성된 씨앗의 순간을 보다 성스럽게 여기는 것은 극동에 사는 우리 민족이 우선시하는 사상이다.

또한 우리는 생일이나 산후조리 때에 미역국을 먹는 것이 상례이다.

왜 탄생과 관련해 미역국을 먹게 되었을까?

탄생의 신으로 여겼던 동명신(東明神)은 아침에 떠오르는 태양을 상징한다. 고대인들이 볼 때는 우리나라의 지형에서 태양이 떠오르는 위치가 바다여서, 태양을 잉태하는 곳은 바다와 관련이 있다고 생각하였다. 즉 탄생은 바다에서 시작되는 만큼 바다의 대표적인 식품인 미역을 먹는 것이 탄생과 부합된다고 믿었던 것이다.

그리고 오랜 기간 생일과 산후에 미역을 먹어본 결과 몸에 좋은 것으로 밝혀지면서 전통으로 이어지게 된 것이다.

우리나라는 동쪽에서도 극동에 해당되기에 동이・해동으로 불린 만큼 나라 이름과 세시 풍속에도 이와 관련된 내용이 많이 포함되어 있다(예: 동명제(東明祭), 백일잔치, 차(茶) 문화, 시조(始祖) · 시원(始原)의 숭배 문화, 탄생 형상의 곡옥(曲玉)).

(14) 삼신사상의 봉래(蓬萊) · 영주(瀛州) · 방장(方丈)의 뜻

중국 전설에 삼신산으로 나오는 봉래산, 영주산, 방장산의 명칭은 무슨 뜻인지 유추해 보자.

금강산은 봄의 경관에 붙인 명칭이며, 여름에는 풍악산, 가을에는 봉래산, 겨울에는 개골산이라 하였다.

이는 봉래산이 가을과 연관이 많다는 것을 의미한다.

알기 위해서 우선 방장, 영주, 봉래가 삼신과 어떤 관계인가를 한자의 뜻을 살펴보면 다음과 같다.

봉(蓬): 쑥, 흐트러지다, 떠돌아다니다
래(萊): 명아주 풀, 묵정밭

영(瀛): 바다, 못 속, 늪 속, 전설상의 산 이름
주(州): 고을, 행정 구획의 명칭, 모래톱, 마을, 동네

방(方): 모, 각(角), 사방, 방위, 방향
장(丈): 길이의 단위, 어른, 길(사람의 키)

① 봉래(蓬萊): 쑥과 명아주 풀이 나는 곳
② 영주(瀛州): 물속의 분리된 위치
③ 방장(方丈): 사방 각의 높은 위치

한자의 뜻을 보면 위와 같은 생각을 할 수 있으며, 이러한 것이 삼신과 연

관되어 있다.

위의 내용 중에서 우선 봉래라는 이름을 살펴보기로 한다.

가을의 금강산의 경치는 그야말로 형형색색의 단풍으로 변화하는 계절을 잘 보여 준다.

또한 봉래의 한자 뜻인 쑥과 명아주 풀은 잎의 위아래 색이 같지 않고 아래쪽이 흰색이다. 음양의 특성을 함께 갖고 있는 명아주와 쑥은 변화가 있는 시기와 위치의 뜻을 포함한다.

가을 금강산을 봉래라 하게 된 것도, 변화하는 가을의 모습을 담고 있고 한라산과 지리산으로 이어지는 북쪽에 위치한 명산이기 때문이다.

삼신사상의 탄생 · 성장 · 숙면의 3가지에서 숙면에 해당되는 성스러운 곳 봉래인 것이다.

고대인들은 음양의 색이나 특성을 함께 지닌 것을 신성하였다. 그래서 육지와 물속을 왕래하는 거북이를 신성시하였고 단옷날에 해먹는 수리취떡의 수리취(車輪餠)도 쑥처럼 양면 색이기에 신성시하였다.

숙맥, 숫기가 없다 등에 쓰이는 쑥은 변화성을 뜻한다. 그래서 단군 설화에서도 곰과 호랑이가 사람으로 변하기 위한 음식으로 쑥과 마늘이 선택된 것이다. 마늘은 귀신을 물리친다는 뜻이 있으며 병이 들지 않도록 하는 양기의 음식이라고 여겼다.

다음으로 영주는 해가 뜨는 동쪽이 바다로 이어지기에 바다에서 떠오르는 섬과 같은 위치의 산이라 삼신산에 포함하였던 것이다.

태양은 하루 동안은 동서로 계절에 따라서는 남북으로 움직이는데, 방형의 높은 중심이자 태양의 중천에 해당하는 위치의 산을 삼신의 방장산으로 지칭하였던 것이다.

『택리지』에서는 한라산을 영주산, 지리산을 방장산, 금강산을 봉래산으로 구분하였는데 위치적으로 남북으로 이어지기에 삼산의 영산으로 보았던 것이다.

고대의 태양숭배에 따른 삼신사상으로 명산을 태양의 운행에 비교하여 구분 지었던 것이다.

그래서 바다 가운데로 떠오르는 태양을 제일 먼저 볼 수 있는 성스러운 산이 한라산이기에 영주라 하였고, 그 다음 한반도의 가운데에 위치한 지리산을 방장산이라 하였으며, 변화성이 많고 북방에 위치한 금강산을 봉래산이라 하였다.

결국 삼신산은 산악숭배와 태양숭배사상이 결합된 성지이다. 고대인들은 성스러움이 많이 겹칠수록 좋은 곳으로 보았기에 하늘과 가까운 삼신이 거처할 수 있는 위치를 보다 성스럽게 생각하였던 것이다.

(15) **우리나라의 장태(葬胎) 문화**

태를 봉안하는 태실 문화를 보면 우리 민족은 시원을 중요시한다는 것을 알 수 있다.

특히 왕실의 태실 문화는 국가적으로 규정된 절차에 의하여 태를 봉안하

[사진 4-11] 경북 성주군 월항면 인촌리 산 8번지 세종대왕 일가의 태실

는 의식을 포함한 중국과 일본보다 앞서는 우리나라에서 발생한 고유의 문화이다.

기록으로는 신라시대 김유신 장군의 태실(충북 진천군 진천읍 상계리 산 18번지)이 제일 오래된 것으로 전해지고 있다.

우리 민족은 삼신사상에 의해서 시원을 중요시했기 때문에 장태(葬胎) 풍속이 삼국시대 이전부터 있었다.

태실을 중요시하는 것은 세계적으로도 드물다. 우리나라는 극동 지역에 속하므로 떠오르는 태양을 숭배하기에 적합한 위치적인 특성에서 시원을 중요시하는 문화가 발달한 것이다.

2) 백제의 전통과 음양오행(陰陽五行)사상(思想)

(1) 백제 원정 건국(遠征建國)의 전통(傳統)

우선적으로 당시 사람들의 내면에 흐르는 기본적인 사상을 알지 못하면 고대사에서 이해할 수 없는 부분이 많다. 즉 제정일치 사회의 통념적인 구조를 알면 그들이 행동했던 방향을 예측할 수 있다.

국가나 일반 가문에 이르기까지 풍토와 환경에 의하여 조성된 전통은 개인의 고유 성격과 같은 특성이 있다.

지금까지 중국의 정사인 『송서(宋書)』나 남조계 여러 사서에 기록되어 있는 백제와 관련된 내용은 많은 의문과 논쟁의 대상이 되어 왔다.

특히 고구려가 요동을 점거하자 백제는 중국의 요서・진평 지역에 백제군을 두고 통치하였다는 기록은 부정하거나 믿지 않으려 하였다.

자료가 부족한 면도 있지만 이러한 것을 논하기 전에, 다른 곳에 진출하여 나라를 세운다는 것은 상당히 어렵기 때문에 믿지 않으려 하는 것도 무리가 아니다. 그것은 고도화된 능력을 요구하기 때문이다.

과연 백제에 그러한 정신적인 의지와 대외 진출의 능력이 축적되어 있었는지를 살펴보기로 한다.

1994년에 일본이 교토 1,200년 기념 행사를 할 때 우리는 서울 정도 600년 기념 행사를 하는 것이 옳다고 하여 이에 대한 이의까지 제기하였으나, 조선시대 600년으로 축소된 행사를 추진할 만큼 민족사를 홀대하는 경향이 있었다.

그러나 서울은 이미 2,000여 년 전에 소서노(召西奴)라는 여왕이 십제국(十濟國)이라는 나라를 세운 곳이다. 역사학자들까지 그 사실에 관심을 두지 않을 만큼 상황이 심각하다.

앞에서 언급했듯이 『삼국사기』에는 온조왕 13년(기원전 6년)에는 백제의 시조 온조왕의 어머니가 61세의 나이로 돌아갔다는 기록과 백제 이전의 초기 국가의 이름은 십제국(十濟國)이며 십제국을 세운 것은 온조왕의 어머니 소서노라는 기록이 있다.

나라를 세우고 13년 만에 소서노 여왕이 죽자 비류와 온조의 두 형제는 서로 분립했는데 동생 온조가 한산 아래에 도읍을 정하여 국가 이름을 백제라 하였다.

소서노가 도읍으로 정한 것은 짧은 기간이지만 역사에 끼친 영향력은 지대하다.

백제의 찬란한 문화재는 우리나라보다 일본에 더 많이 남아 있는데, 백제는 왕성한 해외진출로 22담로라는 제후국을 거느리고 통치하여 대외적으로 고구려나 신라보다 더 찬란한 문화를 꽃피운 나라이다.

백제는 전통적으로 소수의 인원이 먼 곳으로 떠나서 나라를 세우는 고도화된 통치력을 갖고 있었다는 것이 그들의 행적에서 밝혀지고 있다.

나라를 세우는 것은 쉽지 않다. 많은 사람들의 호응을 유도하면서 결집시키는 체계적인 행정에 익숙해야 하며 복잡한 제도와 틀을 마련하는 수행과정을 거쳐야 나라를 세우고 국력을 키울 수 있다.

나라를 건국하는 것에 익숙했던 사람은 소서노였다. 그녀는 졸본 부여 왕의 둘째 공주로 태어나 주몽과 결혼하였고, 부여 왕이 죽자 주몽이 왕위에 오르게 되었다. 이후에 나라 이름을 고구려로 바꾸어 건국했는데 그 뒤에는 소서노의 막강한 역할이 있었던 것이다.

주몽이 북부여에 있을 때 낳은 아들 유리가 태자로 부임되자 소서노는 이복형제 간의 불화를 피하기 위해서 비류와 온조 두 아들과 10명의 신하를 거느리고 한강권에 내려와 나라를 세운 것이 십제국이다.

이러한 과정을 살펴보면 소서노는 원정 건국(遠征建國)의 신화를 세운 여왕이다. 해당 지역에 기반이 있어도 나라를 세우는 것은 어려운 일인데 북만주 벌에서 몇 사람이 남하하여 아무런 기반이 없는 지금의 한강권에서 나라를 세우는 데 성공하였다는 것은 대단한 일이다.

당시 한강권은 낙랑과 말갈의 침입이 잦았던 마한의 변방이기에 마한은 적의 침입을 막기 위해서 한강권의 땅을 분할해 주었다.

소서노는 적의 침략이 잦은 악조건의 입지임에도 건국 정착에 성공을 하였다.

세계 역사상 여성으로서 2개의 나라를 세운 사람은 없으며, 소서노의 원정 건국 전통을 이어 받은 백제의 후손들이 나라를 강국으로 만들어 일본이나 중국으로 진출하여 나라를 세우는 저력을 발휘하게 된 것이다.

백제는 충남 부여로 도읍지를 옮겼을 때 나라 이름을 남부여(南扶餘)라 할 만큼 부여의 전통성과 원정 건국의 전통을 중요시하였다.

즉 북만주에서 남하한 것을 자랑스럽게 여겼으며 원정 건국에 대한 내용까지 잘 알고 있었던 것이다.

원정 건국에 익숙하였던 백제는 일찍이 일본이나 중국으로 진출하여 세운 22담로라는 제후국을 통치한 전통의 저력을 가진 국가로 발전하였다.

백제가 요서 지역으로 진출한 것은 남조계(南朝系) 사서에만 나타나고 북조계(北朝系) 사서에는 기록이 없다는 점과 〈양직공도(梁職貢圖)〉의 고구려가 요동을 점거하자 낙랑(樂浪)이 요서 진평현을 차지했다는 기록을 근거로 믿지 않으려 하는 것이 기존 다수의 의견이다.

어느 한쪽의 사서에 기록되어 있지 않다고 부정하는 것은 잘못이다.

당시 백제와 중국을 통하는 직접적이고 편리한 길은 해상 교통이었다. 그러므로 뱃사람에 의해서 많은 정보가 전해졌고 당연히 북조계보다 산동반도를 차지한 남조계에 더 많은 정보가 전해질 수 있었다.

또한 백제와 유송은 연합하여 정보를 공유하였고 북조인 북위는 백제와 적대 관계였으므로 당연히 기록 면에서 누락된 것이 많을 수밖에 없다.

양직공도는 백제 사신이 그려진 그림으로서 고구려가 요동을 점거하자 낙랑이 요서를 영유하였다는 기록이 나오는데, 중국 측에는 백제를 대방이나 낙랑으로 보는 기록이 여러 곳에서 나타나고 있다.

백제가 진말(晋末: 서기 372년)에 진동장군령낙랑태수(鎭東將軍領樂浪太守)라는 봉책을 진(晋)에서 받았으므로 양직공도의 "고구려가 요동을 차지하자 낙랑이 요서를 영유하였다"는 기록에서 낙랑(樂浪)은 백제를 지칭하는 것으로 보아야 한다.

그 당시 중국인들은 나름대로 백제를 낙랑이라는 봉책으로 지칭한 인식에 의하여 기록한 것이다. 우리는 낙랑이라 하면 중국을 생각하지만, 낙랑은 전기 조선시대부터 우리와 관련된 명칭이었다.

또한 낙랑이라는 용어는 고유명사가 아닌 일반명사로서 중국과 관련된 낙랑으로만 해석해서는 안 된다는 점에서, 〈양직공도〉의 기록이 백제 요서 진출을 부정할 수 있는 근거는 아니다.

낙랑과 관련된 명칭으로 백제를 불렀던 것이 2번이며, 진(晋, 서기 372년)과 남제(南齊, 서기 495년)에서 백제를 낙랑태수라는 명칭으로 불렀다는 것이 『삼국사기』에 나타난다.

양직공도의 작성 시기는 서기 520~539년 사이로 보이며 백제를 낙랑이라고 관념적으로 기록했던 것으로 보인다.

중국의 여러 사서에 기록된 백제 관련 내용과 최치원의 상표문에서 백제·고구려가 활약한 기록을 무시하지 않는다면, 중국의 5호 16국시대(서기

302~433년)의 혼란기에 백제의 요서 진출은 충분히 가능한 것이다.

특히 백제사 전체를 살펴보면 일본으로 건너가서 자신들의 문화를 심을 정도인 백제가 보다 가까운 요서 지역에 진출하지 않았다는 것이 오히려 해명하기 어렵다.

백제의 전통적인 통치사상과 22담로 지배체제에는 일본보다 가까운 지역인 중국 요서 · 진평에 자치(自置) 백제군(百濟郡)이 포함되어 있었다.

백제는 동양의 중심 국가라는 뜻에서 근초고왕 때(서기 369년)는 깃발을 모두 황색으로 사용하였는데, 황색 깃발을 모든 군사들이 사용하였을 무렵에는 중국과 일본에 식민지를 두었던 것이다.

이 모든 것이 소서노의 원정 건국의 전통에 의하여 형성된 것이다.

(2) 백제 금성사상과 오행설

앞에서 이미 언급했듯이 백제의 금성사상을 모르면 백제를 이해할 수 없다. 여러 분야에 적용이 될 만큼 그들의 정신을 지배하고 있었기 때문이다.

백제의 유적 중 8각으로 표현된 무덤, 신전, 탑, 우물 등은 금성 사상이 적용된 것으로 모두 성스러운 유적들이다.

금성의 주기는 8년이며, 금성은 일반적인 별과 달리 5가지의 유형으로 운행한다. 한 종류를 운행하는 데 584일이 걸리며 다섯 종류를 끝내는 데는 2,920일로서 8년이 걸리는 것이다.

이러한 금성의 주기나 운행을 많은 분야에 적용하였던 것으로 밝혀지고 있다.

또한 금성은 항상 태양 주위를 맴돌기 때문에 태양을 호위하는 별로 인식이 되어서, 태양숭배사상에서 태양은 왕으로 금성은 태양을 호위하는 호국적인 별로 신성시되었다. 호국적인 뜻에서 전쟁의 별로 인식되면서 군사 문화에 우선 적용되어 왔다.

8년이라는 주기와 5가지의 운행이 적용된 고대 문화를 살펴보면 다음과 같다.

① 서양의 금성사상

- 그리스에서 시작된 올림픽은 초기에는 군사 훈련적인 경기로서 8년에 한 번씩 열렸다.
- 그리스의 스파르타 왕의 임기도 8년이었다고 한다.
- 경기의 종목 중에 5종 경기는 멀리뛰기, 창던지기, 단거리 경주, 원판던지기, 레슬링이 있다.
- 올림픽의 오륜기(五輪旗)도 금성의 5가지 궤적에서 유래한 것으로 보인다.

② 동양의 오행 군사 문화와 계율

- 백제의 5관등 제도: 달솔(達率), 은솔(恩率), 덕솔(德率), 우솔(扞率), 내솔(奈率), 장덕(將德), 시덕(施德), 고덕(固德), 계덕(季德), 대덕(對德)
- 백제의 5부제: 동부, 서부, 남부, 북부, 중부
- 백제 용봉향로의 5악사와 기러기 5마리
- 부여국의 5가: 마가(馬加), 우가(牛加), 저가(猪加), 구가(狗加), 대가(大加)
- 고구려의 5부족: 연노부, 절노부, 순노부, 관노부, 계루부
- 신라 화랑의 세속5계(世俗五戒): 사군이충(事君以忠), 사친이효(事親以孝), 교우이신(交友以信), 임전무퇴(臨戰無退), 살생유택(殺生有擇)
- 오륜(五倫): 부자유친(父子有親), 군신유의(君臣有義), 부부유별(夫婦有別), 장유유서(長幼有序), 붕우유신(朋友有信)
- 현대의 원수(元帥)에 해당되는 오성(五星) 장군과 군사 5단계(사병, 하사관, 위관, 영관, 장군)

(3) 음양오행설의 기초가 된 해·금성 숭배 문화

지금까지 오행사상의 근원을 알아내고자 수많은 학자들이 노력했다. 밝혀

진 것은 동서남북과 중앙을 합한 5방이 오행의 기본이 되었다는 학설과 화(火)・수(水)・목(木)・금(金)・토(土)와 관련되어 파생하였다는 학설 등 여러 설이 있으나, 이는 우주의 원기(元氣)를 방위에 따라 구분한 것을 5가지로 비유하여 배치한 것으로 오행사상의 원류는 아니다.

오행(五行)은 글자 그대로 5가지의 행동을 말하는 것으로 5가지 행동의 신비가 무엇인가를 실증적인 유적에서 살펴보면 다음과 같다.

하남시 이성산성에서 2곳의 9각(해) 건물지와 8각(금성) 건물지가 발굴되어 상징성이 있음을 알게 되었다.

연구 조사에 의하면 음양오행설은 금성에서 발생한 사상임이 밝혀지고 있다.

낮의 태양은 양(陽)이라는 보편적인 내용은 어느 정도 알고 있지만, 밤의 태양은 음(陰)이며 금성이 음양오행설의 기본이라는 점을 유적에서 처음으로 밝혔다.

태양은 만물에 생명과 에너지를 제공하는 근원으로 고대에는 태양과 왕의 임무가 같다고 하여 태양신은 왕이 직접 관장하였던 것으로 나타난다.

또한 조수가 달의 주기와 함께 움직인다는 사실을 알게 되면서 물을 관장하는 신은 달이라고 생각하였다.

백제의 저수지 위에서 발견되고 있는 12각지들(이성산성, 공산성, 순천 검단산성)도 이러한 사상적인 배경에서 지어진 것이다.

우리는 지금까지 음양이라면 달과 태양으로 생각하였으나, 달은 물을 관장할 뿐 음(陰)이 아니며 밤의 태양이 음이라는 것이 이성산성에서 밝혀진 것이다.

태양이 왕이라면 달은 왕후(王后)와 같다고 여기거나 태양의 제자로 보았던 것이다.

그리고 맹수이자 물의 신인 용은 하늘과 땅을 오르내리는 금성을 기원으로 형성된 상상의 동물이다.

처음에는 군사 문화에 적용되었던 금성의 오행(五行)이 점차 사회 질서와 사상에도 접목되면서 오행사상(五行思想)이 발달했다.

오행의 오(五)는 글자 그대로 다섯, 별이름, 제위(帝位) 등의 뜻이며 행(行)은 가다, 걷다, 나아가다, 달아나다, 돌아다니다의 뜻이다. 즉 오행은 5가지의 행동을 말하는 것이다.

이러한 것을 고대인들이 관찰하면서, 천인감응설(天人感應說)에 의하여 처음에는 군사 문화에 적용하던 것이 점차 오행사상으로 발전하면서 적용 범위가 확대된 것이다.

동양의 음양오행설을 엄밀하게 구분하면 해와 금성의 문화에서 시작하여 발달한 것이 주축을 이룬다.

금성은 263일은 새벽별이었다가 50일간 보이지 않다가 다시 263일 동안 저녁별로 보이다가 또다시 8일간 보이지 않는다. 그 후에 다시 새벽별로 돌아가는 운행을 한다.

고대인들이 263일이 사람의 수태기간인 266일과 같으므로 금성을 탄생 또는 여성과 관련지어 생각했고, 그것을 바탕으로 여러 가지 사상이 일어났던 것이다.

이성산성 정상 아래의 8각 단 내부에서 발견된 애벌레와 같은 조형물도 이러한 뜻을 담아 조성한 것으로 보인다(『백제역사 자료집』, 창간호, 105쪽). 백제시대에는 금성과 관련된 문화가 활성화되어 모든 제도에 적용한 것이다.

고대 은나라 때에 있었던 오제(五帝), 오화(五火), 오신(五臣), 오족(五族) 등 성수 오(五)와 관련된 갑골문이 상당수 발견되고 있다.

중국의 『서경(書經)』의 홍범구주 편에 오행(五行), 오사(五事), 오기(五紀), 오복(五福) 등의 어휘가 기록된 것을 보아도 중국에서도 오행설이 발달했음을 알 수 있다.

이러한 내용으로 볼 때 일찍이 금성 문화가 발달한 것은 동이족으로 볼 수 있다. 은나라가 동이족이며, 동북아 지역에 속하는 우리나라의 삼한시대에도 체계화되었던 사상이기 때문이다.

음양오행사상이 보다 극대화되었던 지역은 백제임을 알 수 있는 것은 금성과 관련된 고분과 신전 등 때문이다.

백제 왕도의 제사처인 이성산성의 8각·9각·12각 건물은 각각 금성·해·달의 신전으로, 삼국시대에 이미 음양오행설의 근본사상이 상당한 수준까지 발달하였음을 입증하는 유적이다.

(4) 성곽(城郭) 인식의 문제점

지금까지 많은 사람들이 성곽이라면 돌이나 흙으로 쌓은 석성이나 토성이 많은 것으로 알고 있으며, 한때는 석성의 축조 기술이 백제보다 고구려가 앞선다고 주장하는 사람도 많았다.

이러한 잘못된 생각으로 백제 초기에는 석성을 쌓을 줄 몰라 토성밖에 못 쌓았다는 이야기까지 나올 정도였다.

또한 명백한 기준 없이 삼국의 성곽을 구분하는 사람이 있었는가 하면 성곽 구분의 기준도 없이 성곽 전문이라고 자처하는 사람도 있었을 만큼 오류 현상이 심각했다.

사실 석성보다 토성이 견고하다. 고구려의 왕궁이나 백제의 왕궁(교산동 건물지) 등 어느 시대나 왕궁은 석성보다 토성으로 쌓았는데 그것은 돌이 없어서가 아니라 석성보다 잘 쌓은 토성이 견고하기 때문이다.

그런데 앞에서도 언급했듯 석성이나 토성보다 자연을 이용한 자연 보축성(補築城)이나 석벽성(石壁城)이 더 많다는 것이 최근에 밝혀지고 있다.

이러한 성은 세월이 흐르면 자연 형태와 같기 때문에 이를 구분하는 안목이 없는 현재에는 발견하거나 비중 있게 다루지 못하였던 것이다.

백제문화연구회에서 찾아낸 고대 왕도의 유적들이 대부분 이에 속하는 것으로 비율 면에서 본다면 석성보다 수십 배 이상이 있다.

또한 지금까지 전쟁과 관련된 군사시설은 성곽이 주를 이루고 있는 것으로

[사진 4-12] 옥수수 알 모양의 세계에서 제일 아름다운 백제 석성(이성산성)

생각하고 있으나, 성곽 이외의 각종 군사 시설이 더 많다.

지금까지 극소수의 성곽을 대표적인 것으로 잘못 판단해 왔었다는 것이 밝혀지고 있다.

성의 주류는 석벽성과 토성이 대부분이며 석성은 극소수이다. 또한 늪지나 해자를 조성하여 넓은 벌판을 보호한 유적이 최근에 많이 발견되고 있다.

고대인들이 살았던 곳에는 성보다 호를 파고 장해물을 설치하는 각종 군사 시설이 많았다는 것이 밝혀지고 있는 것이다.

또한 지금까지 잘 쌓은 석성은 대부분 고구려 것이라고 주장해 왔던 것도 오판이 많다.

이성산성에서는 옥수수 알과 같은 백제의 화강암 석성이 발견되어 백제의 정교한 축성술이 드러났다.

남한산성의 화강암 성벽도 백제시대에 쌓은 것으로 정교함이 비할 데 없으며 2,000년의 세월에도 그대로 남아 있는 부분이 많다.

백제는 건축 · 예술 · 문화 모든 면에서 뛰어났음에도, 백제 석성의 축조술이 다른 나라보다 못하다는 생각은 고구려 · 신라 우월성이라는 고정관념이 사학계를 지배하고 있었기 때문이다.

또한 백제사는 왜곡된 내용이 많고 학설과 관련된 분쟁이 많은 만큼, 그 분쟁에 휩쓸리지 않으려는 내도 때문에 홀대되어 왔던 것이다.

(5) 해양 강국 백제

백제는 삼국 중에서 해양 진출에 가장 뛰어난 국가였다. 백제는 북쪽은 고구려이고 남쪽은 신라이기에 그 사이의 유일한 통로인 바다를 통해 중국과 일본으로 진출하지 않을 수 없었다.

또한 백제의 한성 왕도는 삼면이 산으로 막혀 있고 유일하게 한강 수로와 연결되어 있는 지형이다.

도성 내부에 운하를 이용하여 남한산성과 이성산성을 쌓는 석재를 운반한 것으로 밝혀지면서 백제의 수상 교통이 얼마나 발달하였는가를 알 수 있다.

게다가 한강은 서해와 연결되어 해외로 이동하기 편리하다. 인천 영종도 영종진의 백제 유적과 전남 고흥의 바닷가에 즐비해 있는 백제 초기의 고분들로도 백제가 초기부터 해양 진출에 얼마나 국력을 기울였는가를 알 수 있다.

백제시대에 해외 진출이 성행하였음을 알 수 있는 유물과 기록은 다음과 같다.

① 코끼리발 벼루편이 이성산성에서 발견되고 있다.

② 몽촌 토성에서 서진(西晉: 서기 265~316년)의 전문자기(錢文磁器)가 발굴되었으며 풍납 토성 경당지와 홍성의 신검성에서도 서진시대의 전문자기가 발견되었다.

③ 서기 384년, 불교를 동진의 마라란타(파키스탄) 스님으로부터 받아들이다.

④ 백제 장군인 흑치상지의 묘비명에는 그가 부여씨이며 선조가 흑치에 봉해졌다는 내용이 나온다. 흑치국을 봉토로 받으면서 흑치라는 성(姓)을 하사받은 것이다(필리핀으로 추정함).

⑤ 무령왕릉의 부장품이나 묘제가 중국 남조의 것이라 국제적인 교류를 알 수 있다.

⑥ 초기부터 일본의 아스카 지방으로 진출한 백제의 해상 세력에서 백제의 대외 진출을 알 수 있다.

⑦ 『일본서기』 흠명천왕 4년(서기 543년), 백제의 성명왕이 부남(扶南: 캄보디아)의 보물과 노예 2명을 보냈다.

⑧ 『일본서기』 추고천왕 7년(서기 599년) 9월, 백제가 낙타 1마리, 노새 1마리, 양 2마리, 흰 꿩 1마리를 보냈다.

⑨ 『일본서기』 제명천왕 3년(서기 657년) 7월, 백제에서 낙타 1필과 노새 2필을 보냈다.

⑩ 백제의 용봉향로에는 코끼리와 악어가 조각되어 있다.

위와 같은 모든 자료에서 백제의 해양 진출이 얼마나 활발하였는가를 알 수 있다.

삼한시대에도 해양 진출이 있었지만 백제시대에 들어오면서 본격적으로 원정 건국과 대외 진출을 실시하게 된 것이다.

백제는 고구려를 견제하기 위해서 중국에 세력권을 확보하고 신라를 견제하기 위해서 일본으로 진출하여 나라를 세우게 된 것이다. 백제의 한성시대 왕궁에서 서쪽으로 가면 요서 지방이고 동쪽으로 가면 일본의 아스카 지방이다.

태양숭배와 관련해 동방과 서방을 성지로 생각하는 신앙과 좌청룡 · 우백호 사상의 신성 지역(神聖地域)으로 찾아가서 거점을 정하였던 것이다.

백제는 원정 건국의 전통성을 가지고 있는데, 백제라는 국가의 명칭의 '百'은 '길나장이'라는 뜻이며 '濟'는 '건널제'라는 뜻이어서 나라명도 대외 진출

국가라는 뜻을 내포하고 있다.

(6) 신성선(神聖線)이 설정되어 있는 성지

제정일치 시대의 도시나 군사들이 있었던 곳에는 성스러운 방향과 위치가 정해져 있었다.

천인감응에 민감했던 그 시대에는 자연에 의존해 사는 만큼 그러한 것을 소홀히 할 수 없었으며 만약 어기면 하늘의 섭리를 어기는 것으로 생각하면서 철저히 이행했다.

비중 있는 건물이나 정신적인 신성함이 포함된 곳은 신성라인 즉 신성선(神聖線)에 의하여 배치했던 것이다.

특히 지상의 신(神)인 왕이 사는 곳은 신전(神殿)이기에 성스러운 곳을 선택하게 되며 구성도 고대 사상에 알맞게 했다.

즉 신성선에 의하여 도시를 조성하고 나아갈 방향까지도 정했던 것이다.

중국의 요서와 백제 본국 한성과 일본의 아스카 지방을 선으로 그으면 동서로 일직선에 해당되는데 백제 초기에 태양숭배의 삼신사상에 따라 동에서 서로 영토를 설정하였던 것이다.

또한 백제의 제사처인 하남시 이성산성에서 흙구덩이 돌 천정의 부여족 무덤이 발굴되었는데, 이러한 무덤은 고대에 동부여였던 지금의 흑룡강성 동녕(東寧) 대성자에서 발견되므로(『고구려 유적과 유물연구』, 박진석 · 강맹산, 175쪽) 동부여인이 백제 건국의 주체로 추정된다.

동부여와 백제의 한성 지역은 남북 방향으로, 백제 왕도를 중심으로 북쪽은 옛 동부여의 동녕이며 동쪽은 백제인들이 거점을 정한 일본의 아스카 지방이고 서쪽은 백제가 중국에 거점을 둔 요서 지역이다.

백제도 부여와 같이 사출도 방향으로 진출하였던 것이다. 고대에는 자연의 모든 생명체가 이러한 방향에 의하여 생활하고 그것에 지배를 받는다고 여겼기 때문에 민감하지 않을 수 없었다.

고대인들은 자연에 의존하여 살 수밖에 없기에 자연과 관련된 깊이를 알고자 많은 노력을 하게 되고 모든 사물에 관심을 갖게 되면서 사물에 대한 신앙이 싹텄고 장구한 세월 동안 사상으로 정립되어 갔던 것이다.

특히 하늘에서 제일 밝은 해・달・금성을 기본으로 사상이 발달하였고 그 이외에 북두칠성과 오리온 별자리를 비롯한 각종 별들이 갖고 있는 특성을 이용하여 정신세계를 체계화하여 접목한 흔적이 각종 유적에서 발견되고 있다.

위와 같은 내용은 백제의 대표적인 유적에 나타나고 있는 사상에 대한 줄거리만 요약하여 간단히 표현한 것이다.

한반도는 세계에서 유일하게 남북이 분단되어 있고 동서양 강대국의 첨예한 대립으로 끊임없이 문제가 되고 있는 지역이다.

지형적으로 우리는 정신적인 단합을 하지 않으면 약점의 틈을 이용하려는 세력들이 항상 도사리고 있으며, 이와 함께 내부까지 잠재적인 복잡한 이념이 뿌리를 내리고 있는 현실이다.

타율성과 자율성의 통합은 지금까지 분쟁을 조장하기 위하여 잘못 쓰인 민족의 이력서를 바로잡는 길이다.

세계 어느 민족보다 우수한 우리의 역사・문화를 되찾아 독자성을 알리고 올바른 방향을 설정하는 것이 와해를 막는 정신의 구심이 될 것이다.

잘못된 역사의 이력서는 국민을 위축시키고 진취성과 꿈을 품지 못하도록 하여 좌절하는 방향으로 유도시킨다.

하나의 예로, 이순신의 거북선 축조 정신은 고대부터 전해진 수호적인 거북사상에서 비롯되었다. 필자는 수많은 고대 군사유적에서 거북형상을 발견하면서 그 깊이를 알게 되었다.

정신적인 전통이 얼마나 중요한가를 알 수 있다. 월드컵 4강에 오를 때 붉은 악마로 불린 치우(蚩尤)의 근원은 나라를 지키는 전쟁의 별로 알려진 금성에서 유래된 만큼 우리 전통의 본질사상이 되살아난 것이라 보인다.

우리 민족은 정신사상이 그 어느 나라보다 발달한 민족이라는 것이 밝혀지면서, 지금까지 우리는 자신을 잊어버리고 묻어 두고 살아 왔었던 것이다.

우리의 단점만 부각시키고 우리의 장점이 무엇인가를 찾아내기보다 오히려 홀대하는 데 익숙해져 버린 것이 우리의 현실이다.

세계에서 제일 큰 무덤이 발견되어 우리의 정신 사상이 그 어느 나라보다 웅대하고 스케일이 크다는 것이 확인되고 있다. 필자는 앞으로 발간할 저서에서 세계 어느 나라에도 유래가 없는 거대한 유적들의 발견을 통해 우리 민족의 우수성이 입증된 사례들을 다룰 생각이다.

바다 건너 일본이나 중국까지 진출하였을 정도라면 다른 지역의 더 먼 곳에도 충분히 진출할 수 있었을 것이다.

우리의 우수성을 알리고 지금까지의 잘못된 식민사관을 탈피할 근거가 될 유적을 마련한 만큼 사대주의에 젖어 들지 말아야 할 것이다.

우리 세대만의 것이 아니고 후손들에게도 물려주어야 하는 터전인 이 땅과 정신적인 올바른 유산도 함께 물려주어야 하는 임무가 우리에게 있다.

눈에 보이는 유산만 물려주고 보이지 않는 혼을 심어 주지 않으면 이 땅을 지키기 어렵다.

세계에서 제일 규모가 큰 고대 유적들이 속속 발견됨으로써 우리나라가 동양 문화의 정신적인 중심지로 밝혀지면서 민족의 우수성이 입증되고 있다.

거대한 유적이 발견됨으로써 왕대 끝에 왕대의 싹이 나오는 것처럼 우리의 뿌리가 얼마나 큰가를 알 수 있다.

본 저서가 나오기까지 그동안 많은 사람들이 지원해 주신 것에 대해서 감사를 드리면서 특히 백제문화연구회 임원들과 가족에게 감사를 드리는 바이다.

한종섭(韓宗燮)

▮ 수상과 이력

1943. 일본 나고야 39번지에서 출생
1963. 발명 특허 2040호 획득
1984. 경인 지역의 멸실되어 가는 유적 보존
1991. 제7회 향토 문화 대상 수상
1992. 제4회 시민 대상 수상
1992. 제7회 전국 문화원 주최 최우수 논문상 수상
2000. 하남시 문화재 전문 위원(4년 근무)
2007. 현 〈사단법인〉 백제문화연구회 회장
현 양천구 문화원 이사
2010. 특허 제10-0964163호 획득(느티나무 잎을 이용한 엽차 제조)
2010. 제16회 신지식인 인증 및 수상(10-110호)으로 현대 한국 인물사에 등재

▮ 저서

1989. 한강 서부와 백제 건국
1994. 위례성 백제사
2003. 위례성 백제사 2(집문당)

▮ 논문과 발표문

1) 하남위례성지 구명을 위한 연구
2) 타날문 토기에 대한 연구
3) 삼국시대 다각형(8각, 9각, 12각) 건물과 전방후원분 발생의 근원에 대한 시론
4) 장보고 해양 세력과 주름무늬 기와에 대한 연구
5) 춘천 맥국 왕도 유적 조사
6) 안성 마한 왕도 유적 규명에 대한 신문 연재
7) 세계 최대 규모의 백제 금성분에 대한 연구
8) 차 문화 발생에 대한 연구

▮ 찾아낸 유적

(총 22곳의 왕도 및 왕궁지와 세계 최대 규모의 유적 3곳과 백제 중국 진출 유물 수집 등)

1) 1992. 백제 초기 500년 왕도 하남위례성 찾아냄
온조왕릉, 주변 도시 유적 , 천왕사지, 이성산 부여족 무덤, 이성산 금성분, 산곡동 금성분, 검단산 제단, 도시 유적 전체, 고대 운하 시설 신성선을 밝혀냄
2) 1993. 방학동에서 십제국(十濟國) 도읍지 찾아냄
3) 2003. 9. 25. 해상왕 장보고 유적과 제주 법화사 유적 규명
2003. 10. 26. 장도 청해진에서 장보고 사찰지 규명

4) 2004. 1. 10. 인천 덕적도 저수지와 국수봉 천제단 찾아냄
5) 2004. 10. 25. 안성시 양성면 소재 마한(馬韓)의 왕도 찾아냄
6) 2005. 3. 26. 강릉 안싯골에서 강릉 예국(穢國)의 왕도 찾아냄
2005. 5. 27~28. 강릉 예국 왕도의 운계산산성을 찾아냄
7) 2005. 4. 5. 춘천 수리산산성 발견
4. 14. 춘천 맥국(貊國)의 왕도 찾아냄
8) 2005. 6. 26일 충주 중원경 찾아냄
9) 2005. 8. 27. 청주 서원경지 찾아냄
10) 2005. 9. 4. 원주 북원경 찾아냄
11) 2005. 10. 31. 서울시 강동구와 하남시 사이에서 세계 최대 규모의 초대형 고분과 고분군 찾아냄(금성분)
12) 2006. 1. 24. 화순 대곡면 신덕리 청동기시대의 왕도 및 소도 유적 찾아냄
13) 2006. 1. 25. 고령 대가야 왕궁지 찾아냄
14) 2006. 5. 화순군 능주면 천덕리에서 백제시대 치소와 거대 즙석(葺石)금성분과 원분 찾아냄
15) 2006. 5. 전남 화순 신덕리 일대의 청동기시대 왕도와 세계 최대 규모의 조각상(용, 거북이, 새, 범바위, 높이 60m 길이 500m) 10곳 찾아냄
16) 2006. 12. 12. 세계 최대의 봉황 조각물 속초 울산바위를 발견함
17) 2007. 4. 3. 남원시 운봉면 주촌리에서 남원경 찾아냄
2007. 4. 8. 용인 구성읍 향교에서 목단국(目旦國) 와편과 왕도 발견함
18) 2007. 4. 15. 북한산 대동문 앞에서 '경화 원년 을사(景和元年乙巳)' 명문 와편 수집으로 백제 요서 진출 확인
19) 2007. 5. 12. 거창군 가조면 병사리에서 원가야 왕도 찾아냄, 거창군 주상면 고대리 성터 찾아냄
20) 2007. 가야 지역 7개국 왕궁지 (김해 금관가야, 합천 다라국, 창녕 비화가야, 함안 아라가야, 고성 소가야, 성주 벽진가야, 함창 고령가야)찾아냄(오순제, 정연대, 신동만, 전성영, 서화진, 어윤경 함께 함)
21) 2008. 12. 16. 진주시 대평면 대평리에서 고대 왕도와 왕궁지를 찾아냄, 경남 옥종면 북방리의 고성산 입구에서 윷판 찾아냄(모두 5기)
22) 2009. 2. 5. 완주군 수원천 상류에서 상성의 거대한 석벽성 찾아냄
23) 2009. 2. 23. 전북 완주군 용진면 봉계리(가목리 사이 화이트 맥주 관사 위)에서 전주 후백제 이전의 도읍지를 찾아냄(산성 장군봉과 수양산 사이)
24) 2009. 3. 9. 창녕군 영산면 성내리에서 가야시대의 왕도를 찾아냄, 세계 최대의 방어적인 늪지(유동, 번개, 장척)를 조성한 왕도를 밝혀냄, 산성은 영취산(옛 이름 수리뫼)
25) 2009. 9. 경남 의령군 의령읍에서 임례국 왕도를 찾아냄(현재 지역 신문에 7회 발표)
26) 2009. 신안군 안좌도에서 고대 왕도 및 중도의 성터와 제반 유적 찾아냄
27) 2010. 남양주시에서 둘레 약 13km의 천마산 석벽성과 행궁지 2곳 찾아냄
28) 2011. 창녕 비화가야 왕궁지 찾아냄

상기 이외 수많은 유적을 찾아내었으며 세계에서 제일 많은 유적을 찾아낸 것으로 평가됨.

■ 서울 주변

(1) 우면산 일원동 일대 성터 (2) 과천시 옥녀봉 토성 (3) 구룡산 토성 (4) 대모산 평지성
(5) 쟁골토성 (6) 성동구 옥수동 토성 (7) 성남시 영장산 일대의 성
(8) 장지동 평지 토성군 (9) 신림동 난곡의 석벽성 (10) 신림동 국사봉 토성
(11) 우면산 북쪽 방배 3동 토성 (12) 남태령 토성 (13) 전주 후백제의 거북바위
(14) 청계천 운하와 수표의 용도를 밝혀냄

■ 양천구 지역

(1) 신기 토성 (2) 애울 토성 (3)구로와 양천 경계의 고인돌 (4) 우렁바위 보존 (5) 응봉산 토성
(6) 봉배산 토성 (7) 지양산 토성 (8) 용왕산 장성 (9) 증산장성 (10) 정랑 고개비 세움

■ 강서구 지역

(1) 구암공원 보존 (2) 궁산보존 (3) 허준 묘소 묘비 (4) 계양산산성의 토성 2곳
(5) 강서구청 뒷산 매봉산 봉화터

■ 인천, 김포, 수도권 지역

(1) 계양산 도성(都城) (2) 공촌동 토성 (3) 문학산성 남쪽 아래 토성
(4) 김포 전호리 토성 (5) 김포 장고산 금성분 3곳 (6) 화성면 시암 2리 강변 토성
(7) 양평군 주읍리 개군면 주읍산 동쪽 토성 2곳 (8) 양평 진중리 차단성
(9) 구리시 도곡동 토성, 계곡의 차단성, 연세대 농장 주변 토성 (10) 평택의 방축리 토성
(11) 김포 장고산 금성분

위의 유적들의 발굴에는 백제문화연구회 임원들의 도움이 많았으며 특히 오순제 교수와 함께 찾아낸 유적이 많습니다.

위례성 백제사 3 값 28,000원

2012년 5월 10일 1판 1쇄

저 자 한 종 섭
발 행 인 임 동 규
발 행 처 **집 문 당**
주 소 110-360 서울특별시 종로구 돈화문로 82
등 록 1971. 3. 23. 제406-2003-000039호
영 업 부 (02)743-3192~3 팩스(02)742-4657
전자우편 sale@jipmoon.co.kr
편 집 부 (02)743-3096~7 팩스(02)743-0227
전자우편 edit@jipmoon.co.kr
홈페이지 www.jipmoon.co.kr

ISBN 978-89-303-1551-7

이 도서의 국립중앙도서관 출판시도서목록(CIP)은 e-CIP홈페이지(http://www.nl.go.kr/ecip)와 국가자료공동목록시스템(http://www.nl.go.kr/kolisnet)에서 이용하실 수 있습니다.
(CIP제어번호: CIP2012001875)